U0018005

中國哲學史綱要

蔣維喬著

中華書局印行

中國哲學史綱要卷上目錄

中國哲學史綱要卷下目錄

中國哲學史綱要 卷上

第一章 作書旨趣

第一節 序論

哲學這個名詞，我國原來是沒有的，是從日本搬過來的；而日本又是從西洋迻譯來的．哲學一詞，在西洋名 Philosophy，原爲希臘文字 Philosophos 或 Philosophia，是希臘 Sophia 及 Philo 二字合成的．此二字的意義：前者爲智或智識，後者爲愛，總而言之，叫做愛智識．所以 Philosophy 一字，亦有人譯爲冥索或冥想，所謂冥索或冥想，就是爲愛智識而求智識的意思，日本譯爲哲學，其意亦不外此．因爲我國對於哲字原來的訓詁，亦含有智識的意義；如方言云：『哲，知也；』其他古書中多有『濬哲文明，』(一)『惟明作哲』這類的話．但是我國雖沒有哲學這個名詞，並且也沒有專攻哲學的人；然自來學者，却有許多話，許多思想，是關於哲學方面的，並且有許多思想也還和西洋哲學相類似．所以自西學東漸以後，日本和中國的學者，就拿西洋哲學的方法來整理中國自來學者的思想，前前後後加以貫串，以成一書，名之曰中國哲學史．他們這種用心，實在可嘉；因爲在事實上，我國並不是沒有哲學，而是歷來把這種學問混入他種學問裏，或者把他種學問，混進哲學裏；所以彼此分不開，我們因此無從認識哲學；而這種學問，在我國也就不能發達，獨立更不可能了．現在有人能把它從過去混雜的學園裏，扶助而獨立起來，使它能在自己的園地裏，成爲一種獨立的「學」，而能和西洋哲學相對抗，這確是一種有功績的事業．不過現在所流行的中國哲學史，無論是編的，是譯的，都不是眞正的中國哲學自身的史；而是中國哲學家——或稱爲中國學者——的史或傳．他們既然要做中國哲學史，似乎應該拿中國哲學爲經，敍述這種學問本身的演變，及其前因後果，和它的系統派別，方算名副其實。然而一檢他們編撰的內容，實在是拿中國哲學家爲經，而拿哲學爲緯。記錄哲學家的生卒年月，以及某某倡些什麼學說，著些什麼書，便就了結。他們用這種方法來整理中國哲學：一方面固然失去了他們所著書的價值，以及表現他們沒有眞正了解哲學史是什麼？——據德國大哲學家黑格爾說，哲學史是一種獨立的學問，與哲學家史不同；哲學史是以哲學爲整個的東西，描寫哲學的誕生、發育、長大、成熟等的迹象的——一方面也使他們對於整理中國哲學的功績，自己減少價值了。因爲用這種方法著中國哲學史，實不能對於中國哲學有什麼新的貢獻和創造。況且我國人喜鶩空名而不求實際，對於中國哲學史一類的書，雖是中國自己的書坊裏出版了不下五六種，然而除掉一二種祇勉強做成半部的，是我國學者自出心裁外；其餘都是從日本人所做的支那哲學史翻譯而來的。自己的學問，自己不能整理，而要他人來整理，自己只翻譯一過，這眞是慚愧至極！如此下去，中國哲學還有獨立和他人對抗的希望嗎?

最近我們聯合起來,著這部中國哲學史綱要很想用我們的熱忱,本着我們前面所說的話,來寫一部對於中國哲學有新貢獻的中國哲學史.但是能否達得到目的,我們也不敢自誇,要請教讀者客觀的批評了.

第二節　本書體例

一、本書根據哲學史的定義,將各個特殊的哲學上的事實敍述出來,使讀者從個體方面,知道我國哲學的各種特殊思想,而從全體方面,能聯絡各個特殊的事實,推知普徧的哲學思潮.

二、本書因篇幅有限,敍述力求簡要;凡一種思想,在前面已述過的,後來就從略.換句話說:各家思想,祇述其異,而不述其同.

三、本書廢除分期制,而以我國立國年代爲一整期;按照思想出世的先後而定其順序，以暗示我國思想發展的徑路.

四、本書所分列各派的名稱，悉引用西洋哲學名詞，而廢去中國原來各家的舊名.同時所分的派別，亦不拘原來的範圍；應該合併就合併，應該分開就分開，務求名副其實，使讀者見其名就知其內容.

五、我國現在各書坊所出版的中國哲學史，都是以哲學家爲經，而以哲學問題爲緯.本書則反之，以哲學問題爲經，哲學家爲緯；所以祇將我國所有哲學思想劃分爲六派；而以派爲分類的唯一標目，不再羅列某某人的哲學.然後將某派的中心思想，先敍述出來；再依時代的變遷，和後來學者思想的改換，說明各派思想變化和演進的情形.

六、本書不大採用現代各學者的話，而所有的材料，均取之於諸家的原書.爲什麼呢？第一因爲現在的風氣，就是一般學者著書立說，都犯著顧亭林所說的『今人著書，正如用廢銅鑄錢』的毛病.不免以訛傳訛，思想的錯誤，終無改正的希望.我們避免蹈此故轍,所以要就原書取材.第二就是現代一般學者所說的話,大都憑着自己的主觀,以下判斷,實在是太不可靠.還以不加採用爲是.

註(一)濬者疏河使通也.引伸之凡深者皆曰濬.

問題

一　哲學史與哲學家史二者的不同何在?

二　哲學史是研究什麼的?

參考書

一　哲學　張東蓀著　世界書局

第二章 新劃定中國哲學的派別

第一節 原來的派別及其命名的原因

對於我國思想最初爲之分派的，是莊子.他所著天下篇中間，分爲六家：一、墨翟、禽滑釐；二、宋鈃、尹文；三、彭蒙、田駢、慎到；四、關尹、老聃；五、惠施；六、莊周.好像沒有提到儒家，其實篇首所說：『其在詩、書、禮、樂者，鄒、魯之士，搢紳先生多能明之.詩以道志，書以道事，禮以道行，樂以道和，易以道陰陽，春秋以道名分，』明明是指儒家.這可見莊子是推尊儒術，把它特列在前面，不與六家相並的.其次就是荀子所著非十二子篇，提出十二人，也分爲六家，但和莊子見解，有些不同.他以它囂、魏牟爲一家；陳仲、史鰌爲一家；墨翟、宋鈃爲一家；慎到、田駢爲一家；惠施、鄧析爲一家；子思、孟軻爲一家.莊、荀二子，意見儘管不同，但是拿人來代表學派，是相同的。到漢朝司馬遷就拿學說來分派；陰陽、儒、墨、名、法、道德、（史記太史公自序）也是分爲六家。到班固更分儒、道、陰陽、法、名、墨、縱橫、雜、農、小說十家。（前漢書藝文志）

這樣看來，各家的分法，原沒有一定；但爲一般人所常常稱道的，實爲六派：第一叫做道家，第二叫做儒家，第三叫做墨家，第四叫做名家，第五叫做法家，第六叫做雜家。至於後來的宋、明理學，一般人都把它歸併到儒家當中去。這六派命名的原因，第一派因爲信仰道德，主張無爲治天下，所以後人名爲道家。第二派因爲信仰仁義，主張柔術治天下，所以名爲儒家。第三派因爲主張以墨爲道，所以名爲墨家；所謂墨道，即尙同兼愛自苦利人的意義。第四派因爲主張辯名實，析物理，明榮辱，所以名爲名家。第五派因爲主張廢禮而以法治天下，所以名爲法家。第六派因爲這派自己並沒有中心思想，祇折中其他五家思想爲思想，所以名爲雜家。

第二節　現在新劃定的派別及其命名的原因

前節所說的六派思想，那是在先秦時代的．自秦以後，一直到清末，其間二千餘年，雖然沒有很多的新派別出來；然而也有一二種新思想在這時期產生的．所以現在我們來整理中國哲學，應當統括前後各種思想，重新劃定派別，制定名稱，以醒眉目．至於所用的名稱，務必能將所名的某派思想的內容，概行暗示出來；使讀者一見其名，就可想見其實．

據我們的意見，我國所有的思想，仍可分爲六派：但範圍和前者有些不同；茲列於后：

第一自然主義派

第二人爲主義派

第三享樂主義派

第四苦行主義派
第五神祕主義派
第六理性主義派

第一派卽原來的道家.第二派卽原來的儒家和法家.第三派爲原來道家中的楊朱自我派,以及魏、晉、六朝的玄學派.第四派卽原來的墨家和名家.第五派爲漢晉時的神仙家.第六派爲鎔化儒、釋、道三家思想而成的宋、明理學家.

第一派所以名自然主義者,因爲這派是主張淸靜無爲效法自然的.第二派所以名人爲主義者,因爲這派主張用剛柔之術專恃人力以治不可爲的天下的.第三派所以名享樂主義者,因爲他們是主張享樂求自我的表現的.第四派所以名苦行主義者,因爲他們是主張捨己救人刻苦自勵的.第五派所以名神祕主義者,因爲他們主張服食修鍊,以求長生不死的.第六派所以名理性主義者,因爲他們主張理性是天賦,而宇宙萬有,不能出乎理性以外的.

問題

一　中國哲學思想的派別，到底應如何劃分？

參考書

一　莊子天下篇
二　荀子非十二子篇
三　史記太史公自敘
四　前漢書藝文志

第三章　自然主義派哲學

第一節　引論

這派是我國思想最早的一派，據說起自黃帝，有黃帝從廣成子問道的傳說。由黃帝而後，伊尹、鬻熊、姜尙這些人，都是宗仰這派思想的。所以伊尹相湯，鬻熊、姜尙輔文王，都應用這派的思想，成就偉大的功業。在他們以前這種思想，儼然由天子提倡，立有專官，以便遺教後人。但自周平王東遷以後，這種學問，就漸漸離開天子，走入淪亡的道路上去了。在那時做周朝守藏史的老子，(一)是素來宗仰這派思想的。他眼見這思想日趨淪亡，心裏自有一種悲憤。於是在他西遊時候，被關尹邀請，就著道德經五千言，把這派的思想記載起來，以圖傳之久遠。從此以後，無論朝野的學者，有此五千言的道德經，做研究和教訓的基礎；於是信仰這派思想的人就日多一日，而這派思想的勢力，也就日盛一日．所以從老子以後，關尹、（二）列子、（三）莊子、（四）這些人，都是這派思想的信徒，而以老子爲宗，老子也就做了繼往開來的人，而爲這派的領袖．於是在以前人家稱這派爲道家的時候，都以老子爲這派的第一個人物；我們現在來寫這派思想，也以老子爲開始者，因爲在他以前的人的思想，已無從稽考了．

第二節　正論

老子道德經第二十五章說：（五）

『人法地，（六）地法天，天法道，道法自然．（七）』

這句話就是本派思想的綱領．所謂自然，就是指宇宙間整個的活動而言．這種活動，完全是無主宰的自動，並無神力或他力造作其間．就是宇宙自己，也沒有絲毫矯揉，軼出常規的舉動．宇宙的整個活動，能夠如此，所以它能永生而不滅，永化而不窮．我國詩、書中間，稱天爲上帝，是古代認天是有「人格的神；」到老子乃推翻此說，實是思想界的大革命，値得注意的．但我們要問：假使要達到這種自然的目的，到底要有如何的修持，纔能做到呢？這話老子和莊子的書中已有答覆．道德經三十七章說：

『道常無爲』

莊子天地篇說：（八）

『無爲爲之謂天』

所謂道，所謂天，雖未必就是自然；然而天是法道，道是法自然的，天與道既都無爲，而自然亦必無爲，可想見了．所以從此點去講，如果要達到自然的目的，必定要無爲．但所謂無爲，並非呆若木雞，不勞動作的意思；而是對於一切事物的發生，聽其自然，不加裁制，不加幫助的意思．換句話：就是無私意主宰其間而已．所以老子在『道常無爲』以下，加了一句『而無不爲』的話，來伸張無爲的眞義。就是在無爲當中，還是要做事體的，不過不要存心去做罷了。

這種自然無爲的思想，就是這派的宇宙觀；這種無爲的宇宙觀，佔據了這派思想的中心，所以老子、莊子這些人物，也就成了自然主義派的哲學家。而他們一切思想都從此自然無爲的宇宙觀出發；而由老子到莊子，更由這種自然無爲的宇宙觀，發明了他們的自然演化的進化思想，以及物化的齊生死思想。現在我們再來解釋他們的道德論，然後再逐一分述其餘的各種思想。

老子莊子等書中，常有道德二字，或分而言之，或合而言之，沒有一定。這二字在他們的思想中，所處的地位很重要，也是這派思想的核心。能够明白此二字的眞義，那末，對於這派思想，可以得一個梗概了。但這二字各家解釋不同；據我們的研究，以爲應分兩方面說：一方面，道卽是宇宙萬事形成的原理，卽萬事形成的必然的或自然的理路，而德卽爲保持已成萬事的勢力；另一方面，道乃宇宙萬物生成的原素，而德卽爲聯合原素而成的愛力；所以道與德是不可分離的．老子說：

『孔德之容，惟道是從．』（九）二十一章

現在逐一引用他們自己的話，來證明我們的解釋．老子說：

『道沖（一〇）而用之或不盈，淵兮似萬物之宗．』四章

「執古之道以御（一一）今之有，（一二）能知古始，是謂道紀．（一三）」十四章

「譬道之在天下，猶川谷之於江海．（一四）」三十二章

以上三段，都可以證明道是形成萬事的原理，凡能隨着這種原理去做事，那事決沒有做不成功的．所以他們畢生努力將這種意思．向人們宣傳，盼望普天下的人，都按照這種原理去做事；不要背違它，而另闢途徑；如果另闢途徑，那是離開這種原理，也就是違反了宇宙自然的活動．一個人是宇宙當中的動物，一切活動，應當順着宇宙的自然活動纔對，纔能走得上那安穩而有幸福的命途．如果硬要違背自然而走，那少有不吃苦不遭險的；縱不至吃苦遭險，然空勞

了一生，也不見得有什麼功效的．所以他們反對仁義說：

『大道廢，有仁義．』十八章

這是因爲仁義是人爲的原理，而非宇宙自然的原理——道．

『知其雄，(一五)守其雌，(一六)爲天下谿．(一七)常德不離，復歸於嬰兒……知其榮(一八)守其辱(一九)爲天下谷，(二〇)常德乃足，復歸於樸．(二一)』二十八章

這也是老子所說的話．可拿來證明德是保持已成萬事的勢力，所以德亦不可失．如果失了德．一切事雖是成功，也會渙散了的．例如爲上者有德，則天下萬民翕然宗之；如果爲上者失德，則天下萬民渙然遠之．周朝古公亶父處邠，狄人攻之，策馬而去，移居於岐山底下，百姓從之如歸市，這是有德的證據；桀紂橫暴，湯武伐之，國破身亡，百姓去之，這是失德的證據．

以上是引證第一方面的話，現在來引證第二方面的話．老子說：

『道生一，(二二)一生二，(二三)二生三，(二四)三生萬物。(二五)』四十二章

『有物混成，(二六)先天地生，寂(二七)兮寥(二八)兮獨立而不改，(二九)周行而不殆，(三〇)可以爲天下母吾不知其名，字之曰道，強爲名之曰大。(三一)』二十五章

莊子說：

『道無所不在；……在螻蟻；……在稊稗；……在瓦甓；……在屎溺。』知北遊

從這些話去研究，可以證明道爲萬物生成的原素，和現在拿原子做萬物的原素，意義相同。老子又說：

『道生之，德畜之，(三二)物形之，(三三)勢成之，(三四)是以萬物莫不尊(三五)道而貴(三六)德。道之尊，德之貴，夫莫之命而常自然。』五十一章

在這裏，可以證明道爲萬物生成的原素，也可以證明德爲聯合原素而成

萬物的愛力；更可以知道爲原素，德爲愛力，也屬自然現象，而爲萬物不可缺少的。如果沒有道生德畜萬物的話，宇宙那裏有物可言呢？所以『萬物莫不尊道而貴德。』

上面既將道德二字解釋了。我們現在再來用西洋哲學的名詞，詮釋這種道德論。我們覺得這種道德論，實卽西洋哲學中的本體論。在希臘的古代——蘇格拉底以前的哲學家，對於宇宙萬有的所以形成，都認爲有一物或數物是最先最基礎的；或者同時還有愛力。再由此物做原素，而後宇宙萬有乃藉以生成。觀自然主義派的道德論，其意正與此相同。不過他們拿水、火、氣、土或原子等做宇宙萬有的本質，而老莊則拿道做宇宙萬有的本體，名雖異而意實同的。

這派的人生觀，是根據他的無爲宇宙觀而來的。他們認人生的意義，不在違反自然以求虛僞的快樂，而在順從自然以求自在的快樂。他們的處世法，就是不加入世俗的集團，去爭鬥一切；而是各自清靜無爲，順時安命，以聽自然的處置。所以他們對於一切都有任它自生、自化、自消、自滅的意思；而對於生死榮辱，心中也毫不加以過慮，一概聽那自然的指揮；所以生亦不爲樂，死亦不爲哀，榮亦無足喜，辱亦無足憂。不單如此，就是一切有無長短，是非美惡，他們亦都以爲是相對的，不足計較；祇要緊緊地抱住那個效法自然無爲而無不爲的絕對的常道，站在宇宙開端的場所，過那簡易的生活；所以老子幾條處世的訓條，實在是實現他的無爲人生觀的金科玉律。現在引述於後：

一　知足知止　『知足不辱，知止不殆。』四十四章

二　去私　『非以其無私耶？故能成其私。(三七)』七章

三　守愚　『衆人熙熙，(三八)如享太牢，如登春臺。我獨泊(三九)兮其未兆，(四〇)如嬰兒之未孩，儽儽(四一)兮若無所歸。衆人皆有餘，而我獨若遺。(四二)我愚人之心也哉？沌沌(四三)兮俗人昭昭，我獨昏昏；俗人察察(四四)我獨悶悶；(四五)澹兮其若海，飂兮若無止。衆人皆有以(四六)而我獨頑(四七)似鄙。(四八)

』二十章

四 崇儉 「聖人去甚（四九）、去奢、去泰。』二十九章

『我有三寶……二曰儉。』六十七章

五 去欲 『無名之樸，亦將無欲，不欲以靜，天下將自定。』三十七章

『聖人欲不欲，不貴難得之貨。』六十四章

六 主靜 『清靜爲天下正。』四十五章

七 外身 『天長地久，天地之所以能長且久者，以其不自生；故能長生。是以聖人後其身而身先，外其身而身存。』七章

『貴大患若身……何謂貴大患若身？吾所以有大患者？爲吾有身；及吾無身，吾有何患？』十三章

八 抱一 『聖人抱一，（五〇）爲天下式。』二十二章

九 復命 『致虛極，守靜篤，萬物並作，吾以觀其復。（五一）夫物芸芸，各復歸

其根，歸根曰靜，靜曰復命，復命曰常，知常曰明；不知常妄作凶；知常容，容乃公，公乃王，(五二)王乃天，(五三)天乃道，道乃久，沒身不殆。』十六章

上面這九條訓條，意義非常深刻，與他的人生觀有極大的關係。讀者細加領悟，方可得到其中的眞義。老子這些訓條，後來自然派的人物，如關、列、莊周之徒，都信仰奉行，沒有更變；不過莊子依着這些訓條去處世，稍爲改變一些態度而已。老子主靜，而莊子則主自在；老子偏於莊敬，莊子則偏於曠達，所以莊子天下篇評老子說：

『澹然獨與神明居。』

而評自己却說：

『獨與天地精神往來，而不傲倪於萬物，不譴是非，以與世俗處。』

這派對於人生，主張無爲而處世；對於國家，亦主張無爲而治。老子所說的『處無爲之事，行不言之教。』二章

就可以看出他的對於政治主張的中心點了。所謂處無爲之事，行不言之教，即是對於國家的治亂，聽其自然而已。存心要國治固不可，存心要國亂亦不必。如今硬要存心求治，那就是着了有爲的痕跡，國家或反要亂起來。所以老子說：

『民之難治，以其上之有爲，是以難治。』七十五章

又說：

『以正（五四）治國，以奇用兵，以無事取天下。吾何以知其然哉？以此：天下多忌諱，而民彌貧；民多利器，國家滋昏；人多伎巧，奇物滋起；法令滋彰，盜賊多有。故聖人云：我無爲而民自化，我好靜而民自正，我無欲而民自樸。』五十七章

又說：

『古之善爲道者，非以明民，將以愚之，民之難治，以其智多。故以智治國，國之賊；不以智治國，國之福。知此兩者亦楷式（五五）』六十五章

這裏所說的智，是乖巧小智，並非他們所認的大智慧.利用此種乖巧小智以治天下，天下必亂.老子認為非反對不可，所以他說『絕聖棄智.』十九章 又說『絕學無憂.』二十章 至於他所說的不言之教，却是灌輸我們大智慧的.這種大智慧是用一種直覺的方法，得之於大自然之中的.

這派的無為思想，既不是不為，那麼當然不像許由一流人物，主張隱逸不仕.所以他們不但不忘情於國家社會，而且有他的治國平天下的大綱.這大綱即老子所說的：

『小國寡民，使民有什伯之器(五六)而不用；使民重死不遠徙；雖有舟輿，無所乘之；雖有甲兵，無所陳之；使民復結繩而用之.甘其食，美其服，安其居，樂其俗；鄰國相望，雞犬之聲相聞，民至老死不相往來.』八十章

在這大綱中，我們可以得着他的重要主張，有下列幾點：

1 小國寡民　2 非戰　3 廢法　4 返古　5 社會主義化

這派的人物，既不想屏棄社會，而作個人的隱逸．那麼對於救世的方策，當然有他的主張．無怪莊子有大宗師、應帝王等篇，以「內聖外王」的思想，表出他『用之則行，舍之則藏』的心事，和孔子幾同一個態度．

在前面曾說過這派的人生觀和政治思想，都是從他們的宇宙觀而來的；有了以上的證明，這話當然不錯．但是他們能把他們的信仰永遠抱定而不改變，是和他們的方法，也有極大的關係．所以我們寫到這裏，不能不把他們的方法論敍述一下：

德國大哲學家黑格爾的正、反、合的辯證法——對演法——經過他的門徒馬克思染以唯物史觀的彩色以後，現在已成了極時髦的方法；但這種方法，在中國却老早就有了．自然主義派的思想家老莊這些人，就是用這方法來說明社會的演進的．他們早知道社會的演進，是由正而反而合；既合以後，又是而正而反而合．正、反、合的變化無窮，社會的向前演化亦無窮．所以老子說：

『故有無相生』二章

『道生一，一生二，二生三，三生萬物.』四十二章

老子的『有無相生』的話，和黑格爾正、反、合的意義正相合.何以知道和黑格爾的正、反、相合，就是有無相生?因爲正反所以能合，其中有一種動的意義；而有無相生的中間，這種動的意義，更覺明顯.所以能明白黑格爾的正、反、合的意義，就可了解老子的有無相生的意義.莊子的齊物論中間也說：

『方生方死，方死方生；方可方不可，方不可方可.』

『有始也者，有未始有始也者，有未始有夫未始有始也者；有有也者，有無也者；有未始有無也者，有未始有夫未始有無也者.』

這樣有正必有反，所以有是亦必有非；既有是有非，於是有彼是此非，非其所是，是其所非的爭論了.所以莊子說：

『故有儒墨之是非，以是其所非，而非其所是.』

他們用這種對演法，來審查一切的結果，知道整個的宇宙，只包涵了矛盾的兩種現象，兩者互相顚覆着；顚覆愈烈，宇宙就愈加速度，變更原來的面目，轉入一種新境．但宇宙因矛盾現象的互相顚覆，似乎是向前進化了一些；而在這宇宙中過活的人們，却因此受了矛盾現象互相顚覆所給予的無限苦痛！並且我們因爲永遠脫離不開這個宇宙，就永遠沒有脫離苦痛的一日．因此，他們主張返轉過來，回到宇宙開始的一點上去，就是那第一個正、反、合的正的場所，堅定的站着，永遠離開這種矛盾的現象，而過那不爲物先的——卽無爲的——聽憑自然處置的自生自化自消自滅的生活．所以老子常說：『食母，』『抱一，』『守靜，』『復命，』『返樸，』『歸眞，』一類的話．而莊生也說：『萬物無成與毀，復通爲一．』可憐那般沒有領悟這點道理的人，還是勞形傷神，追逐着這正、反、合的無窮現象去討生活．於是莊子做這篇齊物論去曉喻衆生．如果有人能細心去把這篇文字讀一讀，就可以知道我們的話不錯了；也可以明白他們主張清靜無爲的眞義了．再拿他們的思想，和馬克思的思想比較一下，就可以知道馬克思是由這辯證法，鼓起了他的階級爭鬥的思想；老莊是由這辯證法，創立了他們的泯滅是非爭辯的思想，而主張齊物．兩者所見於宇宙的變動雖同，而因爲中西文化的根本不同的原故，走的方向却背道而馳；把中西文化分成兩截，永遠不會合在一起，這眞是値得注意的一回事呵！

以上可以說是自然主義派的純正哲學思想．我們現在要來敍述兩點帶有科學性的思想了．

第一種萬物自化說　他們由宇宙無爲的思想，建立了萬物自化的學說．所謂萬物自化，就是說宇宙中間的萬物生長，是自己生長的，並沒有神在那裏主持，也不是神的操縱．而宇宙對萬物亦很淡漠的．萬物自己不生長，它也不去逼迫它生長；萬物要生長，它也不去抑制它不生長；並且萬物在宇宙中生長了，而宇宙也不誇耀這是它的功勞，或者把萬物據爲己有所以老子說：

『天地不仁，（不必有心仁愛之，萬物生死，各還其性．）以萬物爲芻狗；聖人不仁，以百姓爲芻狗．』五章

『萬物作焉而不辭，生而不有，爲而不恃，功成而不居．』二章

『道常無爲而無不爲，侯王若能守之，萬物將自化．』三十七章

但老子對於萬物，只說出自化，並未說出所以自化的道理．到莊子方把自化說加以充實，於是萬物自化說，就成了近似於科學化的學說，可以和現代的生物學原理相通了！莊子說明自化有下列幾點：

1莊子確定了萬物自化說的意義，所謂自化，就是生物的生成，並非神的創造，而是生物自己漸漸進化而成的．

2他認爲生物的自化，並不是生物自己從空中掉下來，而是由那最基礎的一種東西漸漸變化而來的．這種東西叫做「機」或「幾，」至於組成這個「幾」的分子，那就是道，就是前面所說宇宙萬物生成原素的道，已經在第二

節解釋過，不再贅述．

3 生物的自化，雖屬變化而成；但這種變化並不是突變，而是漸變．所謂漸變，就是說某種生物的變成，要經過幾多時代的漸次變化，纔成了現在這種生物的．至於促成這變化是什麼東西呢？就是環境．

現在讓我們引述他的話，來證明一下：

『種有幾，得水則為㡭；得水土之際，則為鼃蠙之衣，(五七)生於陵屯，(五八)則為陵舄，(五九)陵舄得鬱棲，(六〇)則為烏足；(六一)烏足之根為蠐螬，(六二)其葉為蝴蝶，蝴蝶胥也(六三)化而為蟲，生於竈下，其狀若脫，其名為鴝掇；(六四)鴝掇千日為鳥，其名為乾餘骨；(六五)乾餘骨之沫為斯彌；(六六)斯彌為食醯，(六七)頤輅(六八)生乎食醯，黃軦(六九)生乎九猷，(七〇)瞀芮(七一)生乎腐蠸；(七二)羊奚(七三)比乎不箰久竹，(七四)生青寧；(七五)青寧生程，(七六)程生馬，馬生人；人又反入於機．(七七)萬物皆出於機，皆入於機．』(至樂篇)

在上面的一段話中；他所說的『種有幾，』以及『萬物皆出於機皆入於機.』就可以證明上面所舉第一、第二兩點是不錯的.因爲物種既由（種有幾的有字，應作由字解，卽物種由幾而成，非自空而成也.）幾而成，那麼物當然不是出於神的創造.或是憑空掉下來的.並且這「幾」是物種最根本的東西，恰當現代生物學所說的原生質.

他又說：『得水則爲㡭；得水土之際，則爲鼃蠙之衣.……』這豈不是可以證明上面所舉第三點的話不錯嗎?因爲人的生成，既不是由「幾」突然成功的，而是要經過許多次變化纔成的；那麼人的成爲人，是漸化而成，就無可懷疑了.所以莊子的人由馬而生的話，雖沒有達爾文的人由猿猴變成的話，那樣精確；但是在原理方面；却不見得有多大的錯誤.至於『得水爲㡭，得水土之際，爲鼃蠙之衣；』從此又可以證明生物所以能漸變而向前進化，完全是環境的影響.要不然，爲什麼「幾」化爲鼃蠙之衣，要得水土之際，纔可以生長，在水中或土中就不能生長呢?

這樣一來,莊子又從這些理論創立了那

第二種物化的齊生死說　他認吾人的死,並不像平常人見解,說『死是澌滅』那樣可怕,以爲人生人死,不過是物的變化而已.所謂物化,卽是由甲物變成乙物,所以人雖死,其實質並沒有消滅,或者離開我們的宇宙而到另一個地方去,永不會回到我們的宇宙裏來了!他這種話,很合現在物理學上物質不滅的原理.但物化有兩層意義:第一所謂甲物化乙物,是本物的屈伸;例如人生是由「幾」變成人,人死是由人變成「幾.」第二,所謂甲物化乙物,是此物變化成他物;例如蝶變化爲人,或人變化爲蝶.關於第一層,可以用上面所述的萬物皆入於機,皆出於機的話來證明.第二層可以引他說的:

『昔者莊周夢爲蝴蝶,栩栩然蝴蝶也,自喻適志與?不知周也.俄然覺,則蘧蘧然周也.不知周之夢爲蝴蝶與?蝴蝶之夢爲周與?周與蝴蝶,則必有分矣.

此之謂物化,』(齊物論)

這段話,自來讀者都以爲是寓言,其實何嘗是寓言呢?不過他用了寓言的方式說出來罷了.爲什麼呢?因爲蝴蝶與人,實在有互相變化的可能.若在兩者都活着的外形來說,當然是絕對不相同的東西,——即莊子所謂『周與蝴蝶則必有分矣;』決不可互爲變化的.但到了兩者都死了以後,——皆入於機的時候,那麼人與蝶均化爲「機」而同爲一物了;在這個時候,就有互爲變化的機會了.

所以根據道常而不變,或物質不生不滅的原理來說;當兩者死了以後,各化爲機,或原生質;再反乎爲道或原子的時候,彼此都是浮沉在宇宙的中間.但道或原子,既是不生不滅的,那麼它在宇宙間,自然是有限數的.道或原子,既有限數,決不能在從某物分解出來以後,就停止它的工作,不去組織別的物體了;——果然如此,那麼宇宙必定有一天完全成了道或原子的世界,而無物體了.

(?)——並且原子有愛力的聯絡，道也有德的聯絡，所以道或原子必要再去做組成新物的工作的．那麼從蝶或人身上分解出來的原子，重新去組成原生質或「幾，」自屬可能．但是到現在還沒有一種定律，說從人身分解出來某原子，祇能和人身上的另一種原子組合，不能和其他身上分解出來的原子組合；結果還要回轉人的身上去組織人體，不能跑到別的東西身上去組織物體；那麼從人身上分解出來的原子，就有和其他的身上分解出來的原子相結合的可能，並且也可去組織他種生物了．所以由蝶身上分解出來的原子，它當然可滲和人身中分解出來的原子，組織新人的原生質，再成細胞而肢體，而五官，而蹙個的人身．這樣一來，豈不是死了的蝶化了人嗎？反過來說，不是死了的人，化了蝶嗎？所以莊子說蝶爲人，人爲蝶，此之謂物化；這種話，很合科學原理的，豈可以拿普通的寓言目它嗎？

但莊子說生死爲物化，目的不在向人家報告他的學理，而在用這種哲理去齊生死。所謂齊生死者，就是要把生死兩件事看得一樣，不要重生而輕死。換句話：就是不要因生而樂，因死而哀。爲什麼要如此呢？這是因爲人的生是甲物化爲乙物，人的死是乙物化爲甲物，生死變化，都是一個物，都跳不出宇宙中間，眼光放遠一些，生生死死，是暫來暫往的變化，我們還值得去悲死樂生嗎？這纔是他的目的。

這派的人物，除上述的特別思想和他派不同的以外，還有養生的實踐功夫，就是他們的實踐倫理學。所謂養生，就是順着自然，淸靜無爲，去度過這一生，裏面有許多實踐功夫。這個問題，在這派思想中，或者就是整個的中國思想中，是很佔重要地位的，所以我們不能夠把它忽略過去。

這派的養生功夫，歷來研究老子、莊子的人，多忽略過去；甚且有說老、莊並不注重養生的；這是向來拿老、莊當做文學研究的一派人所說的話。另有後世的方士式的道家，恰又相反，要拿燒丹鍊汞的方術，附會到老、莊的養生上去。這兩派都不能得到老、莊眞意的．老、莊的養生，是順乎自然，淸靜無爲以達到長生目的．舉其要點如下：

一養氣　我們人類，生活在大氣的中間，吸取空中養氣，充滿全身，這氣若是一斷，立刻就要死的．所以在我們身中的氣，特別起個名詞，叫做元氣．儒家也主張養氣的，如孟子說：『我善養吾浩然之氣．』孟子公孫丑篇上不過這派的養氣方法，和儒家完全不同；他們的不同之點，一是主剛，一是主柔；是顯然有分別的．

孟子說『其爲氣也，至大至剛，以直養而無害，則塞於天地之間．』同上公孫丑篇上這等工夫，是主剛的，是向外的．如今拿這派的話來比較一下：老子第十章說：

『專氣致柔，能如嬰兒乎？』

這是明明說出養氣的工夫，是主柔的，是向內的，是教人調和這氣到得十

分和柔，要象嬰兒的純乎自然狀態，方達到養氣目的

老子雖說專氣致柔，然他的語意渾涵，並未指出養氣的下手方法。如今再引莊子的說話，就可以明白這派養氣的方法了。

莊子大宗師篇云『古之眞人，其息深深，眞人之息以踵，衆人之息以喉。』

從這段文字看來，可知道這派養氣工夫，是從鼻子裏的呼吸入手的。人們鼻子裏，外而空氣的吸入，內而肺部炭酸氣的呼出，一呼一吸，叫做一息。我們的生命，可以看得見的，就在這裏，通常所說『一息尚存』就是這個意義。這個息和生命，有這樣密切的關係，所以這派的養生，要從這裏下手。莊子說呼吸要深，故云『古之眞人，其息深深；』就是深而又深的意思。爲什麼呼吸要深而又深呢？因爲呼吸深時，肺部方纔能夠盡量伸縮，充實吸養吐炭的工作。這種工作，做得十分到家，不但肺部能盡量伸縮，並且這氣能夠遍滿全身，從足跟起息；故云：『眞人之息以踵。』但是平常人不知道這種功夫，他的呼吸，一定極淺，並且不

能達到肺的全部，僅僅在喉頭出入；故云：『衆人之息以喉．』從這裏去研究，不是這派養氣的方法，十分明瞭的嗎？

二明心　這派的養生工夫，是從身心兩方面，同時着手的；身的方面就是上面所說的調和呼吸；至於心的方面，要在掃除妄念下手．現在說明於下：

老子第十章『專氣致柔，能如嬰兒乎？』底下，就緊接說『滌除玄覽，能無疵乎？』玄覽就是指人們深入心坎的妄見，必定要時時當心，如拿水去洗物，洗個乾淨，方能將汚穢除去，這就是老子教人在身心上同時用功的證據．

又云：『致虛極，守靜篤，萬物並作，吾以觀其復．夫物芸芸，各復歸其根；歸根曰靜，靜曰復命，復命曰常，知常曰明．』第十六章

這段文字，是說怎樣明心和明心的結果的．原來萬物都是由無而有，由有復返於無；我們心上的念頭，也是這樣，無端忽有一念，不久由有而無；如果能夠致虛守靜，澄心內觀，看淸這念頭的起滅，彷彿整理亂絲，得到頭緒，這是第一步

明心的方法；故云：『萬物並作，吾以觀其復；』這所謂「觀，」是外觀物象，內觀心象；所謂「復」就是由有返無。更須知道人們心的現象，是念頭起滅不停；心的本體，是什麼沒有的。祇要能歸到根本，達乎靜境，就能返乎本來的命，顯現不生不滅的心體；到此地步，方纔是明心的結果。故曰：『歸根曰靜，靜曰復命，復命曰常，知常曰明；』這個明字，要看得重，不是我們向外求的知識上的明，那是向內求的心地上的本明。

恐怕這本明兩字，還不容易明白，再引莊子的話，來證明一下：莊子應帝王篇有云：『至人用心若鏡，不將不迎，應而不藏，故能勝物而不傷。』

這段文字，寫出至人明心的眞象。功夫到這地步，心象儼如明鏡，物來則影必現於鏡中，物去則鏡中不留一影，心體的本明，不爲物牽，故云：『不將不迎，應而不藏。』既然如此，是心能應物，而物不能入心，故云：『勝物而不傷。』老子中屢提出「明」字；莊子齊物論中也屢說『此之謂以明』『莫若以明，』都是指這內明境界的．

三　養成的圓滿人格　這派形容養生功夫造極的人，稱之曰聖人、至人、神人．能到這步田地，不但他的生命特別久長且生存在天地中間，也沒有外物能傷害他的．老子曰：

『治人事天莫若嗇．(七八)夫唯嗇，是以早復．(七九)……是謂深根固蒂長生久視之道．』五十九章

『蓋聞善攝生者，陸行不遇兕虎；入軍不被甲兵；兕無所投其角，虎無所措其爪，兵無所容其刃．夫何故？以其無死地．』第五十章

這是極端說明養成圓滿人格的聖人，其神獨全，不為生死所變化，猛獸刀兵所傷害的．莊子更拿具體人格形容出來：

『藐姑射之山，(八〇)有神人居焉．肌膚若冰雪，綽約(八一)若處子；不食五穀，

吸風飲露；乘雲氣，御飛龍，而遊乎四海之外（八二）其神凝，使物不疵癘而年穀熟．』逍遙遊

『至人神矣！大澤焚而不能熱，河漢沍（八三）而不能寒，疾雷破山，飄風振海而不能驚．若然者，乘雲氣，騎日月，而遊乎四海之外，死生無變於己，而況利害之端乎！』齊物論

這兩段文字，似有神祕的色彩．但是一個人果能依照這派的方法去修養，到結果也當然有一種很大的用處．一個人果能不爲物役而能役物，當然他的神志清醒偉大，所見所聞，以及所爲，都能異乎常人，而表現出一種驚人的氣魄的．這種方法養氣明心，結果發生一種靈妙作用，就是他們所說的『凝神．』意思是把我們的精神，集中而保藏起來，不要把它浪費了．如果能永遠保藏，積久成神，就是老子所說的『谷神不死．』他的具體人格，就是前面所述的藐姑射山的神人．這話我們尚未證實，不必多談．但是一個人如果能依照他們的話去

做，把我們的精神好好保護着，不去浪費，最小限度，的確是能使我們身體永遠健康的；縱不能就成一個神，亦是一個偉大的人物，可做出驚天動地不可測度的偉大事業的。

第三節　後論

自然主義派的思想，在我國佔了很大的勢力，信仰這種思想的人，除了老、莊、關、列這些人以外，還有些很有名的人，例如楊朱、呂不韋、劉安、王充等都是。但楊朱因爲另有獨創的思想，我們已把他列入享樂主義派裏去了。呂不韋、劉安、王充諸人，却因爲他們只有信仰，沒有創見，並且他們對於這派的信仰，也只一部分，所以過去的人，把他列爲雜家。因此，我們就不把他們的思想引入討論。但有一層要注意的，就是所謂自然思想，在王充論衡裏却做了反當時思想的中流砥柱。(八四)因爲在漢時的學者，都喜歡高談陰陽五行的緯讖說，所以我國思想在此時期，已入了神祕的園地了．而王充獨能在此時高唱自然之說，以反對他們．雖然在當時沒有多大的成功，但自此以後，陰陽五行的緯讖說的勢力，就日漸消滅了．有唐一代的學者，竟無人提及這種話．至宋纔復迴轉過來．但宋儒除邵雍一人喜談術數，所說的陰陽五行，有些和漢儒相同外，其餘的人，如周敦頤張載二人雖亦談陰陽五行，然而二(八五)五(八六)的意義，在他們的思想裏，已變了相，這話當於後面提及．而二程(八七)及朱熹這些人，却竭力在致知格物用功夫．到了明朝．陰陽五行，又無人談論了．陰陽五行的緯讖說，從此消滅；而致知格物、窮理盡性的思想，就大大的風行了．在這時期，我國的思想已入於言行一致，少有空談而不實行的了．就這點來說，王充雖沒有西洋的培根因爲唱自然說使西洋科學發達的功勞大，然而他能使我國思想的趨勢一變，並且所變的方面，還是由神祕而實在的；和培根的情形大略相同，這不能不說是他的偉大功績！

註 (一)姓李，名耳，字聃。春秋時，楚苦縣厲鄉曲仁里人。(二)名喜，關尹官名。(三)名禦寇鄭人。(四)姓莊，名周，宋之蒙人。(五)從此以下，引證老子的話，是以四部叢刊本老子道德經爲主，間參酌他本。(六)地以寧靜爲德，人當以寧靜爲性。(七)道主無爲，無爲者順自然也。(八)從此以下，引證莊子的話，是根據道藏本南華經及王先謙莊子集解。(九)孔，大也，又通也。容，形狀也。德人之形狀。(一〇)或作盅，器虛也。(一一)治也。(一二)九有也，古今異世，道常不變，可持以治今之邦域也。(一三)能知古者之所以爲治者，亦可以得道之總要矣。(一四)天下必歸於王，猶川谷必歸於海。(一五)喻剛。(一六)喻柔。(一七)溪能順受。(一八)喻貴。(一九)喻賤。(二〇)喻卑下。(二一)質素也。(二二)卽太極。(二三)卽陰陽兩儀。(二四)陰陽二氣和合而生物，二生三也。(二五)和氣合而生物，三生萬物也。(二六)純一而不可分。(二七)聽之無聲。(二八)視之無形。(二九)獨立不變，卽不生不滅。(三〇)周徧於物，而不能竭。(三一)道本無名，聖人見萬物之無不由也，故字之曰道，見萬物之莫能加也，故強名之曰大。(三二) 謂萬物皆由道而生，由德而畜。(三三)萬物各具其形。(三四)物性不齊，各有其自然之勢。

(三五)能生物，則物尊之。(三六)能畜物，則物貴之。(三七)身以後之而常先，以外之而常存，是無私乃以成其私也。(三八)縱情欲也。(三九)無爲也。(四〇)無見於外。(四一)疲也。疲役若無所歸。(四二)借作匱，不足也。(四三)愚無知也。(四四)明察也。(四五)昭昭昏昏，對持己言。察察悶悶，對接物言。(四六)有爲也。(四七)頑愚。(四八)鄙陋。(四九)使不至於過也。(五〇)一者萬物之本。(五一)由有復歸於無，由動復歸於靜。(五二)公則萬物歸往。(五三)王者與天同量。(五四)政也。(五五)知賊與福之由，亦治國之法式。(五六)常用之器非一，故以十爲數；猶今言什物。什伯，言其多也。(五七)在水中如張綿，俗謂蝦蟆衣。(五八)阜也。(五九)車前草，一名澤瀉。(六〇)糞壤。(六一)草名。(六二)金龜子之幼蟲，生於土中，長寸許，首赤尾黑，脚有微毛，以背滾行。(六三)速也。(六四)蟲名。(六五)鳥名。(六六)蟲名。(六七)蠛蠓，亦名醯鷄。(六八)蟲名。(六九)蟲名。(七〇)蟲名。(七一)蟲名。(七二)螢火蟲。(七三)草名，根似蕪菁，俗稱大頭芥。(七四)老竹不生筍也。(七五)竹根蟲。(七六)豹。(七七)意言人死又反入於機也。(七八)即節用制欲之意。(七九)復命工夫。(八〇)藐遠也。

姑射山、在北海中。（八一）柔和貌。（八二）神遊四海之外。（八三）凍也。（八四）如自然感類齊世等篇。（八五）陰陽。（八六）五行。（八七）程明道程伊川。

問題

一 道德二字的意義怎樣？

二 自然派人生思想如何形成？

三 莊子的科學思想怎樣？

四 死的意義？

五 老莊思想的不同何在？

參考書

一 老子道德經

二 莊子南華經

三 淮南鴻烈解

四 呂氏春秋

五 列子

六 王充論衡

七 史微（張爾田著）

第四章　人爲主義派哲學

第一節　引論

這派包涵原來的儒法二家，儒法二家的思想，在另一個立場上說，當然有許多相衝突的地方，但是拿他們的思想和前一派的思想比較一下，那麼兩家當然也有相同之處。因爲前派是主張以自然爲依歸，什麼事萬不能違背自然。而此二家則認爲什麼事應以人爲主，國家雖亂到不堪，我們還得要去治理它，絕對不能聽憑它自亂自治；自然的法則，固然要順從；但是人爲的法則，能夠駕乎自然的法則以上，我們還是採用人爲的法則好些。所以儒家的禮，和法家的法，雖根本於自然法的原則，但是經過人的製造，包涵了人爲的意義非常濃厚。況且這二家均主張用「術」，儒家的術，就是實行仁義以感化天下，性近於柔；

儒字的意義，就含了柔術的意思．法家的「法，」就是嚴明賞罰，以籠絡天下，性近於剛．所謂術就是完全出於人爲的一種方法．從此兩點來論，我們把兩家打通，歸爲一派，名之曰人爲主義派，這也沒有什麼說不過去的．

況且儒法二家的關係，本來就是很深切的．集法家大成的韓非子，就是儒家主張性惡的荀卿（況）的學生，拿他們師生的思想來研究一番，我們更知道儒法二家有合而爲一的可能．因爲在荀、韓以前的儒法二家，既無多大的衝突，所不同的，就是儒家法古，法家變古．至於儒家的仁義，法家者流，並未根本加以反對．到了荀、韓二人出來，荀子也主張制法度，韓子也不敢傷仁智之行，兩者在事實上幾乎合而爲一．那麼我們把二家歸爲一派，更不是流於獨斷．漢書藝文志云：『法家者流，出於理官，信賞必罰，以輔禮制．』可見儒家的禮和法家的法本來相輔而行的．

原來所稱的儒家，是以孔子（一）爲領袖的．因爲儒家的思想，雖起自堯、舜，經過禹、湯、文、武、周公，但在周公以前，偏重實行，自孔子起，纔建立理論。例如孔子以前，未嘗不重禮，但自孔子起，纔有『禮之用，和爲貴』的話。所以凡談儒學的人，都拿孔子做中心人物，堯、舜、禹、湯、文、武、周公爲前驅的人物，七十子及孟荀諸子，爲後起的人物。秦始皇焚書坑儒以後，儒家思想大受影響；漢興，董仲舒起而維護儒家，做了一個中興人物，但沒有特創的學說。自此以後，各時代都有人信仰儒家，且歷朝君主，也大都崇重儒術的。故從唐以後，儒家思想已成爲國家思想，如西洋各國以耶穌教爲國教一般，普天之下，大多數拿儒家經典做處世的金科玉律。但儒家思想，自經秦火以後，後代學者，只有整理的工作，沒有創造的志願；所以自漢以後，訓詁、考據的學問雖興盛，而對於儒家思想，卻沒有新的開創。儒家思想有上面所說的普天之下奉爲金科玉律的勢力，固然是可以自豪的；但是它的發展，竟告終於秦火，這是儒家的大不幸！也爲我國的大不幸！

原來所稱的法家，都以管子（二）做領袖。但是我們覺得管子雖是法家的領袖，而他的思想，却不能領袖法家．因爲管子的思想，站在法家的立場來說，他還是沒有成熟的．既有自然派思想的色彩，又有儒家思想的因素，同時又沒有絕對的主張法制，不過有許多經濟政策的貢獻而已．所以法家思想，在管子時代，並沒有到獨立的地步；後來申不害（三）出世，接着商鞅（四）愼子（五）又繼續出世，於是法家的思想，纔有新的創立．但尚沒有圓滿，因爲他們三個人都還是片面的貢獻；到了那位韓非（六）出世，他鎔化申、商、愼三子的思想於一爐，於是法家思想，乃達到最圓滿的境界，可以與他派並駕齊驅了．不過法家的命運，在我國畢竟是短促的．所以當他最圓滿的時候，又就是崩潰的時候了．因爲自韓非而後，並無人繼續他的精神去奮鬥，雖然有呂不韋等，也主張用術勢治天下，但呂氏是雜家，他並不專信仰法家思想．——這是什麼原因呢？大概是自韓非起，法家已和儒家無形的結合起來了．所以後來的學者，雖有些是信仰法家的，但是大部分的思想，還屬於儒家，因此，當世都以儒家的人物目之．例如賈誼是好談政策的人，似有管子的風格，而當世說他是儒家；王安石是主張變舊法而行新法的人，有商子的氣概，然而當世也說他是儒家的人物．法家崩潰而混合於儒家，我們覺得這倒是一件好事．因爲法家的思想過剛，容易流於刻薄寡恩；而儒家的思想也過柔了些，容易流於頹廢不振；剛柔能並濟起來，兩者的流弊，就可以消滅或減少了．

第二節 正論

孔子說：

『我非生而知之者，好古敏以求之者也．』論語述而篇

『鳥獸不可與同羣，吾非斯人之徒與而誰與，天下有道，丘不與易也．』論語微子篇

這些話，就可以絕對表現出他們主張人爲的精神，而有一種人定勝天的

氣概，所以晨門批評孔子說：

『是知其不可而為之者與？』論語憲問篇

所謂人為，就是什麼事不一定完全順着自然去走，果是合乎義理，雖逆了自然，也要去做的。所以這派的思想，恰和前派有些相反。前派是主張無為的，就是絲毫不肯逆乎自然，如果逆了自然，那就着了有為的痕跡；這派的知其不可為而為之，是主張有為的。

自然派是以自然的活動為法則的，人為派既不必完全順乎自然，那麼這派如果要解決一件事，到最後的時候，是用什麼做標準呢？據我們的研究，人為主義派是以「仁」做標準的，就是凡所做的事，必定要合乎仁而不背乎仁，纔是不錯的。如果背了仁，那麼事體雖做成功，也不算是正當的。所以孔子說：

『富與貴，是人之所欲也，不以其道得之，不處也。貧與賤，是人之所惡也，不以其道得之，不去也。』論語里仁篇此處所說的道，就是「仁道，」不是自然的道．所以「仁」字在這派思想中所佔的地位，非常重大．一般人認爲仁祇是行善的規則，這是把「仁」看得太小了．

但是仁道既與自然的道不同，而自然的道，是由宇宙原則創成的；那麼這種仁道，到底有什麼依據呢？所謂「仁，」拿現代的新名詞去解釋，就是理想的完全人格．孔子首創這仁道，就是替人生預先擬定一個完全人格，安放在人們前面，使人生的活動，刻刻向着它，刻刻模倣它而不違背它．如果人的活動，能夠處處不違仁，那就是實現了完全人格，這種人可以叫做仁人，也可以叫做聖人．

孔子既創立仁道，爲人生活動的目標；於是對於人類一切應有的活動，就主張以不違反仁道爲原則．所以他的種種學說，都以求仁爲目的．通常說孔子的哲學，是以倫理學爲出發點，能明白上面的話，就可以探得其所以然了．

但我們要問：孔子的理想人格，到底是什麼標準呢？他又怎能知道創立的仁道，一般人都能够做得到呢？這層是很值得我們研究的。我們覺得孔子所以敢毅然創立這種很高超的仁道，使人家去做，這是因爲他自己已先有一個性純可塑的概念在腦經中。怎樣叫做性純可塑呢？就是說人由先天所遺傳下來的性，初生的時候，並沒有什麼固定形態的，完全是純白的紙片一般，可以任後天的環境塑染的。環境的形態不同，塑染成功的形態也不同。所以孔子說：

『性相近也，習相遠也。』論語陽貨篇

人的性既是可由環境塑染的，那麼我們總要先製定一個好的環境，做塑性模型，然後把人性塑進去，結果這個人性，當然和那個模型的形態一樣。孔子知道這一點，所以創立仁道。仁道就是這種塑染人性的理想模型，而環境即是塑染人性的實際模型。所以孔子說：

『里仁爲美，擇不處仁，焉得智？』論語里仁篇

他的奢望，是想把人類所有的性，都塑染成和他所擬的理想模型一般。所

以性純可塑的概念，就是他創立仁道的根據，也是玉成他創立仁道的最大原因。所以孔子的哲學，雖是拿倫理學爲出發點，然而他的根據，却是心理學。前者的話，曾有人說過；後者的話，恐怕就從我們創始了。

創立仁的理想模型，來塑染人的性，這是人爲主義派思想的焦點，也是人爲精神的表現處。

自孔子創立仁道治天下以後，傳之七十子，七十子都仿照而行，並無人增減或修改過。但到孟子（七）出世，於是這仁字底下，乃多添出一個義字來，主張以仁義之道治天下。再到荀子（八）手裏，又多添出一個禮字，主張以仁、義、禮三者治天下；而此三者的中間，又非常偏重於禮。本來孔子也未嘗不主張用仁義禮三者治天下的，他所說的『其使民也義』論語公冶篇『齊之以禮』論語爲政篇就是這意；不過孔子的義禮二者，好像是隸屬於仁的。孟子却把義禮和仁並立，而側重義的使用。荀子又把義禮和仁並立，而側重禮的使用。於是仁就像居了一個虛位，表現他是一個理想的東西；要他實現，只有從義禮去用功，義禮做到了家，仁自然可以實現了。孔子雖然創立仁道，做人生追求的目標，並且用義禮以求仁的實現，却沒有把仁、義、禮等格式，說明是先天的範疇，或後天的法則；而孟子却認定這等東西是先天的範疇。所以他說：

『仁、義、禮、智非由外鑠我也，我固有之也。』(孟子告子章上)

荀子又反轉來說這些是後天的法則，他說：

『禮起於何也？……先王惡其亂也，故制禮義以分之。』(九)(荀子禮論)

但是義禮二者，到底是什麼呢？這不能不再來解釋一下。

所謂義，依照孟子的說法，當然是一種先天的範疇，能直覺辨別行為的是非的，即韓愈解爲行而宜之之謂義的意思。孟子主張拿這種先天的範疇，去做人們活動的標準，和孔子以仁爲標準一樣，兩者並不衝突，而義還是助仁的實現的。因爲義只限於人生行爲方面的標準，這種標準含有裁制性的；而仁却是整個的理想模型，含有目的性的．所以孟子主多用一個義字，並非對孔子思想有什麼不滿，是因爲孔子偏重仁道，離普通人的程度太遠，恐難達到，於是要借重這個「義」以聯絡這理想的人格，和現實的人生．

所謂禮，依照荀子的說法，當然是一種人爲的規律，這種規律，由聖人創制起來，拿去指示人的行爲，或者裁判人的行爲的．禮的最大力量，就是能分．禮既能分，於是總要有執禮的人，去分天下的一切；而人民也依照所分的分位去做，各不相妨害；那麼人生自然容易趨向理想的完全人格，結果亦能夠把完全人格實現的．所以禮雖不是仁亦不是義，然而由禮亦能成仁成義，故禮並不與仁義衝突，也是助仁的實現的．不過禮來的平凡些，易於實行，此荀子之所以力主禮治，而少談仁義的原因．

但當孔、孟、荀諸人講仁、義、禮治天下正熱烈的時候，另有一部分人爲主義派的人，主張以法術權勢治天下．這部分的人，就是引論中所說的法家．他們的主張,和孔、孟等實有些不同.

先是管仲在齊國,倡「三綱領,」(一〇)「三本,」(一一)「四固,」(一二)以及「五事」(一三)的經綸;但這種經綸,不過是一種治國的意見,在哲學上還沒有多大的權威.到申不害出來,於是從這散漫的意見中間,找出他的哲學原理,這原理是什麼?就是「術.」術又是什麼?是君主御臣下的一種方法,韓非子中解釋術字的意義:

『因任而授官,循名而責實,操殺生之柄,課羣臣之能者也,此人主之所執也.』定法篇

但這術是一種無形的東西,和孟子所說義的情形相近.如果專靠術去治天下,很容易流於空疏詭譎.所以商鞅出來,就絕對主張用法治法又是什麼?法是齊天下之動的一種規律.韓非子解釋法的意義:

『憲令著於官府,刑法必於民心;賞存乎慎法,而罰加乎姦令者也.』定法

篇〉

以法治天下，當然比專以術治天下的主張，較有哲學的意味。因爲能以法治，就公正而無偏黨，並且是着實而易行的。但專重法，也不一定是好現象因爲法是呆板的，而法的自身，又沒有動的能力。如果不靠一種勢力去運用它，恐怕也是沒用的。所以愼子在商鞅以後，又主張拿權勢治天下。怎樣叫做權勢呢？權本來是一種標準，所以愼子君人篇說：

『有權衡者，不可欺以輕重；有尺寸者，不可差以長短；有法度者，不可巧以詐僞。』

照這樣說，權和法似乎是一樣東西了。其實不然。因爲分開來說，權法似是兩種標準，用途不同；但是合而言之，權就是法的力量；有法而無權，那麼法是空的。法有了權，於是『法之所加，各以其分，蒙賞罰而無望於君，是以怨不生而上下和矣。』這就是說明法有了權，方可以暢行無阻，而不受主觀或私情的屈撓的意思.

所謂勢,又是什麼?大約和權的意義相仿,不過權偏屬於法,勢則偏屬於君.但法是死東西,自己不能運用這個權,還要靠着君主去用的.所以權雖屬於法,實操之於君.爲君者能操這權勢以治天下,那麼天下未有不治的.這是愼子所以主張權勢的原因.但愼子重權勢,却又疏忽了法,更薄視了術,這也不免陷於一偏,於是韓非乃應時而出,主張聯合術、法、權勢三者以治天下.所以他在定法篇說:

『申不害言術,而公孫鞅爲法.術者因任而授官,循名而責實,操殺生之柄,課羣臣之能者也.此人主之所執也.法者憲令著於官府,刑罰必於民心,賞存乎愼法,而罰加乎姦令者也,此臣之師也.君無術則弊於上,臣無法則亂於下,此不可一無,皆帝王之具也.』

八經篇說:

『勢者，勝衆之資也，……故明主之行制也天，(一四)其用人也鬼。(一五)天則不非，(一六)鬼則不困，(一七)勢行教嚴，逆而不違，(一八)……然後一行其法。』

韓非主張集用術、法、權勢三者去治天下，於是法家的思想，在這時期可以說是登峯造極，在中國哲學史上，更放出一大光明。

照前面的話來說，人爲派的思想可分兩大支流：一即孔、孟、荀的思想；一即申、商、愼、韓等的思想，這兩大支流在荀、韓以前，都是相並而行的，到了荀、韓時候，於是兩流纔結合爲一，這話我們已經在前面提起過；至於怎樣結合法，在以後說明，此處暫不細述。

以上的話，是人爲主義派的關鍵思想。從這以後，要把他們的各個思想，分條敍述了。

我們應當先說的，就是這派對於性的思想。所謂性是什麼？這點應先解釋。綜觀孔、孟、荀三人的話，我們可以把性下一個定義：

性就是人們先天遺傳下來的心理活動.換句話,性就是行爲的抽象總稱.所以要批評性的善惡,並不能離開行爲或動作.這些話都可以在孟荀論性中證實的.

孔子認爲性是純而無所謂善惡的;不過可以隨環境變爲善變爲惡罷了這話前面已說過,無容再提.後來信仰孔子這種主張的人,只有一位告子.他的著述,沒有傳下來;只有孟子書裏有他的話,可以作論證.告子說:

『人性之無分於善不善也.』告子章上

這就是他主張性在最初時候,沒有所謂善惡的.而善惡的分野,是後來受環境的力量所激成的.所以他又說:

『性猶湍水也,決諸東方則東流,決諸西方則西流.』同上

等到孟子出來,他雖仍舊主張性是隨環境變化的.但他却確定人性最初是善的.這就和孔子、告子都不同了所以他說:

『矢人（一九）豈不仁於函（二〇）人哉？矢人惟恐不傷人，函人惟恐傷人；巫（二一）匠（二二）亦然．故術不可不慎也．孔子曰「里仁爲美，擇不處仁，焉得智．」夫仁，天之尊爵也，人之安宅也，莫之禦而不仁，是不智也．』公孫丑章上

這是他認爲環境可以改變人性的話．但他又說：

『人性之善也，猶水之就下也，人無有不善，水無有不下．』告子章上

孟子主性善以後，到荀子出世，又說性是惡的．這又和孔子、告子、孟子都不同，而與孟子剛剛立於相反地位．但荀子雖主性惡，也認爲性是可塑染的，所以他先在性惡篇說：

『人之性惡，其善者僞（二三）也．』後來又說：

『今使塗之人，伏術（二四）爲學，專心一意，思索孰察，加日縣久，積善而不息，則通於神明，參於天地矣．』

『夫人雖有性質美而心辯智，必將求賢師而事之，擇良友而友之．得賢師

而事之,則所聞者,堯、舜、禹、湯之道也.得良友而友之,則所見者,忠、信、敬、讓之行也.身日進於仁義,而不自知也者,靡(二五)使然也.今與不善人處,則所聞者,欺誣詐僞也.所見者,汙、漫、淫、邪、貪利之行也.身且加於刑戮,而不自知者,靡使然也.』

孔、孟、荀三者的性論,我們可以因其不同,而名孔子的性論,爲性純可塑論,孟子的性論,爲性善可塑論,荀子的性論,爲性惡可塑論.三者雖對於性的善惡,有不同的主張;然而同認爲可以塑染,却是一樣的.因爲性是可塑染的,而塑染的東西,就是環境,於是他們都主張極力改善環境.改善環境以塑性,這當然是藉人力來改變人性,這也是他們表現人爲精神的一點.

自荀子主張性惡而後,接着他的學生韓非,也主張性惡,他在六反篇說:

『且父母之於子也,產男則相賀,產女則殺之.此俱出父母之懷衽(二六);然男子受賀,女子殺之者,慮其後便,計之長利也.故父母之於子也,猶用計算之心，以相待也，而況無父母之澤乎！』

韓非這種話，不但主張性惡，並且認人是自私自利的．且不承認爲性是可塑染的．所以他在顯學篇裏說：

『夫嚴家無悍虜，而慈母有敗子，吾以此知威勢之可以禁暴，而德厚不足以止亂也．』

他既認爲性惡，而又不可塑染，那麼對這惡性，用怎樣救濟法呢？難道不去過問，任它成爲極惡嗎？這却不然，他有方法去治理這種不可塑染的惡性．什麼方法呢？

一、用威勢以抑制它，就是他所說威勢可以禁亂的意思．

二、用利去順誘它，因爲人既是自私自利的，那麼給他的自私自利心一個滿足，他當然不會再造惡了．

一禁一誘，他所以主張嚴行賞罰，而不必用感化的．

性惡的說，經過韓非以後，就沒有人再出主張了。到前漢時，董仲舒（二七）出世，乃修改孟、荀諸人性善惡說，而爲性三品說。他認爲聖人之性是善的，是爲上品。庸人之性是惡的，是爲下品。中人之性是可善可惡的，是爲中品。他在他的春秋繁露中說：

『聖人之性，不可以名性；斗筲之性，亦不可以名性；性者中民之性。』實性篇

『性比於禾，善比於米。米出禾中，而禾未可全爲美也。善出性中，而性未可全爲善也。』深察名號篇

『繭有絲，而繭非絲也；卵有雞，而卵非雞也。……性如繭如卵，卵待復（二八）而爲雞，繭待繅而爲絲，性待教而爲善。』同上

他這種主張，自然祇認爲中人之性是可以塑染的，其餘上下二者，都是不可塑染的。

董氏以後，後漢時的王充，（二九）又主張性有善有惡，同時是可以塑染的。他所著論衡率性篇說：

『論人之性，定有善有惡。其善者固自善矣；其惡者故可敎告率勉使之爲善。凡人君父，審觀臣子之性，善者則養育勸率，毋令近惡；近惡則輔保禁防，令漸於善。善漸於惡，惡化於善，成爲性行。』

他這種性有善有惡的主張，非常平穩；當然可以破除孟、荀祗主性善或惡的偏見。但是既認性爲有善有惡，而惡亦可以變化爲善，那麼還是依照孔子的主張爲妙，何必多費唇舌呢？因爲孔子主張性純可塑，自然性可以爲善，也可以爲惡。性既可以爲善也可以爲惡，那麼性有善有惡就在其中了。孔子的性純可塑論，實在是很渾融的。

但王充的性有善惡論，雖脫不出孔子性論的圈套，而他的影響却很大的。自他以後，一般儒者，差不多都承認他的話。所以後來宋儒分性爲二：曰本然之性，曰氣質之性．而氣質之性，又可以變化就善．這可以說是王充的性論，做了他們的先驅．

王充以後，董仲舒的性三品說，到唐朝韓愈手裏，又復活起來．韓愈說：

『性之品有上、中、下三，上焉者，善焉而已矣；中焉者，可導而上下也；下焉者，惡焉而已矣．』原性

他這種話，又和荀悅(三〇)對於性的主張差不多．荀悅說：

『或問天命人事？曰有三品焉；上下不移，其中則人事存焉．』申鑑雜言下

但韓愈又說性涵了五種要素，這又和董、荀不同了．他說：

『其所以爲性者五：曰仁、曰禮、曰信、曰義、曰智．』原性

上品之性，是五種要素能同時活動；就是有一種要素旣活動了，其餘四者也隨之而動．所以他說：

『上焉者之於五也，主於一而行之於四．』同上

中品之性，五者雖具，但很少能表現出來；更不能同時活動.所以他說：

『中焉者之於五也，一不少有焉，則少反(三一)焉，其於四也混.』(三二)同上

下品之性，更相差遠甚，雖同具五種要素，但五者既不能相濟而行，而又往往某一者動，與其他四者相衝突.所以他說：

『下焉者之於五也，反於一而悖於四.』同上

這種性三品的主張，大概都是根據孔子所說的.『性相近也，習相遠也；惟上知與下愚不移.』論語陽貨篇的話來的；因此認爲上智是上性，下愚是下性，可近可遠或可善可惡是中性.

我們覺得他們實在是誤會了孔子的意思.孔子何嘗主張性有等級呢？他所說性相近者，是指凡人初生的性，都是相近的；近即是同，並沒有什麼你性善，我性惡的區別，但到後來各個人因爲所處的環境不同，因此要學習各個環境中的行爲，去應付各個環境的刺激，於是彼此的性，乃有所分野，而日趨於不同

了；這就是『習相遠也，』遠就是相離而不同的意味。性既彼此相同，那還有等級可言嗎？

至於所謂上智、下愚不移，那不是從性的立脚點，去說人類有上性有下性；是從生理的立脚點，去說人的性雖可以由環境塑染，但在生理上，却有不能受環境塑染的人，這就是上智和下愚。爲什麼呢？因爲一個人的智或愚，和他的腦成正比例的，腦極大，就是極聰明的人；反之，腦極小，就是極愚笨的人。猿猴沒有人的智慧大，就是因爲腦不及人大。腦的大小，在母胎中就決定了，所以人的智愚，也在母胎中決定；而環境不能增減腦的大小，也就不能移轉人的智愚；這是很明顯的道理。他們把這個道理看錯，於是差之毫釐，謬以千里。孔子的性純可塑論，就一變而爲他們的性三品論。

從這種推論去說，我們覺得他們的性論，並無價值可言。因爲他們的主張，是誤會孔子的說話而來，不是自己有所見而來的。誤會他人的話而來的學說，只可以算是臆說，而不是眞理。既是臆說，試問還有什麼價值嗎？

這派除了論性以外，還對於情，有一番解說。性和情二者，本來是形影相聯的東西，性的活動明顯的一部就是情。例如人有喜怒哀樂，本來是性的活動，但形成喜怒哀樂的時候，那就是情了。所以照道理，不能把性和情二者分開來說。現在爲便利計，姑且分開了罷。

孔子對於情，並沒有什麼話說，只有孟子開始說情是善的。他說：

『乃若其情，則可以爲善矣。』告子章上

孟子這話，本是證明性是善的一句話。性和情是相連貫的，所以情善性亦善；因爲性主於中而情表於外，斷沒有性善而情反惡的道理。所以劉向(三三)說：『性情相應』荀悅申鑒雜言下篇而荀悅又說：『性善情惡，是桀紂無性，堯舜無情也。』同上因爲這個原故，孟子既主性善，當然亦必主情善；而荀子既主性惡，當然亦必主情惡，荀子在他的性惡篇說：

『古者聖王以人之性惡，以爲偏險而不正，悖亂而不治；是以爲之起禮義，制法度，以矯飾人之情性而正之，以擾化人之情性而導之也，使皆出於治合於道者也．』

他在這段話中，雖沒有明說情是惡的，然而情之爲惡，已不言而喻！因爲情是惡的，所以要和性一般，用禮義法度去矯飾擾化它，不然情是善的，又何須乎矯飾擾化呢？

孟、荀論情很單簡．到唐時韓愈，他就增了多許多細目．對於情不說善惡，而把情分爲三：曰上、中、下．更肯定情的要素有七：曰喜、曰怒、曰哀、曰懼、曰愛、曰惡、曰欲．上等的情，對於七種要素活動的時候，都能合乎節度．中等的情則不然，七種要素不能全部活動，祗一部分活動，另一部分不活動，但活動的部分，尙可以合乎節度．至於下等的情，那無論活動與否，都不能合乎節度．所以他說：

『情之品有上、中、下三，其所以爲情者七：曰喜、曰怒、曰哀、曰懼、曰愛、曰惡、曰欲。上焉者之於七也，動而處其中。中焉者之於七也，有所甚，有所亡，然而求合其中者也。下焉者之於七也，亡與甚，直情而行者也。』（原性）韓愈論情和他論性一般，加增細目，失之破碎而無獨特的貢獻。

關於性情的問題，已經在上面敍述過了。現在應當再把孟、荀二人主性善、性惡的原因或根據，來說一說。以便讀者對於他們的性論有徹底的了解。

性是行爲的抽象總稱，要觀察性的善惡，絕對離不開行爲，這話已在前面說過了。所以擴大言之，孟、荀的性論，都是以行爲做根據的。但人們的行爲是動的，是帶有展開性的。所以無論什麼行爲，都可以說有動機和結果兩點。而結果和動機，雖是一件事的兩端，但是兩者不一定是吻合爲一的。有時能吻合爲一；有時却又不能。例如某人的動機，是想救國的，但到結果却是賣國。這是動機和結果不能吻合爲一的。而另一個人却似種瓜得瓜，種豆得豆。這是動機和結果合而爲一的。動機和結果，既不能時時吻合爲一，那麼人家想批評一件事，就很難了.因爲就動機批評,說那事是善的,而在結果上去看,却是惡的.反之,就結果上說是善的,而在動機上去看,又是惡的.所以各執一端,就有各人的主張了.孟子和荀子兩人,一主張性善,一主張性惡,這就是他們一是從行爲的動機上去觀察性,一是從行爲的結果上去觀察性.孟子集合許多行爲上善的動機來做論證,於是主張性善.荀子集合許多行爲上惡的結果來做論證,於是主張性惡.兩人就各執一是,不能調和.

孟子說:

『人皆有不忍人之心;先王有不忍人之心,斯有不忍人之政矣.……今人乍見孺子將入於井,皆有怵惕惻隱之心.非所以內(三四)交於孺子之父母也;非所以要譽於鄉黨朋友也;非惡其聲而然也;由是觀之,無惻隱之心,非人也;無羞惡之心,非人也;無辭讓之心,非人也;無是非之心,非人也;惻隱之心,仁之端也;羞惡之心,義之端也;辭讓之心,禮之端也;是非之心,智之端也;

人之有是四端，猶其有是四體也．』〈公孫丑章上〉

這是孟子論性善的根據，他所說的四種心，就是吾人的靈機；這靈機初發動的時候是善的，孟子因此推證出性是善的．所以我們說他是以人們行爲的動機做論證而主性善的．

荀子說：

『今人之性，生而有好利焉，順是，故爭奪生，而辭讓亡焉；生而有疾惡焉，順是，故殘賊生，而忠信亡焉；生而有耳目之欲，有好聲色焉，順是，故淫亂生而禮義文理〈三五〉亡焉．』〈性惡篇〉

這是荀子論性惡的根據，所謂好利，就是一種動機；荀子並未說它是惡的．但由好利的動機，可以生出爭奪而亡辭讓的結果；疾惡好聲色的動機，也可生出殘害淫亂的結果；這種結果，都是惡的；荀子乃由此而推證出性是惡的．所以我們說他是以行爲的結果做論證而主性惡的．

但是孟荀二人,所以要一以動機做論證,一以結果做論證,其中還有他們思想上自己的立場,並不是隨便拿來說說的。孟子所以要拿動機做論證,因爲他是主張先天的良心論的;而荀子所以要拿結果做論證,因爲他是主張先天的欲論的。

所謂先天的良心論,就是說人生以後,有由先天帶來一種靈虛不昧而含着各種善端的心。這種心是不學而能做一切,不學而知道一切,並且所能所知,都是善的。孟子稱這種知叫做良知,這種能叫做良能。所以人們無論做什麼事,要是憑良心的主張,沒有不是善的。因此人的行爲,在動機上已表見出善的形態了。這是孟子所以要拿動機做論證的原因。

所謂先天的欲論,就是說人生而有欲。這種欲拿新名詞來解釋,就是一種生命力。所以欲對於人生,本是極關切的一種東西。如果人沒有了欲,已不成其爲人了;至多是和枯木一般。但欲這樣東西,是盲目的,由內向外奔放的。在它初動的時候，我們不能說它是壞的；但讓它無限制的奔放，結果一定會做出壞的事情的．須知飲食男女的大欲，原是維持生命的；飲食維持現在的生命，男女生生不已，是維持繼續的生命．這維持生命的大欲，並不是惡；而一切的罪惡，却都由飲食男女的關係做出來的．這是荀子所以要拿結果做論證的原因．

孟、荀兩人的這兩種思想，是很重要的，當於後面詳加討論．現在我們還有一些要說的話，就是孟子主性善，和荀子主性惡以後，到底拿什麼方法來導養或控制這種性呢？據我們研究所得，覺得孟子是拿誠的方法來擴充性；而荀子是拿僞的方法來擾化性；所謂誠，就是把那善性赤裸裸地儘量地由內向外推廣．所以孟子說：

『反身而誠．』盡心章上

所爲僞，就把那惡性用人力去變化它，使它不會表現出來．所以荀子說：

『故聖人化性而起僞，僞起而生禮義．』性惡篇性善而主張用誠去擴充它，性惡而主張用僞去擾化它，這是必然的趨勢。倘是顚倒行之，性善的主張用僞去擾化它，豈不是阻善而張惡嗎？性惡的主張用誠去擴充它，豈不是揚惡而隱善嗎？所以從這個觀點去說，他們這種主張，並不見得有什麼稀奇；但是他們都能注意到思想的連貫，這也足以窺見他們思想系統的精密，立說者應以這種態度爲法。

性論說完以後，我們要來敍述這派的人生思想了。

孔子創立仁道，做人們一生努力的目標，這就是他的人生思想的頂點。而求仁的實現，就是他的人生觀。現在把他實現仁的工夫，敍述出來，再參酌孟、荀諸人的思想，讀者就可以知道這派的人生思想是怎樣了。

論語中記載了許多孔子教門弟子求仁的話。例如顏淵問仁，孔子說：

『克己復禮爲仁，一日克己復禮，天下歸仁焉。』——顏淵篇

樊遲問仁，孔子說：

『愛人.』同上

所謂『克己復禮,』以及『愛人,』都是要想達到仁的境界應做的工夫.這種工夫就是應該實踐的道德.這種實踐道德,在論語一書中,總計不下十數條,如果要把它一一敍述起來,恐怕過多而又雜亂.現在把它歸類起來,每類略舉一二,就可以窺見大概了.

第一類,意志方面應堅强不動.孔子說:

『剛、毅、木、訥,近仁.』子路篇

第二類,理智方面,要善推,要着實.孔子說:

『舉一隅,不以三隅反,則不復也.』述而篇

『仁者先難而後獲.』述而篇

第三類感情方面要愛人.孔子說:

『惟仁者能愛人.』里仁篇

第四類，修身方面，要復禮，要敬恕．孔子說：

『一日克己復禮，天下歸仁焉．』顏淵篇

『出門如見大賓，使民如承大祭，己所不欲，勿施於人．』同上

第五類，求學方面，要勤習要由博返約．孔子說：

『學而時習之，不亦說乎?!』學而篇

『博學於文，約之以禮．』顏淵篇

第六類，技藝方面，要豐富．孔子說：

『依於仁，游於藝．』述而篇

第七類，待人方面，要恭、寬、信、敏、惠．孔子答子張問仁說：

『能行五者於天下，爲仁矣．……曰恭、寬、信、敏、惠．』陽貨篇

第八類，事親方面，要孝．有子說：

『孝悌也者，其爲仁之本與?』學而篇

第九類，孝的方法，要敬親及順親之志．孔子說：

『至於犬馬，皆能有養，不敬何以別乎？』爲政篇

『父在觀其志，父歿觀其行，三年無改於父之道，可謂孝矣．』學而篇

上面所引的幾條，雖然很簡短，但是方面很多，足見孔子是認爲一個人想達到仁的境界，應當各方面都要有一種修養，而能實踐許多道德方可．要不然，一個人一方面修養很好，他方面却不好，這不能說是達到仁的境界，因爲他的人格還沒有健全哩．

所謂道德，並不是專指對人的行爲而言的，凡是可以實現仁的行爲，都可以叫做道德．所以一個意志堅强的人，就是有道德的人，因爲他能夠成仁．同時所謂道德，只是求仁的一種行爲，並不能與仁齊等．有許多人，因爲孔子答門弟子問仁的話，各有不同，就以爲孔子說仁的意義是多方面的，因此，把仁和各種道德齊等，這實在太沒有了解孔子的本意．

孔子教人，本主張因材施教的——將在教育哲學中詳述——所謂因材施教，是看弟子們的修養工夫如何，然後按照他工夫的深淺，指點那求仁的路徑。弟子們修養工夫的深淺有不同，所以他答的話也不同。那些工夫，雖然都可以達到仁，然而工夫是工夫，不能和仁混爲一談。

上面所舉的九種修養，是求仁的積極工夫。他還主張做一種消極的工夫，以幫助求仁的實現。這種工夫，就是「安貧樂道。」孔子說：

『朝聞道，夕死可矣。』里仁篇

孔子的人生觀，既重求仁；那麼無論什麼事，總實現這個仁，雖有殺身的禍，也所不顧。他說：

『無求生以害仁，有殺身以成仁。』衛靈公篇

同時如果有人不想求仁的實現，或者行動違背了仁，他也是大不以爲然的。他說：

『人而不仁，如禮何？人而不仁，如樂何？』季氏篇

這種求仁的人生觀，自孔子首唱以後，他的門弟子大多數是遵照而兼實行的．惟曾子一人，主張求孝，把孝做人生惟一追求的東西．禮記祭義篇說：

『身也者，父母之遺體也．行父母之遺體，敢不敬乎？居處不莊，非孝也．事君不忠，非孝也．涖官不敬，非孝也．朋友不信，非孝也．戰陳無勇，非孝也．五者不遂，烖及其親，敢不敬乎．』

所以曾子把許多道德，當做求孝的工夫．孝經說：

『夫孝始於事親，中於事君，終於立身．』

『以孝事君則忠．』

曾子把孔子的仁換作孝，在思想的格式方面講，並沒有變更；但就仁和孝二者的質地講，由仁換作孝，是由靜的格式的，變爲動的行爲的了．因爲孔子的仁，是一種理想的做人的格式；而孝却是理想的做人的行爲．不過曾子雖改仁

爲孝，他祇對孔子的人生思想改了這一點，其餘都沒有變動。所以他也認爲求孝要做許多修養工夫，就是上面所說的事君應忠，居處應恭，交友應信，戰陳應勇等。

曾子以後，到孟子時代，人爲派的人生思想，乃起一大變更。這種變更，就是前面所說，孔子主仁，孟子主仁義，又於仁義當中着重義。所以我們可以說：孟子的人生觀，是在求義的實現，和孔子不同。同時孟子又認仁、義、禮、智四端，是先天的內在的。於是他的修養法，也有些和孔子不同。孔子的修養方法，是不分內外渾然一體的，只要實踐許多應實踐的道德就夠了。而孟子却專向內心用工夫，擴充先天的良知良能。所以他說：

『人之所不學而能者，其良能也；所不慮而知者，其良知也。孩提之童，無不知愛其親者；及其長也，無不知敬其兄也。親親，仁也。敬長，義也。無他！達之天下也。』盡心章上上面所說的，是孟子修養法的第一點。第二點就是養氣。爲什麼要養氣呢？因爲氣是襲義所生的。如果能够好好的把它養着，它就能配義與道，充塞於天地之間，而助長義的力量。孟子是重義的，所以不能不先養氣。他說：

『我善養吾浩然之氣。』公孫丑章上

這是說他自己能養氣。又說：

『其爲氣也，至大至剛，以直養而無害，則塞於天地之間。其爲氣也，配義與道，無是餒也。』同上

『居天下之廣居，立天下之正位，行天下之大道。得志與民由之，不得志獨行其道。富貴不能淫，貧賤不能移，威武不能屈，此之謂大丈夫。』滕文公章下

這是說養氣的結果，能呌人依着義，而成一個大丈夫。至於養氣的下手方法，有下列幾種：

1.持志：所謂志，就是理性.所謂持志就是使人的志不要爲情欲所蔽.爲什麼呢？因爲志是氣的主宰者，如果志一被蒙蔽，那麼氣就失了主宰，就會亂動起來了.所以孟子說：

『夫志，氣之帥也；氣，體之充也.……故曰持其志，無暴其氣.』（公孫丑章上）

『志壹則動氣，氣壹則動志.』（同上）

2.寡欲：欲是物欲，所謂寡欲，是減少人的物欲；物欲爲什麼要減少物欲呢？因爲物欲這樣東西，一方面能把人的先天的良心遮蔽了；一方面又能擾亂吾人的神志，使人精神不安寧.他說：

『養心莫善於寡欲.其爲人也寡欲，雖有不存（三六）焉者，寡矣；其爲人也多欲，雖有存焉者，寡矣.』（盡心章下）

3.存夜氣：夜氣就是平旦的氣，於半夜出現者.平旦的氣，就是吾人沒有和外物相接觸時候一種清明的氣.這種氣只有在半夜時，纔能表現出來.因爲在這時，吾人的心，和外物接觸很少的原故。據孟子的意思，他認爲人本來是有一種良心，這種心，在日間因爲和外物時時接觸，不能有一刻休息，所以不能現出一種清明的氣象。但在夜間，心和外物相隔離的時候，這種氣象，却澄清而表現出來了。因爲在夜間出來，所以稱它做夜氣。所謂存夜氣，就是把這種氣保存起來。它夜夜出現。我們夜夜保存。保存到最大量的時候，它的力量也大了。到這時我們的良心，有這種氣天天替它抵抗外來擾亂的物欲，就不會湮沒而能向外擴充了。孟子說：

『雖存乎人者，豈無仁義之心哉？其所以放其良心者，亦猶斧斤之於木也，旦旦而伐之，可以爲美乎？其日夜之所息，平旦之氣，其好惡與人相近者幾希，則其旦晝之所爲，有梏亡之矣。梏之反覆，則其夜氣不足以存。夜氣不足以存，則其違禽獸不遠矣。人見其禽獸也，而以爲未嘗有才焉者，是豈人之情也哉？』告子章上孟子這種人生思想，到荀子手裏又一變。原來孟子是注重義的；而荀子却注重禮，以守禮爲人生重大目的；立場不同，人生觀當然不同。這種思想，不特和孟子有差異，和孔子、曾子，也有不同。努力的目標既異，修養的工夫，當然也必因之而異。所以孟子注重內心的修養，而荀子却主張外面的制裁，就是我們一切的行爲，都應依照聖人所制的禮節去做，不講什麼擴充及養氣等工夫。荀子這種修養法，倒有些和孔子相同。因爲孔子的修養法，雖是渾淪一體，不分內外；但是側重行爲的修養多，而側重內心的修養少。荀子也側重行爲的修養，所以和孔子相似。不過孔子重多方面，而荀子祗重禮一方面罷了。茲述荀子的修養法如后：

1. 治氣養心： 這裏所說治氣養心，和孟子的養浩然之氣不同。因爲孟子所說的氣，是襲義所生，涵有先天的神祕的意味；而這裏所說的氣，祗是普通一種在人身體以內的體氣。所以荀子的治氣養心，只是調節心與氣，使它永遠保

持一種平行狀態由心氣的平衡,而使我們的身體康強.他的調節方法是單用禮的.他說:

『治氣養心之術:血氣剛強,則柔之以調和;知慮漸(三七)深,則一之以易良;勇膽(三八)猛戾,則輔之以道順;(三九)齊(四〇)給(四一)便利,則節之以動止;狹隘褊小,則廓之以廣大;卑濕(四二)重遲貪利,則抗之以高志;庸衆駑散,則刦(四三)之以師友;怠慢僄(四四)棄,則炤(四五)之以禍災;愚款(四六)端愨,則合之以禮樂,通之以思索.凡治氣養心之術,莫徑(四七)由禮,莫要得師,莫神一好(四八)夫是之謂治氣養心之術也.』修身篇

2. 修意志 意志是什麼?是一切行爲的力量.一個人沒有意志,或者意志薄弱,決不能做出什麼大事業來.所以荀子主張修意志.修意志就是加強意志的力量.他說:

『意志修則驕富貴;道義重則輕王公;內省而外物輕矣.』同上

3. 厚德行 他說

『君子寬而不僈；(四九)廉(五〇)而不劌；(五一)辯而不爭；察而不激；寡立而不勝；(五二)堅强而不暴；柔從而不流；敬恭謹愼而容，(五三)夫是之謂至文；(五四)詩曰「溫溫恭人，惟德之基，此之謂矣.」』不苟篇

4. 明知慮 他說：

『君子位尊而志恭；心小而道大；所聽視者近，而所聞見者遠；是何故耶？則操術然也.』(五五)同上

這裏所說的術，就是明知慮，和孔子所說的『舉一隅以三隅反』的意思相近.

現在我們要來敍述人爲主義派的政治哲學了.

這派的政治思想在我國最佔勢力，差不多可以說我國歷代以來，都是用這派的學說，來建立一切制度文物的.

這派的政治思想，先由孔子根據他的基本觀念「性純可塑論，」唱感應說，主張感化而不主張賞罰.

感應說的由來，是因他主張性純可以塑染的. 祇要外面的環境，給以一種刺激，人們必定會起一種反應作用. 所以孔子說:

『上好禮，則民莫敢不敬; 上好義，則民莫敢不服; 上好信，則民莫敢不用情.』論語子路篇

『君子篤於親，則民興於仁; 故舊不遺，則民不偸.』泰伯篇

『舉直錯(五六)諸枉，能使枉者直.』顏淵篇

孔子既立定了感應說，於是他對於自己的全部政治思想，確立五個概念:

第一感化. 他說:

『爲政以德，譬如北辰，居其所，而衆星拱之.』爲政篇

『季康子問政於孔子曰: 如殺無道，以就有道，何如? 孔子對曰: 子爲政，焉用

殺？子欲善而民善矣．君子之德風，小人之德草草上之風，必偃．』顏淵篇

第二不採政、刑治民，而以禮、德化民．政、刑乃賞罰之具，禮德方有感化之力．

『道之以政，齊之以刑，民免而無恥；道之以德，齊之以禮，有恥且格．』為政篇

第三為政者重在以身作則，而不重在以政治力量約束人民．

『其身正，不令而行；其身不正，雖令不從．』子路篇

『苟正其身矣，於從政乎何有？不能正其身，如正人何？』子路篇

『季康子患盜；子曰：苟子之不欲，雖賞之不竊．』顏淵篇

『季康子問政於孔子，孔子對曰：政者正也，子帥以正，孰敢不正？』顏淵篇

孔子所以要主張為政者自正其身，是因為環境的力量，可以塑染人性的．只要先改善人民所居的環境，那麼人民不正而自正，國也不治而自治了．所以孔子說：

『民可使由之，不可使知之．』（泰伯篇）

這就是說爲政者，應先正其身，而不必先去治人民；使人民得到良善的環境以後，就能够遵行敎令，毋須叫他預先知道的．恰合現代「行易知難」的學說．後來人對這兩句話，竟誤會孔子是主張愚民政策的，這眞是冤枉孔子了！

第四正名主義．

『子路曰：衞君（五七）待子而爲政，子將奚先？子曰：必也正名乎．子路曰：有是哉？子之迂也！奚其正？子曰：野哉由也！君子於其所不知，蓋闕如也．名不正，（五八）則言不順；言不順，則事不成；（五九）事不成，則禮樂不興；禮樂不興，則刑罰不中；刑罰不中，則民無所措手足．』（子路篇）

第五賢人政治．

『仲弓爲季氏宰，問政？子曰：先有司，（六〇）赦小過，舉賢才．曰：焉知賢才而舉之？曰：舉爾所知，爾所不知，人其舍諸．』（子路篇）

以上是孔子政治思想的五個概念，在這五個概念中間，我們可以得到一個認識，就是孔子所說政治目的，在使整個國民，養成完全的人格，而不是想叫人民個個能得到物質的享樂，所以論語記他的話：

『子貢問政？子曰：足食，足兵，民信之矣。子貢曰：必不得已而去，於斯三者何先？曰：去兵。子貢曰：必不得已而去，於斯二者何先？曰：去食。自古皆有死，民無信不立。』顏淵篇

『樊遲請學稼。子曰：吾不如老農。請學爲圃。曰：吾不如老圃。樊遲出。子曰：小人哉！樊須也。上好禮，則民莫敢不敬；上好義，則民莫敢不服；上好信，則民莫敢不用情。』子路篇

孔子這種感應說的政治思想，傳到孟子。孟子對此，雖大部分依然信仰，但一部分却加以修改。例如孟子主張施仁政於民，那是和孔子同樣的注意感化，而不重賞罰。孟子所說的『聞誅一夫紂矣，未聞弒君也，』那是和孔子同樣的

注意正名。但是對於富民一道，孔子雖說過『節用而愛人，使民以時，』又說過『富之，』卻沒有孟子那樣專重富民。孟子大聲疾呼的說：

『無恆產而有恆心者，惟士爲能；若民則無恆產，因無恆心。苟無恆心，放辟邪侈，無不爲已。及陷於罪，然後從而刑之，是罔民也。焉有仁人在位，罔民而可爲也！』梁惠王章上

民無恆產，就是人民的經濟恐慌，而不能自立，簡單的說：就是窮。孟子這話，是主張做君上的人，應使人民擁有恆產，就是應該富民的意思。所以他又說：

『是故明君制民之產，必使仰足以事父母，俯足以畜妻子，樂歲終身飽，凶年免於死亡。』同上

所以拿這些話去和孔子所說的：『自古皆有死，民無信不立。』的話，比較一下，這點卻是孟子和孔子主張不相同的地方。因爲孔子主張訓練人民的完全人格，比制定人民的產業看得更重。所以於兵、食、信三者中間，認爲必不得已

時，食寧可去，而信雖至死也不可不立．孟子乃以為要使人民能養成完全的人格，須先制定人民的產，却似食重於信．這大概是時代關係，戰國時人民受長期戰爭的痛苦，生活十分不安，比春秋時更加水深火熱，所以孟子特別注重到經濟方面的．況且孔子不談稼、圃，而孟子却說：

『五畝之宅，樹之以桑，五十者可以衣帛矣．雞豚狗彘之畜，無失其時，七十者可以食肉矣．百畝之田，勿奪其時，數口之家，可以無飢矣．』梁惠王章上

『不違農時，穀不可勝食也．數罟不入洿池，魚鼈不可勝食也．斧斤以時入山林，材木不可勝用也．』同

『易其田疇，薄其稅斂，民可使富也．』盡心章上

『關市譏而不征，澤梁無禁．』梁惠王章下

這些話，更足以顯明孔、孟的差異處．

孟子對於孔子的政治思想還有點修改，並且很重要的，就是孟子竭力鼓

吹民主政治.他說:

『民爲貴,社稷次之,君爲輕.』盡心章下

孟子既主張民主政治,所以他就主張君主和人民應合而爲一,不可分出階級來;而君主的施政,應以人民利益爲前提,或與人民共享共利.他說:

『庖有肥肉,廐有肥馬,民有飢色,野有餓莩(六一)此率獸而食人也.』梁惠王章上

這是他指斥人君祗知自利不顧人民的話.又說:

『今王鼓樂於此,百姓聞王鐘鼓之聲,管(六二)籥(六三)之音,舉疾首蹙頞(六四)而相告曰吾王之好鼓樂,夫何使我至於此極也!父子不相見,兄弟妻子離散.今王田獵於此,百姓聞王車馬之音,見羽(六五)旄(六六)之美,舉疾首蹙頞而相告曰吾王之好田獵,夫何使我至於此極也!父子不相見,兄弟妻子離散.此無他,不與民同樂也.』

『今王鼓樂於此，百姓聞王鐘鼓之聲，管籥之音，舉欣欣然有喜色而相告曰：吾王庶幾無疾病與，何以能鼓樂也？今王田獵於此，百姓聞王車馬之音，見羽旄之美，舉欣欣然有喜色而相告曰：吾王庶幾無疾病與，何以能田獵也？此無他，與民同樂也！』梁惠王章下

以上兩段話，一說人君不與民共同享樂，一說人君能與民共同享樂。從孟子這些話去研究，可知孟子雖然說『王何必曰利，亦有仁義而已矣。』梁惠王章上 其實還是很重利的；不過孟子是重人民的利，而不是重君主的利。所以孟子可以說是共利主義者，而不是利己主義者。

但是孟子雖言利，他確並不是一個功利主義者。因爲功利主義者，是主張什麼事，應以利爲標準；合乎利就做，不合乎利就不做。所以功利主義者講到利民，只限於以實利施之於民；而孟子却主張實利和精神並施，除主張與民同色，『王如好色，與百姓同之。』梁惠王章下 與民同貨，『王如好貨，與百姓同之。』

同上以外,還主張與民同樂.墨子是功利主義者,就要主張非樂.這點我們應當認清楚的.

這派的政治思想,由孔子而孟子,經過一番修改由孟子而荀子,又有一番變動.原來孔孟是主張行仁政以感化代賞罰的,而荀子則主張感化與賞罰並用.所以荀子先說:

『君子以德,(六七)小人以力.(六八)』富國篇

而後又說:

『故制號政令,欲嚴以威;慶賞刑罰,欲必以信.』議兵篇

所以孔子原來祗主用德、禮以治民,孟子多加一義,到荀子又益以刑法,以補禮義教化的不足.他說:

『彼國者,亦有砥礪,禮義節奏(六九)是也.』

『國無禮則不正,禮之所以正國也,譬猶衡之於輕重也,猶繩墨之於曲直

也，猶規矩之於方圓也.』王霸篇

但他又說:

『有不由令者，然後誅之以刑.』議兵篇

『邪民不從，然後俟之以刑.』宥坐篇

原來孔、孟是主張法先王的，卽所謂『祖述(七〇)堯舜，憲章(七一)文武.』而荀子則主張法後王，他在非相篇說:

『禮莫大於聖王，聖王有百吾孰法焉?故曰文(七二)久而息，節族(七三)久而絕.守法數之有司極(七四)而褫.(七五)故曰欲觀聖王之跡，則於其粲然(七六)者矣，後王是也.彼後王者，天下之君也.舍後王而道上古，譬之是猶舍己之君，而事人之君也.』

荀子和孔、孟的政治思想，雖有以上幾點的不同，除此以外，其餘都還是相同的.並且荀子還把孔孟諸人歷來所主張的人存政舉，有治人無治法的思想，極力闡揚，把人爲的精神表現無遺．他說：

『禹之法猶存，而夏不世王．故法不能獨立，類（七七）不能自行．得其人則存，失其人則亡．法者治之端也，君子者法之原也．故有君子，則法雖省，足以徧矣．無君子，則法雖具，失先後之施，不能應事之變，足以亂矣．不知法之義，而正法之數者，雖博，臨事必亂．』（君道篇）

這種人存政舉的有治人無治法的思想，一方面固可以表現人爲主義派的注重人爲，一方面也給我國歷代政治思想一種極大的影響．所以我國歷代的政府，不重法制的審定，祇重人材的考選，立國數千年，到現在還沒有一種固定的憲法，不能說和這個原因沒有關係的．

人爲派這種感應的政治思想，自孔子以至荀子，中間雖經過一些變更，但是大體還沒有推翻．等到韓非出來以後，他一方集法家的大成，一方受荀子思想的洗禮，於是將孔、孟、荀政治思想的大體，全盤推翻，完全不主張用禮德的感化，而祇主張用刑法的賞罰．他在二柄篇說：

『明主之所導制其臣者二柄而已矣．二柄者刑德也．何謂刑德？殺戮之謂刑，慶賞之謂德．爲人民者畏誅罰而利慶賞，故人主自用其刑德，則羣臣畏其威而歸其利矣．』

這裏的德字，和孔子所說的『導之以德』的德字命意不同，而與法的意義相近．所以孔子的德，是無條件施於人民的恩惠，而這裏的德，是有功以後的報酬．

孔孟主張法先王，荀子雖不主張法先王而主張法後王，然所法的後王，也是法古．因爲荀子的後王，就是指周代文、武而言的．但韓非却主張不法古．他在五蠹篇說：

『亂國之俗，其學者則稱先王之道，以籍仁義，盛容服，而飾辯說，以疑當世之法，而貳人主之心，其言古者，爲設詐稱，借於外力以成其私，而遺社稷之

利.』又說:

『聖人不期修古,不法常可,論世之事,因爲之備.』

至於孔、孟、荀三人所主張的賢人政治,以及有治人無治法的思想,更爲韓非所反對.他只認爲有法,有術,有權勢,就可以治天下而天下亦可以治而不亂,不一定要什麼賢人.五蠹篇說:

『仲尼天下聖人也,修行明道,以遊海內.海內說其仁,美其義,而爲服役者七十人,蓋貴仁者寡,貴義者難也.故以天下之大而爲服役者七十人,而爲仁義者一人.魯哀公下主也,南面君國,境內之民,莫敢不臣;民者固服於勢,勢誠易以服人也.故仲尼反爲臣,而哀公顧爲君,仲尼非懷其義,服其勢也.』

所以人爲主義派的政治思想,到韓非手裏,已由仁義之治,變爲純粹的法治,所以韓非自己說:

『釋法術而心治，堯不能正一國；去規矩而妄意度，奚仲不能成一輪，』（用人篇）

不過韓非總是人爲主義者，所以對於政治思想雖和孔、孟、荀有些不同，然而也有相同的地方就是他們主張正名，韓非也主張正名。揚權篇說：

『用一（七八）之道，以名爲首名正物定（七九）名倚（八〇）物徙。（八一）故聖人執一以靜使名自命令事自定，不見其采，（八二）下故素正。因而任之，使自事之；因而予之，彼將自舉之；正（八三）與處之，使皆自定之。上以名（八四）舉之，不知其名，復修其形；（八五）形名參同，用其所生。二者（八六）誠信，下乃貢情。……君操其名，臣效其形，形名參同，上下和調也。』

現在再來敘述人爲主義派的教育思想。

這派的教育思想，和他們的性論有極密切的關係。

孔子因爲主張性純可塑的，所以他就認爲人沒有由先天遺傳下來的不學而能的本能，他說：

「我非生而知之者，好古敏以求之者也。」論語述而篇

他既認爲人沒有由先天遺傳下來的不學而能的本能，所以就主張後天的學習，叫人由後天學習中間，創造出天才來。論語開宗明義，就記着他的話：

『學而時習之，不亦說乎？』學而篇

又記他自己好學的話：

『子入太廟，每事問。』八佾篇

『學而不厭。』述而篇

『發憤忘食。』述而篇

『不如丘之好學也。』里仁篇

但一個人要想學業成功，不是專靠單純的學習所能濟事的，同時也應照顧到環境；因爲環境可以塑染人性的，所以他一方面教人家去學，一方面也教

人家擇良善的環境,以增進求學的效率.他說:

『里仁爲美擇不處仁,焉得智.』里仁篇

『無友不如己者.』學而篇

『三人行,必有我師焉擇其善者而從之,其不善者而改之.』述而篇

以上是孔子教育思想的根本觀念.至於他的教育目的,似乎是超出狹義的教人求知,而爲求仁的實現,即完全人格的創造.所以他說:

『志於道,據於德,依於仁,游於藝.』述而篇

『博學於文,約之以禮,亦可以弗畔矣夫.』雍也篇

至於他的教育方法,是主張用啓發式而因材施教的.所謂啓發式,是先提示一端,而令學者從此類推的.他說:

『不憤不啓,不悱不發,舉一隅,不以三隅反,則不復也.』述而篇

這是和現代教學法的啓發式,完全一致的.

所謂材，不是指聰明愚魯的材；而是道德修養深淺的材。怎樣因材施教，是根據學者道德修養深淺的不同，而用個別的教授，而不是普遍的教授。和今日的學校開班教授的情形，絕不相同。因爲今日學校開班教授，是普遍教授。不問學生的天資優劣，學問深淺，一概用同樣的方法，同樣的課本的。況且孔子是教人家求完全人格的修養，而現在的學校，祗教人求狹義的智識，這更是不同。現在引論語的話來作證：

『子路問：聞斯行諸？子曰：「有父兄在，如之何其聞斯行之？」冉有問：聞斯行諸？子曰：「聞斯行之。」』先進篇

二人所問相同，而教不同，這是因爲兩人的道德修養不同。所以當他們問答完了時候，孔子另一個弟子公西華在旁聽見，就疑惑起來，質問孔子。孔子就答他說：

『求也退，故進之，由也兼人，故退之。』同上

孔子這種教育思想，有些和現代行爲主義派的教育思想相似．但這種思想，到孟子時却起了一個大大的變動．這是因爲孟子原來是主張性善的．所以他第一步認爲人有先天遺傳下來的不學而知的良知，和那不學而能的良能，這種良知良能，就是所謂本能．第二步他既認人有先天的本能，於是就認定教育的力量；在發展這種本能，用不着去創造什麼．所謂發展本能，就是他自己說的擴充良知良能達於天下．他說：

『人之所不學而能者，其良能也；所不慮而知者，其良知也．孩提之童，無不知愛其親者，及其長也，無不知敬其兄也，親親，仁也；敬長，義也；無他，達之天下也．』盡心章上

孟子以爲教育的力量，是在發展個性，而他的目的也在此．因爲他既認定人性是善的，自然用不着再去創造什麼；祇要把那善性全部的發展出來，就可以說是達到目的了．他這種教育目的很單純，所以他不談什麼教學方法，只說

出兩個重要條件：

一是求放心．他說：

『學問之道無他，求其放心而已．』（告子章上）

所謂求放心，就是把那原來帶有仁、義、禮、智四端的先天遺傳下來的良心，永遠保持着，不要被物欲趕跑了．如果它跑了，我們應立刻的找回來．關於這點，後來的宋明理學者，講的非常透徹，將來再述．

二是誠．他說：

『反身而誠，樂莫大焉．』（盡心章上）

這話已在論性中解釋過，無容再說．

由孟子到荀子，人爲派的教育思想又有一個轉變；這種轉變，是必然的．因爲荀子主性惡而不主性善，所以他絕對不會主張教育的力量，是發展個性的．但他因爲有了一個性惡的概念，已經承認人有一種本能，不過這種本能是惡的罷了．所以他也不會和孔子一般，主張創造，而是主張改造．所謂改造，是把那原來的惡性，用教育的力量把它變化了去，而組成一種善性．所謂改造性，就是荀子自己所說的「擾化．」

荀子這種改造性的思想，和孟子的發展性的思想，完全是兩方面的工夫．發展性是由內向外的工夫，改造性是由外向內的工夫．因爲如此，所以荀子特別注重科目的實習．但他的科目，和孔子的科目不同．孔子是以文、行、忠、信四者爲科目，外加禮、樂、射、御、書、數六藝．荀子的科目是詩、書、禮、樂、春秋、五經．他在勸學篇說：

『學惡乎始？惡乎終？曰：其數(八七)則始乎誦經，終乎讀禮．……故書者，政事之紀也；詩者，中聲(八八)之所止也；禮者，法(八九)之大分，羣類之紀綱也；故學至乎禮而止矣，夫是之謂道德之極．禮之敬文(九〇)也；樂之中和也；詩書之博也；春秋之微(九一)也；在天地之間者，畢矣．』

六藝是練習技術的，唯五經纔能改造性情，這點可以說是荀子思想的特點。從漢以後以經學教人，經學取士，都發源於此，讀者對此不可不加以注意。

現在我們應該敍述人爲主義派的方法論了。這派因爲注重人爲，所以對於做事的方法特別詳細。他們的方法，和自然主義派的方法不同。並且自然主義派是用他的方法，消極的來說破一切；而這派是用他的方法，積極的去解決一切。這派從孔子起，一直到荀子韓非，都主張重經驗。

孔子說：

『溫故而知新，可以爲師矣。』（論語爲政篇）

孟子說：

『凡有四端於我者，知皆擴而充之矣，若火之始然，泉之始達，苟能充之，足以保四海；苟不充之，不足以事父母。』（公孫丑章上）

荀子說：

『君子博學而日參省乎己.』勸學篇

『是非疑,則度之以遠事,驗之以近物,參之以平心.』大略篇

韓非子說:

『無參驗而必之者,愚也;弗能必而據之者,誣也.』顯學篇

他們既注重經驗,所以經驗就成了他們方法論中的基本要素;而成立了經驗的推演法,或歸納的推演法.所謂經驗的推演法就是從經驗中找定前提,然後再根據這種前提去推論一切.孔子所說的舉一隅而以三隅反,就是以一隅的經驗爲前提,而後推論其餘三隅的.

但是經驗有兩種:一是後天中『親知』或『推知』的經驗.一是先天遺傳下來的經驗,也叫先天的經驗.孟子是主先天的良心論的人,所以他注重的經驗,不是後天的經驗,而是先天的經驗.他主張先天經驗的推理,他說:

『老吾老,以及人之老;幼吾幼,以及人之幼.』梁惠王章上

『古之人所以大過人者，無他焉，善推其所爲而已矣.』同上

這樣，我們就不該說他的方法是歸納的推理，只能說是演繹的推理.是的，我們應該說他的方法是演繹的推理.不過爲說話方便起見，可以統名之曰經驗的推演法，希望讀者注意經驗的先後天分類的話.

至於孔子荀子，那完全是注重後天經驗的，所以說他們的方法是歸納的推理，一點也不會錯.譬如孔子所說的：

『己所不欲，勿施於人.』顏淵篇

那完全是用後天經驗的話；因爲自己對於某一種物，所以喜歡，必定以前自己經驗過——或親知或推知，而後纔能確定不喜歡它.再由自己的不喜歡，推及他人的不喜歡，而不肯施給他人.孔子既主張這種方法，於是教他的門弟子說：

『吾道一以貫之.』八佾篇

所謂一以貫之者，就是把那經驗中得來的一貫條理去貫串宇宙的萬事萬物．因這宇宙的事物，森羅萬象，吾人渺小之身，雖不能盡得而親知，然而能用這方法去推論，却可以知其底蘊了，後來曾子對這法加以解釋，說是忠恕；所謂忠者，乃周以察物，卽歸納的意思；所謂恕者，乃推己及人，卽推理的意思．合而言之，就是西洋論理學中所說的歸納推理（Jnduction inference）

由孔子而孟子，歸納的推理，乃變爲演繹的推理．到荀子出來，歸納的推理，又復興起；並且經過荀子的擁護，又添加許多理論的根據．例如孔子因爲便於推論起見，乃主張正名．孔子說『名不正，則言不順．』但孔子對於名的定義等等，並未說及，荀子却給它確定了．

一名的定義：他認爲名是分別各個實物，使實物不會混亂的．所以他說：

『名定而實辯．』正名篇

二名的用處：他認爲名是指出各個實物，而使人共喩的．他說：

『名聞而實喻.』同上

『制名以指實.』同上

荀子不單對於名確定了上面二點的意義，還進一層說明制名的原理。分爲三點：

一　所爲有名　這「所爲有名，」是他自己的話，意思就是說爲什麼要有名？他認爲所以要有名的原故；(1)是明貴賤，(2)是別異同，怎樣叫做明貴賤別異同呢？因爲實有兩種：一種是抽象的實．一種是實在的實．抽象的實，如善、惡、榮、辱、貴、賤等．實在的實，如牛、馬、犬、羊等．這些抽象的實，只有貴賤的不同，沒有形態的不同．至於實在的實，却只有形態的差異，沒有貴賤的差異．所以要制定抽象的名，去辯明抽象的實，這種叫做抽象的名詞．更要制定實在的名，去分別實在的實，這種叫做實物名詞，就是他所說的明貴賤別異同．他說：

『故智者爲之分別，制名以指實．上以明貴賤，下以辨同異．貴賤明，同異別，

如是則志無不喻之患，事無困廢之禍。此所爲有名也。』同上

二所緣以同異　『所緣以同異』，也是他自己的話。意思就是說，如要制名而分別實物的異同，到底用什麼東西做分別的標準呢？他說，用天官做標準的。正名篇

『然則何緣以同異？曰緣天官。』同上

所謂天官是什麼？就是人的五官和心。五官和心，何以能做標準呢？因爲人與人是同類同情的東西，所以各個人都有相同的天官。各種天官，又都有一種感覺力，各種感覺力又是不同的。因此，凡遇不同的外物來刺激我們，我們都能用各種天官去感覺而分別。五種天官叫做目、耳、鼻、口（卽舌）、身。目可以感覺色，耳可以感覺聲，鼻可以感覺臭，口可以感覺味，身可以感覺觸。至於心呢，可以做五官的主體；除構成有系統的知識外，還能發抒感情的。所以各種天官都有一種自然的感覺和分別異同的力量。如果能拿天官來做緣的標準，那是非常

可靠的他說:

「凡同類同情者,其天官之意(九二)物也同.故比方(九三)之,疑似(九四)而通,是所以美其約名(九五)以相期(九六)也.形體、(九七)色、(九八)理,(九九)以目異.(一〇〇)聲音清濁,調竽(一〇一)奇聲,以耳異.(一〇二)甘、苦、鹹、淡、辛、酸、奇味,以口異.(一〇三)香、臭、(一〇四)芬、鬱、(一〇五)腥、(一〇六)臊、(一〇七)洒、(一〇八)酸、(一〇九)奇臭,以鼻異.(一一〇)疾、養、(一一一)滄、(一一二)熱、滑、鈹、(一一三)輕、重,以形體異.(一一四)說、故、(一一五)喜、怒、哀、樂、愛、惡、欲,以心異.

三制名之樞要　怎樣叫做制名之樞要呢、就是先立定制名的綱領,然後按照這綱領去制名、據他自己的意見制名之樞要有五種:

(1)是同則同之,異則異之,例如男女同是人類,則同名之爲人,人畜是異類,則異名之爲人畜.

(2)是單足以喻則單,單不足以喻則兼.例如羊是單名,舉一羊字,人家聽了就明白,可以僅用單名.倘有白羊黑羊等毛色屬性的分別,僅用單名,就不足以共喻;則必加以白黑的名而作兼名.

(3)是單名與兼名不能相避時,可用共名.例如黃牛、白羊、黑犬、赤馬等是兼名,有時這單名兼名,不能彼此相避,不妨用六畜的共名名之因爲共名的範圍,比兼名的範圍廣所以雖用共名,並不妨害牛、羊、犬、馬等分別的.

(4)是以物的外延而定名.外延最大的叫做大共名,外延是指示可以指數的物.例如物是大共名可包括動物、植物、礦物,乃至一切的物.這名詞的外延是最大的.

(5)是以物的內包而定名.內包最大的叫做大別名,內包是指示各物所具的性質例如鳥獸是大別名,可以分鳥爲鳥、鶴等,分獸爲犬、猿等,愈分愈小而各個物的特別性則加增,這名詞的內包是最大的.

他這種制名的綱領,和西洋論理學的原理正相同.現在引他的話來作證.

他說：

『同則同之，異則異之；單足以喻則單，單不足以喻則兼；單與兼無所避，則共，雖共不爲害矣．……故萬物雖衆，有時而欲徧舉之，故謂之物．物也者，大共名也．推而共之，共則有（讀作又）共，至於無共，然後止．有時而欲偏（一一六）舉之，故謂之鳥獸．鳥獸也者，大別名也，推而別之，別則有別，至於無別，然後止．』

人爲主義派這種方法論，實在可以和西洋的論理學相比擬．而孔子所主張的『視其所以，觀其所由，察其所安』的普通觀察法，以及荀子和韓非的實驗法，也實在有西洋科學方法的精神．但自他們以後，却無人注意，所以弄到後來竟失傳了，這是很可惜的一回事啊！

我們既把人爲主義派各人共同注意的幾種問題，敍述完了，現在要來把以前曾經提起過而沒有詳述的孟子的先天良心論，荀子的欲論，以及他的認

識論，和天論來略述一下

孟子的先天良心論，也可以說是他的認識論。關於他自己所說的先天良心論的話，在前面敍述他項問題的時候，已引述了一些，現在只好泛論而不再述了。我們覺得他的先天良心論，有下列幾個概念：

(1)他認爲人有先天遺傳下來的經驗，即所謂良心。

(2)這種良心是善的。何以見得呢？因爲這種良心有四種善的端倪；這四種善的端倪，即他自己所說的仁、義、禮、智四端。這四端又從何見得呢？因爲人有惻隱之心，羞惡之心，辭讓之心，是非之心。又何以見得人有這四種心呢？因爲人們乍見孺子將入井，必起怵惕惻隱之心而往救之。這種心的鼓動，並非爲內交於孺子的父母，要譽於鄉黨而起，完全是良心的自動，從這點，所以知道四端是人所本有的。

(3)因爲良心有這四種善的端倪，而能自動的趨向於善，所以人們生來就有一種良知良能。所謂良知良能，就是不學而知的善知，不學而能的善能。這種良知良能的主張，就是認人們的知識是先天的經驗，所以他這種先天良心論，也可以說是他的認識論。

(4)他認人們的良心，即是大宇宙的縮影——或稱小宇宙。所以宇宙備具萬物，而萬物亦備於我。因此，他的求知目標，不是向宇宙外求，而是反身而誠。所謂誠，即是繼良心之善而不以物欲去攫它。能如此，那麼對於一切事物，我們不求知他，亦能自知了。

這四點是孟子先天良心論的綱領。憑此就可以知道他先天良心論的大概了。現在來敍述荀子的欲論。

荀子的欲論，自來都被人家忽略而沒有注意。其實荀子思想的全部，都和他的欲論有密切關係。他所以認人性是惡的，乃由欲而來的。這話已在前面說過。他只認定聖人制禮，是爲得調節人之欲的。現在分論於后：

(1)他認爲人生而有欲，即是先天的欲。他說：

『人生而有欲。』禮論篇

『欲不待可得，所受乎天也。』正名篇

(2)欲是與性同由天賦的，所以欲是性之具(一一七) 欲既是性之具，那麼人既不能沒有性，也不能沒有欲。既不能沒有欲，欲不可去明矣。他在正名篇說：

『故雖爲守門，欲不可去，性之具也。』

(3)欲是不能盡的。所謂盡，就是滿足的意思。正名篇說：

『雖爲天子，欲不可盡。』

(4)欲既是不能滿足的，那麼欲的本身，當然有滿足的要求。所以他說：

『人生而有欲，欲而不得，則不能無求。』禮論篇

但不過欲是盲目的，如果聽它烈火般的向外要求滿足，結果是會發生許多壞事情出來的。這樣，欲既不能去，順著它又會發生壞事，進退維谷，到底怎樣

辦法呢？於是他就主張調欲.

(5)他有特別的調欲主張.他的調欲，和孟子的寡欲方法不同.（但兩者仍有相同處，就是彼此均不主張滅欲；所以孟子主張寡欲，是減少欲的分量，而不是把欲全部毀去.）所謂調欲，是不問欲的分量多寡，只引這欲叫它中理，叫它到結果不會發生出壞事來.所以荀子這種調欲法，在儒家中是最有特色的.

(6)調欲的方法：

一是制禮以分欲：他說：

『人生而有欲，欲而不得，則不能無求.求而無度量分界，則不能不爭.爭則亂，亂則窮.先王惡其亂也，故制禮以分之；以養人之欲，給人之求，使欲必不窮乎物，物必不屈於欲.』禮論篇

但這種分，是均分外面的物，叫人們在欲的活動時，可按照禮所分而屬於自己的一分去求.這是用外力以節欲的.

二使欲中理：所謂理即是文理．凡屬應當的或必然的，都叫做理．中理就是叫欲去求那應當的或必然的，而不要去求那不應當的．例如飲食男女，是人們應當求而必然要求的，但是應當要父子有讓，男女有別．換句話，就是去求那禮所分給我們應當得的一分，而不要去求那禮沒有分給我們的，這叫做中理．

(7)令欲中理的是心．心何以能令欲中理呢？因爲心是欲的主宰．他說：

『天性有欲，心爲之節制．』正名篇（此二句，應在求者從所可受乎心也句下，通行本脫落．）

心何以能做欲的主宰呢？因爲心是人的全形之君，精神之主，爲治而不爲所治．所以他說：

『心者，形之君也，而神明之主也，出令而無所受令，自禁也，自使也，自奪也，自取也，自行也，自止也．』解蔽篇

欲既有心做主宰，而引導它動而中理．那麼對於欲，我們只問它能不能中

理，就不必問它的數量的多少了．如果欲是中理的，那麼雖多也沒有什麼損害；反之，欲而不中理，雖寡至一欲，也是無濟於事的．這是荀子主張調欲，孟子主張寡欲，各異其趣的原因．他說：

『故欲過之而動不及，心止之也．心之所可中理，則欲雖多奚傷於治？欲不及而動過之，心使之也．心之所可失理，則欲雖寡奚止於亂？』（正名篇）

心能主宰欲，而導之中理，那麼它力量的大可想而知；但是它的情態，到底是怎樣的呢？這話將在荀子認識論中答覆，這裏暫不敍述．

荀子這種人生而有欲的思想，和現代西洋的叔本華、尼采的意志思想，及柏格森、矮伊堅等生命力思想相近．但荀子主張制禮義以調欲，似乎比他們對於這種盲目衝動的欲，或意志或生命力，比較的有駕馭的方法．因此叫人們能不爲欲所制，而又不失去人生的意義，所以我們覺得荀子比他們高些！

關於認識問題，我國自來的學者除荀子、墨子以外，少有人加以討論的，就說是有，也沒有重要的貢獻．現在把荀子的認識論分條引述於后：

一 顯像與物體　顯像與物體的討論，是認識論上一個初步問題．假如不先解決這個問題，自後有許多問題是不能解答的．據荀子的意見，他認爲顯像只有一個是眞，其餘都是假的．就是說：某種物體的各個顯像，並不能個個都能代表某種實在的物體；譬如一個寢石，它除了一個寢的顯像以外，還可以顯出一隻虎的像；一株樹，除了樹的原來顯像以外，它會顯出一個人的像；但虎像與人像，却不能代表石和樹．爲什麼呢？因爲這些顯像，實在不是物體自己表現出來的，而是人心感覺力量或姿勢以及生理等受一種蔽覆纔幻演出來的．例如一朶白花，普通人看了以爲是白的，而有色盲的人看見，却以爲是有顏色的．所以荀子主張解蔽．他在解蔽篇裏說：

『凡觀物有疑，中心不定，則外物不清；吾慮不淸，則未可定然否也．冥冥而行者；見寢石以爲伏虎也；見植林以爲後人也；冥冥蔽其明也．醉者越百步之溝，以爲蹞（與跬同，半步也）步之澮也；俯而出城門，以爲小之閨也；酒亂其神也。厭目而視者，視一以爲兩；掩耳而聽者，聽漠漠而以爲哅哅，埶亂其官也。故從山上望牛者若羊，而求羊者不下牽也，遠蔽其大也；從山下望木者，十仞之木若箸，而求箸者不上折也，高蔽其長也。』

至於物體呢，我們推測荀子的意思，他是主張眞有的。因爲山上的木，雖然可以顯出箸像；但這種箸的顯像，並非木的眞像。木既還有它的眞像在，那麼必定有眞木存在，是無可懷疑了。況且他又說：『凡以知人之性也，可以知物之理也。』這明明是荀子主張物體獨立存在的話。不過物體雖獨立存在，而我們的普通感覺却不能認知，只有心纔能夠認知它。故云『可以知物之理也。』

荀子既認爲物體是單獨存在的，那麼他是主張心物並存，而非一個唯心論者，不言而喻了。所以他說：

『心亦如是矣，故導之以理，養之以淸，物莫之傾，則足以定是非而決嫌疑

矣.』解蔽篇

這兩句話,是說人心如槃水一般,如果我們能把它導之以理,養之以清,那麼它就可以照見鬚眉而不爲外物所傾蔽;且能認識一切,就是所說定是非決嫌疑.心祇能在平靜狀態認識一切,那麼心自然不能創造出一切了.一切不能由心創造,那麼萬物自然不在心的範圍以內,如觀念派,或者唯心派所說,萬物唯心所造,沒有了心,就沒有了物.不過荀子雖是一個主張物質單獨存在,而非一個唯心論者,但也不是一個心物分論的二元論者,祇是一個心物渾淪論者,這點我們應當先弄明白.

二認識的發生　佛家的認識論,對於認識的發生,認爲須在根(淨色根)塵相接以後,再加意識的作用,方能够完成的.所謂根是什麼?就是生理學上所說的神經;佛家所說的眼、耳、鼻、舌、身五根,就是視、聽、齅、味、觸等五種神經.這種根,是在五官以內的.所謂塵是什麼?是外面一切的事物;例如色、聲、香、味、觸等都是。所謂根塵相接，是內根和外塵互相碰着；例如視神經受了花的刺激。但在視神經剛受刺激的一瞬間，我們還不能知道是什麼花，必定要意識加入作用後，方纔能够知道；認識也就從此發生了。

荀子對於認識的發生，也和佛家有同樣的主張。不過有些名詞不相同。例如對於神經，荀子不叫做根而叫做天官；對於意識，則叫做心。所以他說：

『心有徵知（一一八）徵知則緣耳而知聲可也，緣目而知形可也。』（正名篇）

所謂心有徵知是怎樣講呢？原來荀子也和佛家對於「意識」一般，認爲心除了一種感情的作用以外，（說、故、喜、怒、哀、樂、愛、惡、欲以心異。）還有一種辯證五官所得來的知識作用。所以他說心有徵知、有字應作又字講。所謂緣耳而知聲，就是說：凡要認識一種聲，必定要耳與聲接觸後纔可以；要不然，有聲無耳，或有耳無聲，縱使你有可以辯證知識的心，我們是不能知道某種聲的。緣目而知形，是同樣的意思。這和佛家所說的根塵相接以後，纔能有認識起來的話正相同．至於他不再說緣鼻以知臭等，那是省文．我國古人做文章都喜用省文法，讀者不可有其他的誤會．

至於心爲什麼能辯證知識呢？這點，荀子的主張就和佛家不同了．原來佛家主張意識所以能加入前五識而完成認識的發生，是因爲意識有自證的作用，這種自證的作用，完全是唯心而主觀的話．荀子却不然，他以爲心所以能徵知，是日常認識的經驗告訴我們的．他說：

『徵知必待天官之當（一一九）簿（一二〇）其類，然後可也．』正名篇

所謂徵知必待天官之當簿其類，就是說：我們的心，初生下來的時候——或者原來，——並沒有一種徵知的能力，必定要藉天官把有生以後天天和外界接觸所得到的認識，一點一點的記錄下來，然後我們的心，根據天官記錄下來的經驗，去辯證下次天官和外界接觸的事物，所以照他的意思講，當那第一次天官和外界事物接觸時候，心並不能辯證外界的事物是什麼？而事物的認

識，完全是天官自己嘗試的結果．這話似是事實，可以舉一個例來說明：一個兩三歲的小孩，看見火就伸手去摸，他並不知道火是可以燒手的；這是因爲他的心，起初並不能辯證火的性質的緣故．於是一次的摸，兩次的摸，三次的摸，都經過火燒的痛苦，他的心纔知道火是會燃燒的．把它記錄下來，等到下次再遇着火的時候，心裏憑着記錄下來的經驗，就能辯證火是會燃燒的，立刻阻止他的手不要再去摸了．

荀子把心的徵知能力，不認爲是主觀的或是先天的，而認爲是後天經驗所給予的，這不特和佛家兩途，也可以表現他是一位經驗論者，更不失他的人爲主義的精神．從這點也可證明以前說他是心物渾淪論者的話不錯．因爲他主張唯有心才能徵知，這似乎是唯心的；但又主張徵知須憑藉經驗，這豈不是又混進唯物的色彩了嗎？

三認識的目的　通常都以爲知道一種普通事物，就算認識目的達到了，這是粗淺的認識.據荀子的意見，他認爲認識的終極目的，是求那最高無上的道.（人爲主義派所說的道，和自然主義派所說的道不同；自然主義派所說的道，是自然的天道，人爲主義派所說的道，是人爲的人道；所以荀子說：道者衡也，所謂衡，就是禮義；亦卽文理的意思.）他在解蔽篇說：

『農精於田，而不可以爲田師；賈精於市，而不可以爲賈師；工精於器，而不可以爲器師.（一三二）有人也不能此三技，而可使治三官.曰：精於道也.』

『聖人知心術之患，見蔽塞之禍，故無欲無惡，無始無終，無近無遠，無博無淺，無古無今，兼陳萬物，而中縣衡焉……何謂衡？曰，道.』

四心的形態　心能做認識的主要角色，同時又能做欲的主宰，那麼心的形態到底如何？這一定是讀者很想明白的.現在把荀子所說的心的形態來敍述一下：

甲、心形是像槃水的.他在解蔽篇說：

『人心譬如槃水,正錯(同措)而勿動,則湛濁在下,而清明在上.可以鑑鬚眉,而察文理矣.』

乙、其態虛、壹而靜,因為它能虛、壹而靜,所以能徵知.他說:

『人何以知道?曰:心.心何以知?曰:虛壹而靜.心未嘗不藏也,然有所謂虛;心未嘗不兩也,然而有所謂一;心未嘗不動也,然而有所靜.』

怎樣叫做虛呢?他說:

『人生而有知,知而有志,志者,藏也;然而有所謂虛.不以已所藏害所將受,謂之虛.』

怎樣叫做一呢?他說:

『心生而有知,知而有異,異也者,同時兼知之;同時兼知之,兩也;然而有所謂一.不以夫(一三)一害此一,謂之一』

怎樣叫做靜呢?他說:

『心臥則夢,偷則自行,(一二三)使之則謀,故心未嘗不動也;然而有所謂靜.不以夢劇亂知謂之靜.』

這虛、一、靜三者聯合起來,荀子稱爲大淸明,心有此大淸明的狀態,所以對萬物就能徵知.所謂:

『萬物莫形而不見,(一二四)莫見而不論,(一二五)莫論而失位.』(一二六)

這是心所以能徵知而又能爲欲的主宰的原因.

五　絕對的道體觀　所謂道體,就是眞理.眞理這樣東西,有人主張是相對的,就是會變動的;有人主張是絕對的,就是不變的.至於荀子呢?他是主張後面一說的.所以他在解蔽篇說:

『夫道者體常而盡變,一隅不足以舉之.』

所謂「體常,」是說道是不變的.「盡變,」是說道寄於萬物,隨萬物的變化而表出不同的現象.所以拿一種現象來說,實在不能代表整個的道.這就是

『一隅不足以擧之』的意思

六求知的方法　孟子求知的方法，是致良知良能，卽是擴充那先天遺傳下來的良知良能；荀子却主張專一心的活動．這因爲荀子不主張有良知良能，只好修養他的心向外去求知求能．他說：

『故曰心枝(一二七)則無知，傾則不精，貳則疑惑，以贊(一二八)稽(一二九)之，萬物可兼知也．身盡其故(一三〇)則美，類(一三一)不可兩也，故知者擇一而壹焉．』同上

至於專一的方法，是在乎知幾．他說：

『昔者舜治天下也，不以事詔(一三二)而萬物成，處一危之，(一三三)其榮滿側；養一之微，榮矣而未知．(一三四)故道經(一三五)曰：人心之危，(一三六)道心之微，(一三七)危微之機，惟明君子而後能知之．』同上

這一節認識論，我們雖認爲荀子的學說，其實可稱人爲主義派的認識論．

因爲上自孔孟或者少談認識問題，或者談而稍有不同；下至宋明理學諸子，或受佛家影響，或受道家影響，都差不多有相同而一貫的主張。這種主張是什麽？是重經驗養心性，而養心性的方法，不外專一、知幾、至誠、守中等道理；不過他們都沒有荀子講的完備而透徹。所以我們不再敍述其餘的，祇舉此一隅，希望讀者能以三隅反之，那就好了。

我國民族的特性，是信仰上天的。認天爲有人格，有意志，可以做一切的主宰的。所以自初民一直到周秦諸子，個個都信仰天，尊重天；惟有荀子一人，獨不肯崇拜天然，而有征服天然的傾向。他主張這上天雖然人們不能非毀它；但却用不着尊重它；天與人並沒有什麼神祕的關係，所以天萬不能做人的主宰。在他天論一篇中，我們可以得到下列幾個概念：

一、他將過去的天人合一觀念分開，認爲天是天，人是人，二者沒有關係；人自己做善而得福，天並不能加福；人自己做惡而得禍，天並不能加禍。所以人的禍福，皆由自取，不是天意所加．因此，他主張人們努力自求福德，勿待天賜．他說：

『天行有常，(一三八)不爲堯存，不爲桀亡．應之以治則吉，應之以亂則凶．彊本而節用，則天不能貧；養備(一三九)而動時，(一四〇)則天不能病；修道而不貳，(一四一)則天不能禍；故水旱不能使之飢渴，寒暑不能使之疾，祆怪不能使之凶．本荒而用侈，則天不能使之富；養略(一四二)而動罕，(一四三)則天不能使之全；倍道而妄行，則天不能使之吉；故水旱未至而飢，寒暑未薄而疾，祆怪未至而凶．受時與治世同，而殃禍與治世異，不可以怨天，其道然也．故明於天人之分，則可謂至人矣．』

二、他將天的職責規定，以說明天並無主宰人事的職務．他說：

『不爲而成，不求而得，夫是之謂天職．』

三、要人們明白本分的事業，不要以信天爲事業．他說：

『天有其時，地有其財，人有其治，夫是之謂能參．』(一四四)

四、是要人不與天爭職.天既有天的職務,人也有人的事業,那麼天人相分,各做各個的事就對了,我們何必去妄測天道,以祈天的賜福呢?所以他說:

『如是者,(一四五)雖深,其人(一四六)不加慮焉;雖大,不加能焉;雖精,不加察焉;夫是之謂不與天爭職……舍其所以參而願其其所參,(一四七)則惑矣.』

五、修人事,不求知天.他說:

『唯聖人爲不求知天.』

『聖人淸其天君,(心也.此天字乃形容詞,是原有的意思.)正其天官,(一四八)備其天養,(一四九)順其天政,(一五〇)養其天情,(一五一)以全其天功,(一五二)如是則知其所爲,知其所不爲矣;則天地官而萬物役矣.』

人能修人事,不但天不能主宰人,而天地反官於人,萬物反役於人;這足見人能自爲,一切都可以幹得通了.於是荀子乃根據這點,又本着那人爲主義的原有思想，就唱出他的「征天說」。

所謂征天，就是現代所說的征服自然的意思。他說：

『大天而思之，(一五三) 孰與物畜而制之？從天而頌之，孰與制天命而用之？望時而待之，孰與應時而使之？因物而多之，孰與騁能而化之？(一五四) 思物而物之，孰與理物而勿失之也？願於物之所以生，(一五五) 孰與有物之所以成？(一五六) 故錯(一五七) 人而思天，則失萬物之情矣！』

荀子這種征天說，固然是帶了一種科學精神，就是他的話，也很有偏重科學的意味。例如『應時而使之，』『理物而勿失之，』都是一種用科學格物的話。可惜繼起無人，而後來荀子的思想又遭過厄運，要不然，我國的科學或者也會因此而發達的。

第三節 後論

這派思想，因爲是主張人爲的，所以是一種絕端積極的思想，而對人生、社會各種問題，都不肯放鬆過去，必定要加以詳細嚴密的討論，所以這派的人物，對中國哲學貢獻非常的多．但是有一層很奇怪的，就是他們不討論本體及宇宙等問題．所以子貢說：『夫子之言性與天道，不可得而聞也．』孔子自己也說：『天何言哉？四時行焉，百物生焉．』而荀子雖有天論，也不過說明天人無關係，要人不去迷信天，並沒有對於宇宙的現象和本質，詳細加以說明．

據我們想：他們所以不討論本體和宇宙現象等問題，因爲他們是主張重經驗的，本體和宇宙等問題，人們並沒有去經驗過，因此覺得無從說起，祇好不談．現代西洋哲學的實用主義派，也有這種主張．

本篇對於大學中庸裏的思想，並未提及．這是我們覺得大學中庸裏的思想，和本篇的關係很淺，而和理性派的關係倒很深；將來述理性派的思想時，爲說明其源流計，橫豎要把這種思想提起的，所以這裏只好不述，留到後來再講．

註　（一）名丘，字仲尼，魯人。（二）名仲，字長吾，潁上人。（三）鄭國京邑人。（四）衛國庶公子，姓公孫，名鞅，封於商。（五）名到，趙人。（六）韓國諸公子。與李斯同學於荀子。（七）名軻，字子輿，魯人。受業於子思之門人，傳曾子學派。（八）名況，字卿，趙人。少孟子四十二歲。傳孔門子夏之學統。（九）分則使人各有其分，然後欲可養，求可給。（一〇）富民、教育、尊敬神明。（一一）一、德不當其位，二、功不當其祿。三曰能不當其官。（一二）一、大德不至仁，不可授以國柄。二、見賢不能讓，不可與以尊位。三、罰避親貴，不可使主兵。四、不好本事，（農）不務地利，而輕賦斂，不可與都邑。（一三）一、山澤，（獎勵植林。）二、溝瀆，（田間水道）盡力灌溉。三、桑麻，發展農業。四、六畜，瓜果，獎勵畜牧及農產物。五、戒淫巧，就宮室衣服，戒人民之奢華。（一四）言不可測。（一五）如鬼之陰密。（一六）不測則莫能非之。（一七）陰密則莫能困之。（一八）雖逆天下不敢違此勢之用。（一九）造矢之工人。（二〇）甲也，函人，造甲之工人。（二一）爲人祈禱疾病者。（二二）做棺槨之匠人。（二三）言人爲也。（二四）伏通服，術，道也。伏術，猶言從事於道。（二五）通磨，切也。（二六）衣襟也。（二七）廣川人，治春秋公羊學者。漢武帝用其說，罷斥百家，獨用儒術。（二八）通伏。（二九）字仲任，上虞人．博學多識，精通諸子百家．（三〇）字仲豫，潁川人．仕於後漢獻帝朝．（三一）背叛也．（三二）其一或偏多或偏少，其四者亦雜而不純．（三三）字子政，漢的宗室，仕宣帝、元帝、成帝三朝．（三四）同納．（三五）節文條理．（三六）存心也．（三七）讀爲潛．（三八）有腑氣．（三九）讀爲訓，道順，卽導訓．（四〇）疾也．（四一）斂也．（四二）意志卑下，如地之下濕．（四三）奪也奪去其舊習．（四四）輕也．（四五）同照．（四六）誠款．（四七）捷也．（四八）神明也，好而壹之神以成．（四九）同慢，怠惰也．（五〇）稜角也．（五一）利傷也．（五二）人不能勝．（五三）古通裕．（五四）言其德備．（五五）以近知遠，以今知古，所操之術如此．（五六）同措置也．（五七）出公輒．（五八）名不當其實．（五九）無以考實故事不成．（六〇）桊職也．（六一）平表反，餓死人也．（六二）兩管相並，每管三孔．（六三）似笛三孔．（六四）翻也．（六五）旂上注羽也．（六六）旂之注旄牛尾於干者．（六七）以德撫下．（六八）以力事上．（六九）有法度也．（七〇）遠宗其意．（七一）近守其法．（七二）禮文．（七三）制度．（七四）久也．（七五）脫也．（七六）明白也．（七七）例也．法類猶言律例．（七八）執其要．（七九）事物得其處而安定。（八〇）偏也。（八一）事物不得其處而移動。（八二）人主不露手采。（八三）君臣名義正。（八四）言論意見。（八五）成績也，修其形者，考察其成績也。（八六）賞罰。（八七）術也。（八八）中和之樂聲。（八九）典法。（九〇）周旋揖讓之敬，車服等級之文。（九一）微而顯，志而晦。（九二）同億，度量也。（九三）分析綜合，比方其同異。（九四）疑同擬，擬物之似，構成概念。（九五）約定之名。（九六）彼此期會。（九七）形狀。（九八）顏色。（九九）文理。（一〇〇）視覺。（一〇一）當作調節。（一〇二）聽覺。（一〇三）味覺。（一〇四）穀食之香臭。（一〇五）草木之芳腐。（一〇六）豕臭。（一〇七）犬臭。（一〇八）當作漏，馬臭也。（一〇九）當作庮牛臭也。（一一〇）嗅覺。（一一一）痛癢。（一一二）寒、（一一三）當作鈹，與澀同。（一一四）觸覺，筋覺。（一一五）說同閱，容也，故通。固，閉也。感物而容受而領納。（閉）然後發生喜怒等感情。（一一六）別也。（一一七）作也。（一一八）致知也。（一一九）主也。（一二〇）猶記錄。（一二一）皆蔽於一技不可以爲師長。（一二二）彼也。（一二三）放縱也。（一二四）讀爲現，示也。言有形者無不顯示於人。（一二五）讀爲倫，理也。言顯示於人，無不有倫理。（一二六）

理無不宜而分位不失．（一二七）旁引如樹枝．（一二八）助也．（一二九）考也．（一三〇）事也．（一三一）事類．（一三二）告也．（一三三）當作之危，處心之危有形，故其榮滿側可知．（一三四）養心之微無形，故雖榮而未知，言舜養心於未萌也．（一三五）有道之經．（一三六）危則難安．（一三七）微則難明．（一三八）有常行之道．（一三九）使民衣食足．（一四〇）勤力不失時．（一四一）與忒同，差也．（一四二）減少．（一四三）希也．（一四四）人能治天時地財而用之，即是參於天地．（一四五）指天道言．（一四六）至人也．（一四七）舍人事而欲測知天意．（一四八）五官．（一四九）飲食衣服．（一五〇）如賞罰之政令．（一五一）受於天之情．（一五二）生成之天功．（一五三）尊天而思慕之．（一五四）用我知能，化物使多．（一五五）物之生雖在天．（一五六）物之成則在人．（一五七）同措，置也．

問題

一、儒家、法家，從那個觀點上可以合併為一？

二、孔、孟、荀三人不同的地方何在？

三、孔子仁道與老子天道的區別何在？

四、孟荀的性論怎樣？

五、荀子的欲論怎樣？

參考書

一 論語

二 孟子正義

三 荀子集解

四 管子

五 商子

六 愼子

七 韓非子

八 董仲舒文集

九 揚子法言

一〇 太玄經

一一 新序

一二 說苑

一三 荀悅雜言

一四 昌黎文集

一五 春秋繁露

第五章　享樂主義派哲學

第一節　引論

自來的人，都說楊朱(一)是道家的人物，卽自然主義派的人物．但據我們的眼光，覺得他實在有自己獨創的思想，不和老莊相同．所以案照他的思想，我們把他另列一派，叫做享樂主義派，而不把他歸到自然主義派裏去講．他的思想，是以享樂爲主旨的．因爲主張享樂，所以他也效法老子輕名利，不爲物役；也主張自然無爲，虛靜以養生；但他却不禁止天付予人的六欲，因此又主張好色、好酒，以及凡是足以給人生快樂的欲，他都是喜歡的．老子却是主張禁止六欲的．所以楊朱就從這點和老子的思想，另立分野，而獨豎他的快樂思想的旗幟．我們因此肯定他是享樂派的領袖．自他這種思想唱出以後，信仰的人也很多，並且有一些人，雖沒有特地去崇奉他的思想，但有時不知不覺的走上這條路去的．

據我們的研究，魏晉六朝的玄學派，是和楊朱思想相近的，他們雖然高標着宗仰老莊，但結果是落在楊朱思想的圈套裏．他們整日飲酒清談，弄琴賦詩，並且否定宇宙獨立存在的眞理，而主張自我的肯定．凡此種種，不是宗仰老莊思想的人所宜有，而爲楊朱之徒所必追求的．

從此以後，我國大部分的詩人，也拿這種思想做歸宿．歷代的詩人，除了一部分理學派的，或者一二個古典派以外，有誰不以酒做他們生命的寄托物呢？唐代的詩人白居易曾說過：

『除醉無因破得愁．』

那麼酒是我國詩人的甘泉，也可證實了．所以這些詩人，沒有一個不喜歡飲酒的：陶淵明、李太白這二位，恐怕是酒神而不是詩人吧！他們除開酒以外，並且還喜歡聲伎.除這酒和伎以外,又是放浪形骸,不圖名利的.陶淵明不爲五斗米折腰,這就是詩人輕名利的證據.所以拿我國詩人的思想,配合到享樂主義派裏去,這是最合適不過的.許多編中國哲學史的人,却把這事忽略過去,我們特爲提及,還是一個創例.

第二節 正論

我們已說過楊朱是享樂主義派的領袖,現在要述這派的思想,當然先敍及楊朱,然後看他同派的人物中間,對於他的各種思想,有沒有增減或修正過;倘是有的,那就把以後所發生的不同思想敍起來,以反映思想的進展和趨勢.

不過楊朱的書已經散失了,只有列子中楊朱篇一篇文章,可以做研究的資料和證據.所以我們覺得楊朱篇內的思想,是不是就算楊朱整個的思想,除此以外,再無其他思想,還是一個問題.現在無法解決這個問題,祇好緩議;讀者不要誤會我們對於楊朱的思想，說得太不完備啊！

楊朱受老子自然無爲，道常不變思想的影響，肯定了他的宿命思想。所謂宿命，就是說人們一切壽夭、窮達、智愚、貧富等等，都被宇宙在人們出世以前就規定的．所以人們或壽或夭、或貧或富，都是必然的，而不是偶然的，更無法逃避得了．

從這種宿命思想，演出他的樂天安命思想．樂天安命思想爲什麼要這樣呢？因爲他覺得人們的一切，既是被宇宙早早安排定了，而爲必然的趨勢，那麼人們無法在這種必然的情形底下，逃避過去．既逃避不了，只好消除這逃避的心思，俯首帖耳順着宇宙的命令，陶然的去過活，這叫做樂天安命．他說：

『百年壽之大齊，得百年者千無一焉．設有一者，孩抱以逮昏老，幾居其半矣；夜眠之所弭，晝覺之所遺，又幾居其半矣；痛疾哀苦，亡失憂慮，又幾居其半矣；量十數年之中，逌（二）然而自得，亡介焉之慮者，亦亡一時之中爾，則人之生也奚爲哉？奚樂哉？爲美厚爾，爲聲色爾。』

在這段中所謂『百年壽之大齊』者，就是他主張宿命的話。申言之，宇宙、將人類的年壽已早規定了，至多不過百年，能超過這限度的絕少。所謂『人之生也，奚爲哉？奚樂哉？爲美厚爾，爲聲色爾。』這是他的樂天安命的方法。

他既有這兩種思想做他全部思想的骨子，於是他就大唱享樂說。爲什麼主張享樂呢？這是因爲他既明白了人生年壽是有限的，又明白享樂是天賦予人的，所以要在這有限的生命途中儘量的享受人生天賦的快樂。所以他說：

『人之生也奚爲哉？奚樂哉？爲美厚爾，爲聲色爾。而美厚復不可常厭足，聲色不可常翫聞。乃復爲刑賞之所禁勸，名法之所進退；遑遑爾競一時之虛譽，規死後之餘榮；偶偶爾愼耳目之觀聽，惜身意之是非；徒失當年之至樂，不能自肆於一時，重囚纍梏，何以異哉？』

他既主張享樂，那麼在積極方面，是要如何快樂法呢？據我們研究是：

肆六欲而勿壅勿閼: 他託晏平仲和管仲養生問答說:

『晏平仲問養生於管夷吾,管夷吾曰:肆之而已,勿壅勿閼.晏平仲曰:其目奈何?夷吾曰:恣耳之所欲聽,恣目之所欲視,恣鼻之所欲向,恣口之所欲言,恣體之所欲安,恣意之所欲行:夫耳之所欲聞者音聲,而不得聽,則謂之閼聰;目之所欲見者美色,而不得視,謂之閼明;鼻之所欲向者椒蘭,而不得嗅,謂之閼顫;(三) 口之所欲道者是非,而不得言,謂之閼智;體之所欲安者美厚,而不得從,(四) 謂之閼適;意之所欲爲者放逸,而不得行,謂之閼性;凡此諸閼,廢虐之主.去廢虐之主,熙熙然以俟死,一日一月,一年十年,吾所謂養.拘此廢虐之主,錄而不舍,戚戚然以至久生,百年、千年、萬年,非吾所謂養.』

六欲之中最重的是什麼呢?曰好酒、好色.他託子產之兄公孫朝,好酒,弟公孫穆好色之故事說:

『子產相鄭,專國之政三年,善者服其化,惡者畏其禁,鄭國以治.諸侯憚之.

而有兄曰公孫朝，有弟曰公孫穆．朝好酒，穆好色．朝之室也，聚酒千鍾，積麴成封；望門百步，糟漿之氣，逆於人鼻．方其荒於酒也，不知世道之安危，人理之悔吝，室內之有無，九族（五）之親疏，存亡之哀樂也．雖水火兵刃交於前，弗知也．

『穆之後庭，比房數十，皆擇稚齒婑媠（六）者以盈之；方其耽於色也，屏親暱，絕交遊，逃於後庭，以晝足夜；三月一出，意猶未愜．鄉有處子之娥姣者，必賄而招之，媒而挑之，弗獲而後已．

『子產日夜以爲戚……因間（七）以謁其兄弟而告之曰：人之所以貴於禽獸者智慮，智慮之所將者禮義，禮義成，則名位至矣．若觸情而動，耽於嗜慾，則性命危矣．子納僑之言，則朝自悔，而夕食祿矣．

『朝穆曰：吾知之久矣，擇之亦久矣，豈待若言而後識之哉？凡生之難遇，而死之易及，以難遇之生，俟易及之死，可孰（八）念哉？而欲尊禮義以夸人，矯情性以招名，吾以此爲弗若死矣．爲欲盡一生之歡，窮當年之樂，唯患腹溢而不得恣口之飮，力憊而不得肆情於色，不遑憂名聲之醜，性命之危也．且若以治國之能夸物，欲以說辭亂我之心，榮祿喜我之意，不亦鄙而可憐哉？我又欲與若別之．』

消極方面的快樂法，是怎麼樣的呢？可分下列幾點：

一、務實去名：他說

『實無名，名無實，名者僞而已矣．』

『故從心而動，不違自然所好當身之娛，非所去也，故不爲名所勸．從性而游，不逆萬物所好死後之名，非所取也，故不爲刑所及．（九）名譽先後年命多少，非所量也．』

二、不羨壽：所謂不羨壽，就是生死聽天，既不求長生，又不求速死．他說：

『理無久生，生非貴之所能存，身非愛之所能厚．且久生奚爲？……既生則廢而任之,究其所欲,以俟於死.將死,則廢而任之,究其所之以放於盡.無不廢,無不任,何遽遲速於其間乎?』

三、不羨位:他說:

『不要勢,何羨位?』

四、不羨貨:他說:

『不貪富,何羨貨?』

有名、有壽、有位、有財,在一般人看起來,是很足以快樂的.而楊子既講求享樂,獨反對這四事,這是值得我們研究的.因此,我們覺得胡適說楊朱是厭世的快樂者,倒不如說他是功利的快樂者.因爲他雖然爲了人壽有限,而主張快樂,這是他所找來證明人生應求快樂的證據,却不能以此就說他是帶著厭世的.況且他又不主張速死——主張速死的人,那多半是厭世的.但爲什麼又可以說他是帶功利的呢?這是因爲他注重計算;他一方面知道名位勢利是空虛的;

一方面也知道要得到名利位勢，必定先要吃一番苦而起，就是他所謂『逴逴爾』的意思。並且吃過苦後，能否得到快樂，又是一個問題。縱使可以達到目的，那名位勢利的快樂，還是後來的，而當年的快樂，却早失去了。所謂過了青春，那有少年呢？從這點所以可說他是一個功利的享樂者。況且他又主張爲我，那更足以證明我們的話不錯了。不過他的功利，不是社會的，而是爲各個人打算的。

從他主張肆欲起，一直到好酒好色等等止。這些雖是他尋快樂的方法，然也是他講求養生的信條。拿他這種方法來和老莊的養生方法相比較，眞是有天淵之隔。老莊主禁欲，在禁欲中間，就包涵了逆自然的意思。楊子主張順欲，倒可以說是絕對的順乎自然。從這點來講，可知自然派對於自然，是尊重它的必然的法理；而享樂派對於自然，却是欣賞和愛護它的美和樂的。所以前者對於自然有不滿人意的小而無大礙的法理，還可以加以人意的改換，老莊禁欲，就是一例。而後者對於自然的美和樂，則祇有絕對的順受，沒有絲毫背逆的。當他們被自然陶醉了的瞬間,是對於什麼也不管,這就是自然派和享樂派或者浪漫派的分界.

因此,老莊主張無我,無我就是尊自然的法則;而楊朱就主張爲我,所謂爲我,自來的人,都認爲祇是爲自己打算一切,不去管別人,所以人家說他是個人主義者.我們認爲這種解釋,尙不圓滿.實則楊朱的爲我,是主張各個人努力求自性的表現.他因爲主張表現自性,所以一方面不要刻意從俗,而違性順物.他說:

『而欲尊禮義以夸人,矯飾情性以招名,吾以此爲弗若死矣.』

而另一方面,就因爲要努力表現自性,所以只能爲自己個人打算,沒有功夫去管他人,因爲年壽有限呵!如果一面爲己,一面又要爲人,試問在此有限的年壽中,還能使人們的自性儘量的表現出來嗎?所以他又說:

『伯成子高不以一毫利物,舍國而隱耕;大禹不以一身自利,一體偏枯.古之人，損一毫利天下，不與也；悉天下奉一身，不取也．人人不損一毫，人人不利天下，天下治矣．』

這一段話：就是說人人都能表現自性，不與不取，各守其分，天下自然安定，用不着去治的．孟子痛斥楊子，抹殺了他『悉天下奉一身不取也』下半截的話，只引他上半截話，眞所謂一面之詞，是不知爲我的眞意的．

不過要問這所說的自性，到底是什麼？據我們研究，覺得就是天賦予人的一種享樂性．他曾說過：

『人之生奚爲哉？奚樂哉？爲美厚爾，爲聲色爾．』

人生而爲美厚聲色，當然享樂是人的天性了．至於所謂表現自性，那就是儘量的求快樂．

莊子的書中，有一種齊生死的思想；楊子也有這種思想．但是楊子的出世先於莊子，或者莊子的齊生死，是以楊子的思想做前導的．不過莊子拿物化說來解齊生死，却比楊子拿暫來暫往說解釋生死要好得多。我們在自然主義派哲學中，既把莊子齊生死的思想，詳述過了，在這裏祇須拿楊朱的學說比較一下，讀者便可知道齊生死思想的來源和變化了。他說：

『萬物所異者，生也；所同者，死也；生則有貴賤賢愚，是所異也；死則有臭腐消滅，是所同也。……然而萬物齊生齊死，齊賢齊愚，齊貴齊賤，十年亦死，百年亦死，仁聖亦死，凶愚亦死，生則堯舜，死則腐骨，生則桀紂，死則腐骨，腐骨一矣，孰知其異？且趣當生，奚遑死後。』

這種享樂的思想出世以後，在當時是很有勢力的。孟子所謂『天下不歸楊則歸墨。』就是證據。但因爲孟子反對這主義很激烈，曾說過：

『楊氏爲我，是無君也。……無君是禽獸也。』

又這種主義，究竟流弊很多；所以自楊朱而後，繼起而出名者很少。到魏晉六朝時代，因爲社會環境惡劣，明哲之士，往往不能保身；因此一般文人學者，都自求高放，想逃出亂世的災禍，就相習成風，大家都走向楊子思想的路上去了。在當時最有名的阮籍、劉伶、嵇康、王戎、山濤、向秀、阮咸七個人，所謂竹林七賢；再加上以前的何晏、王弼、郭象等幾個人，就造成所謂玄學派。

他們本來沒有思想可說，祇因爲想避免世亂，所以都喜歡拿老莊和易經的思想，來做談話的資料。以此表現他們是淡於名利，與世無爭的人，藉此可以使人家不注意他們。這就是當是所謂淸談。但他們因爲受了佛家思想的影響——當時佛家思想在中國最流行的，是小乘教的空宗。——在談論老莊思想的當兒，往往把佛家的眼光去解釋老莊；於是他們口中所談的老莊思想，已變了原形；然又不是佛家思想的方式，而是另外一種非道非佛的玄學思想，變成了他們的思想了。

他們的玄學思想，雖不就是楊朱的思想，却有大部分和楊朱相同的地方。他們和楊朱同一樣的主張享樂而好酒；並且也主張不爲名利勢位，以失當年之快樂，也很放浪形骸；但是他們有一種荒唐的氣概，有許多行爲是出乎人情以外的，例如阮籍的六十日長醉，嵇康柳下鍛鐵，及劉伶使人荷鍤隨之而飲，曰：『死便埋我，』都是荒唐的行爲，非老莊自然派人物所做的事，所以可說他們是荒唐的享樂者，而把他們列入享樂派裏來。現在把他們的思想和楊子稍有不同的地方，來敍一敍。

楊子原來是主張自性的表現而力求爲我的，玄學派也主張適其自性，不强己以同人；但他們却由適性做立場，再染以佛家空宗萬物皆空的唯心色素，主張唯我的肯定，——或稱唯感覺——反對宇宙有絕對獨立存在的眞理。這種思想，和希臘詭辯的唯感覺派哲學相同。所以嵇康著有聲無哀樂論一篇，他認爲聲音的自身，並無絕對而獨立的哀或樂，而使人對於聲音感覺著哀或樂，哀樂的激動，完全是人們自己內心感情的表現，哀的感情，遇着聲音而感着哀；樂的感情，遇着聲音而感着樂。這好比得意的人，事事快樂；失意的人，處處傷心

一般.他文中有幾句說:

『然樂云樂云,鐘鼓云乎哉?哀云哀云,哭泣云乎哉?因茲而言,玉帛非禮敬之實,歌舞非悲哀之主也.何以明之?夫殊方異俗,歌哭不同,使錯而用之,或聞哭而歡,或聽歌而感,然而哀樂之情均也.今用均同之情,而發萬殊之聲,斯非音聲之無常哉?』嵇中散集

『夫哀聲藏於苦心之內,遇和聲而後發,和聲無象,而哀心有主;夫以有主之哀心,因乎無象之和聲,其所悟惟哀而已,豈復知吹萬不同,而使其自已哉?』

『由此言之,則外內殊用,彼我異名,聲音自當以善惡爲主,則無關於哀樂;哀樂自當以感情爲主,則無係於聲音;名實俱去,則盡然可見矣.』

在嵇康以前,有郭象註莊子,也有這種主張.例如莊子逍遙遊篇中幾段:

『蜩與學鳩笑之曰:我決起而飛,槍楡枋,時則不至,而控於地而已矣,奚以

之九萬里而南爲？』

『適莽蒼（一〇）者，三飡而反，腹猶果然；適百里者宿舂糧；適千里者三月聚糧。』

『之二蟲，又何知？』

莊子的原意，誰也知道他對於上面蜩與學鳩及鵬，有所輕重的；莊子是取大棄小的，所以痛斥『之二蟲，又何知？』後來玄學派中的阮籍作大人先生傳，以褌虱喻君子，就含有莊子這種意思。阮籍說：

『汝獨不見乎夫虱之處於褌之中乎？逃乎深縫，匿乎壞絮，自以爲吉宅也。行不敢離縫際，動不敢出褌襠，自以爲得繩墨也。饑則嚙人，自以爲無窮食也。然炎斤（一一）火流，焦邑滅都，羣虱死於褌中而不能出；汝君子之處區之內，亦何異夫虱之處褌中乎？悲夫！』（阮嗣宗集）

但郭象對於莊子所說的話，卽註作：

『苟足於其性，則雖大鵬無以自貴於小鳥；小鳥無羡於天池，而榮願有餘矣．故大小雖殊，逍遙一也．』

『二蟲，謂鵬與蜩也．（莊子的原意，二蟲是指蜩與學鳩的．）對大於小，所以均異趣也。夫趣之所以異，豈知異而異哉？皆不知所以然而自然耳．自然耳，不爲也，此逍遙之大意．』

在郭象這註詞中所表現的，並不是莊子的思想，而是郭象自己的思想，莊子原來是主張客觀界有絕對的眞理獨立存在的，郭象却不承認客觀界有絕對的眞理獨立存在，這是他受了當時佛家空宗法空思想的影響．但是他祇主張適自性，而不主張唯心，這又是不完全接受佛家思想的表現．所以他這種適自性或唯感覺的思想，可以說是一種不徹底的唯心思想，恰足以表現他們自己是玄學思想而於道佛均異其趣．所以當時的和尙支道陵就批評郭象莊子註不徹底，而認爲所以無大小之分，是心無大小的分啊！這就是完全佛家的話了.

玄學家的人生觀,放曠似乎莊子,而並沒有要達到超人思想;知人生的無常,而又沒有佛家的出世思想;適成爲非道非佛的人生觀.劉伶酒德頌云:

『有大人先生者,以天地爲一朝,萬朞爲須臾,日月爲扃牖,八荒爲庭衢.行無轍迹,居無室廬,幕天席地,縱意所如.止則操卮執瓢,動則挈榼提壺,唯酒是務,焉知其餘.』劉伶集

這樣的人生觀,胸襟的曠達,非深有得於老莊者,不能到這境界.然並不是在修養方面用功,不過靠着酒力,陶然沉醉,以表現出這種情思耳;所以成爲玄學家的人生觀.至於阮籍的大人先生傳,以與莊子所說的至人,是同一旨趣;然亦是一種玄冥的想空.今引述於下:

『大人先生,蓋老人也.不知姓字.陳天地之始,言神農黃帝之事,昭然也.莫知其生年之數.嘗居蘇門之山,故世咸謂之間.養性延壽,與自然齊光,其視

堯舜之事，若手中耳．以萬里爲一步，以千載爲一朝，行不赴而居不處，求乎大道而無所寓．先生以應變順和，天地爲家，運去勢隤，魁然獨存，自以爲能足與造化推移．……夫大人者，乃與造物同體，天地並生，逍遙浮世，與道俱成；變化散聚，不常其形．天地制域於內，而浮明開達於外．……太初眞人，惟天之根．專氣壹志，萬物以存．退不見後，進不覩先．……是以不避物而處，所覩則盈；不以物爲累，所逌則成．彷徉足以舒其意，浮騰足以逞其情．故至人無宅，天地爲室；至人無主，天地爲所；至人無事，天地爲故．無是非之別，無善惡之異，故天下被其澤，而萬物所以熾也．』阮嗣宗集

這裏所說的：『行不赴而居不處，求乎大道而無所寓，』和老子的『善行無轍迹，與道爲一；』及『惟天之根，專氣壹志，退不見後，進不覩先；』和老子的『專氣致柔，各歸其根，迎之不見其首，隨之不見其後，』等話，完全相同．『與造物同體，天地並生，』和莊子的『天地與我並生，萬物與我爲一；』『無是非，無

善惡；』和莊子的齊物論，意思也是一樣．況且說大人眞人至人，就是莊子所說的至人神人．玄學家充分表現他的人生觀，阮籍可以做代表了．惟其與道家不同的地方，是老莊的確有這等修養功夫，玄學家僅是一種口頭禪，作爲淸談的資料罷了．

玄學家也講求養生，既不是楊朱順人欲的自然，追求美和樂，又不完全似老莊的淸靜無爲，而兼採神仙家的服食法．嵇康的養生論，可做這派代表．他說：『世或有謂神仙可以學得，不死可以力致者；或云：上壽百二十，古今所同，過此以往，莫非妖妄者；此皆兩失其情．請試粗論之．夫神仙雖不目見，然記籍所載，前史所傳，較(一二)而論之，其有必矣．似特受異氣，稟之自然，非積學所能致也．至於導養得理，以盡性命，上獲千餘歲，下可數百年，可有之耳．而世皆不精，故莫能得之．……是以君子知形恃神以立，神須形以存，悟生理之易失，知一過之害生．故修性以保神，安心以全身，愛憎不棲於情，憂喜不留於意泊然無感，而體氣和平。又呼吸吐納，服食養身，使形神相親，表裏俱濟也。……淸虛靜泰，少私寡欲。知名位之傷德，故忽而不營，非欲而彊禁也。識厚味之害性，故棄而弗顧，非貪而後抑也。外物以累心不存，神氣以醇白獨著。曠然無憂患，寂然無思慮。又守之以一，養之以和。和理日濟，同乎大順。(一三)然後蒸以靈芝，潤以醴泉，(一四)晞以朝陽，綏以五絃，無爲自得，體妙心玄。忘歡而後樂足，遺身而後身存。』嵇中散集

這一段養生的話，是承認神仙是有的，而是特稟異氣，不是積學可得到的。他的養生，既取老莊的淸靜寡欲，屏除愛憎憂喜，叫體氣和平；又兼採神仙家的呼吸吐納服食養身。然而他相信神仙是必有的，認定不是積學所能致；乃專取其導養方法，以盡性命，希望達到『忘歡而後樂足，遺身而後身存，』完全拿快樂長壽爲最後目的，適成爲玄學派的養生法了。

享樂派的思想，由楊朱的功利快樂思想，傳到魏晉六朝的玄學派，變而爲

荒唐的快樂思想．這以後就侵入我國詩人思想當中去，變爲熱情的快樂思想．信仰這種思想的人很多，我們現在暫拿陶淵明、李太白、白居易三個人做代表．在他們三人中，可以看到的思想，有以下幾種：

一 好酒　他們的好酒，並非僅僅好酒而已，其中還有非常深刻的意義．這種意義是什麼？就是酒可以解愁，可以忘身．陶淵明說：

『酒云能消憂，方此詎不劣．』影答形

『日醉或能忘，將非促齡具．』神釋

『載言載眺，以寫我憂，放歡一遇，既醉還休．』酬丁柴桑

李太白說：

『窮愁千萬端，美酒三百杯，愁多酒雖少，酒傾愁不來．』月下獨酌其三

白居易說：

『日計莫如醉，醉則兼忘身．』紳書

『一酌機即忘，三杯性咸遂』和知非

楊子雖主張吃酒，但是他只認爲荒於酒的時候，能一切忘形，所謂：

『不知世道之安危，人理之悔吝，室內之有無，九族之親疏，存亡之哀樂也。雖水火兵刃交於前，弗知也。』

却沒有把酒的本身作用，加以說明。後來的詩人，却把酒的本身作用說出是解愁忘身，這自然是一個進步。

他們既把酒認爲足以解愁忘身的東西，於是酒的作用就哲理化了。爲什麼呢？因爲人生都富於痛苦，這是誰也知道的。因此許多人，爲求痛苦的解脫，所以有信仰佛教的，也有信仰道教的，這都是想藉學佛學仙，以求痛苦的解脫呵！但是求佛求仙，很不容易的事。因爲佛與仙，不是在最短時間可以求得到的。既不能在短時間求得到，那麼當求佛求仙尚未達到的過程中，如何去把我們的痛苦消除掉呢？於是這些詩人，對於這層的解答，就主張喝酒。因爲酒是可以解愁忘身的，並且效驗很迅速，只要一醉，月的就可達到了．所以他們不主張去求佛求仙以解脫人生的痛苦，而主張喝酒的暫時解脫．白居易曾說：

『第一莫若禪，第二無如醉；禪能泯人我，醉可忘榮悴……勸君雖老大，逢酒莫迴避，不然即學禪，兩途同一致．』和知非和微之詩二十三首中

所以酒在詩人的人生思想中，成了人生安慰或寄托的東西；它的意義和宗教一般，而且給人生的安慰，却比較迅速而實在．本來我國的詩人，差不多個個都受了佛道的影響的．所以他們有時也把佛道的思想和行動，指示人生的意味．但到結果，他們還是向酒裏求人生的安慰，而反對學佛學道．

陶淵明說：

『富貴非吾願，帝鄉不可期．』歸去來辭

李太白說：

『聖賢既已飲，何必求神仙，三杯通大道，一斗合自然．』月下獨酌其二

白居易說：

『取興不過酒，放情或作詩，何必苦修道，此卽是無爲.』移家入新宅

『旣不逐禪僧林下學楞伽(一五)又不隨道士，山中煉丹砂.百年夜分半，一歲春無多，何不飮美酒，胡然自悲嗟！俗號消愁藥，神速無以加.一杯驅世慮，兩杯反天和，三杯卽酩酊，或笑任狂謌.陶陶復兀兀，吾孰知其他？』勸酒寄元九

他們旣把酒來做人生的安慰和寄托物，那自然要以喝酒爲正事了.所以

陶淵明說：

『何以稱我情，濁酒且自陶.千載非所知，聊以永今朝.』已酉歲九月九日

李太白說：

『處世若大夢，胡爲勞其生.所以終日醉，頹然臥前楹.覺來盼庭前，一鳥花間鳴.借問此何時，春風語流鶯.感之欲嘆息，對酒還自傾.浩歌待明月，曲盡

已忘情。』春日醉起言志

白居易說：

『何如會親友，飲此杯中物，能沃煩慮消，此陶眞性出，所以劉阮輩，終年醉兀兀。』對酒

二　陶醉於自然中間

陶淵明說：

『結廬在人境，而無車馬喧。問君何能爾，心遠地自偏。採菊東籬下，悠然見南山。山氣日夕佳，飛鳥相與還。此中有眞意，欲辨已忘言。』飲酒第五

李太白說：

『日出遠海明，軒車且徘徊。更遊龍潭去，枕石拂莓苔。』過汪氏別業其二

『滌蕩千古愁，留連百壺飲。良宵宜清談，皓月未能寢。醉來臥空山，天地卽衾枕。』友人會宿

白居易說：

『移花夾暖室，徙竹覆寒池．池水變綠色，池芳動清輝．尋芳弄水坐，盡日心熙熙．一物苟可適，萬緣都落遺．設如宅門外，有事吾不知．』春暮新居

三享樂

陶淵明說：

『俯仰終宇宙，不樂復何如．』讀山海經

李太白說：

『行樂須及春．』月下獨酌

白居易說：

『生前不歡樂，死後有餘貲，焉用黃壚下，珠衾玉匣爲？』狂歌詞

他們這種話，和楊子所說的不失當年之至樂有何分別呢？

四他們不特主張享樂，也還和楊子等一般主張輕名利勢位，看破生死．並

且認爲窮通修短，都是有命的，求其能適自性便滿足了．

陶淵明說：

『吁嗟身後名，於我若浮煙．』怨詩楚調示龐主簿鄧治中

『立善常所欣，誰當爲汝譽？甚念傷吾生，正宜委運去．縱浪大化中，不喜亦不懼．』神釋

『去去百年外，身名同翳如．』和劉柴桑

『三皇大聖人，今復在何處？彭祖愛永年，欲留不得住．老少同一死，賢愚無復數．』神釋

李太白說：

『窮通與修短，造化夙所稟，一樽齊死生，萬事固難審．醉後失天地，兀然就孤枕，不知有吾身，此樂最爲甚．』月下獨酌其三

『生者爲過客，死者爲歸人，天地一逆旅，同悲萬古塵．……白骨寂無言青

松豈知春，前後更嘆息，浮榮何足珍。』擬古其九

白居易說：

『賦命有厚薄，委心任窮通，通當爲大鵬，舉翅摩蒼穹。窮則爲鷦鷯，一枝足自容。苟知此道者，身窮心不窮。』我身

他們看輕名利勢位，以及看破生死等，也是爲求得快樂。但是他們看破生死，似乎和楊子的方法不同。楊子只認生死爲人生暫來暫往的變化，所以生也好，死也好，沒有多大關係。而詩人們却認爲生死却是虛幻的；既是虛幻，那麼生也非眞生，死也非眞死；生死既非眞，那麼生死也沒有什麼關係了。這比楊子更進了一步或者徹底些。這是他們受了佛家思想的影響，因爲佛家是主張生死都是幻的。陶淵明曾有兩句詩，可以引來作證：

『人生似幻化，終當歸空無。』歸園田居其四

以上幾點思想，都和楊朱及玄學思想差不多。最不同的，就是詩人往往帶

着悲憤淒涼的氣概，似乎是含有悲觀的成分．不過據我們研究，他們並不是悲觀，而是眞情的流露；由眞情流露的結果，所以對於一切都抱着無限感慨；甚至對那給他們無限快樂的大自然，他們也有時在它面前長嘯流淚．這是什麼緣故呢？這是詩人熱情的衝動呵！這是詩人的本來面目呵！楊朱和玄學家是絕對沒有的．所以我們說他們是熱情的快樂者．現在來引述一些他們熱情流露的話：

陶淵明說：

『天道幽且遠，鬼神茫昧然！』怨詩楚調示龐主簿

『遲遲將回步，惻惻悲襟盈！』悲從弟仲德

『榮華難久居，盛衰不可量．昔爲三春蕖，今作秋蓮房．嚴霜結野草，枯悴未遽央．日月還復周，我去不再陽．眷眷往昔時，憶此斷人腸！』雜詩三

李太白說：

『歲宴天崢嶸，時危人枯槁；思歸阻喪亂，去國傷懷抱！』荊州賊平臨庭言懷作

『花落時欲暮，見此令人嗟！』落日憶山中

『人亡餘故宅，空有荷花生。念此杳如夢，淒然傷我情！』對酒憶賀監其二

白居易說：

『故園望斷欲何如，楚水吳山萬里餘。今日因君訪兄弟，數行鄉淚一封書！』江南送客因憑寄徐州兄弟書

『離離原上草，一歲一枯榮。野火燒不盡，春風吹又生。遠芳侵古道，晴翠接荒城。又送王孫去，萋萋滿別情！』賦得古原草送別

這種眞情的流露，表現了他們是詩人，而不是哲學者。我們因爲敍述玄學派的思想的進展，所以把詩人引進了哲學史裏來，希望讀者，不要誤會他們是哲學家吧！

第三節 餘論

綜觀世界各國自古以來的思想界，都有享樂思想的一派。所以我國有這種享樂思想，並不見得有什麼稀奇。但把那酒宗教化起來，而拿它來代替宗教作用，做人生的安慰和寄托的東西，這恐怕是我國所特有的。我們既沒有聽說或看見過歐美的哲學家和詩人，沉醉在酒裏，更沒有讀過他們以酒代宗教的哲學。然而我國人却愈演愈劇，從上古以酒爲應接的禮物，變爲文人雅士的生命泉，這難怪我國人人都表現着病態的心理！

我國的享樂派思想，以楊朱爲首創的人。但在楊朱的腦經中，對於這種思想，並不是祇認爲供個人應用的。他很想推而用之於天下，叫天下的人都信仰而實行的。所以孟子要罵他是邪說，而鼓勵人家去拒絕他；說『能言拒楊墨者，聖人之徒也。』因此我們覺得楊朱爲我的話，是站在政治立場上說的，並不是在其他立場上說的.他實在是一個關心社會的政治家,並不是一般人所謂隱士或厭世主義者.從楊子而後,到魏、晉、六朝的玄學家,他們就把這種思想供個人的應用了.他們祇清談這種思想而不去實行,多有口中說不為名利,而有些仍舊是做高官的.他們一心想避禍,而有些仍舊免不了殺身.所以我國思想從上古一直到周秦諸子,都是言行相符的;而在玄學家就分開了.幸喜到了詩人手裏,我們還有些能言行一致.例如遇到愁上眉梢的時候,就去痛飲幾杯解解愁.然而詩人究竟是詩人,他們充滿了幻想,飽含了熱情,還是少有和社會接近的.所以我國享樂思想的進展,不和希臘相同.希臘是從個人的享樂漸向社會的享樂走去;我國則由社會的享樂開始,走向個人的享樂.

註 (一)字子居,或說是老子弟子. (二)音由,寬緩也. (三)鼻通曰顫. (四)同縱. (五)以本身為主,上推四世至高祖,下推四世至玄孫,為九族. (六)音綏,妥美貌. (七)得閒也. (八)同熟. (九)刑不能禁之. (一〇)近郊阜色之野. (一一)明也. (一二)略也,又著明也. (一

(一三)天理也。(一四)美泉，狀如醴酒。(一五)佛經名。

問題

一 楊朱的學說和老子何以不同？
二 試述楊朱的人生思想！
三 試述享樂派對於自然的態度。
四 玄學派思想如何？
五 試述玄學思想形成的原因。
六 試述我國詩人的人生觀。
七 酒與人生？

參考書

一 列子楊朱篇
二 嵇中散集
三 陶淵明集
四 世說新語
五 阮嗣宗集
六 李太白集
七 莊子郭象註
八 劉伶集
九 白居易集

第六章　苦行主義派哲學

第一節　引論

這派思想，和前派思想在同一個時代發生，不過楊朱恐怕要早出世一點，所以孟子要說「楊墨」．但是我們把這派思想後於前派思想來敍述，却不是爲着孟子一句話．因爲實際上覺得我國各派思想的發生，都似乎先柔而後剛，或者先消極而後積極的．所以在他們以前，是先有自然派，而後有人爲派．在他們以後，是先有神祕派，而後有理性派．因此我們纔如此安排．

這派以墨子(一)爲領袖，由墨子後，有禽滑釐、(二)宋鈃、(三)尹文、(四)惠施、(五)公孫龍、(六)諸人．不過宋鈃、尹文兩人，雖然受過墨子的教訓，而又兼受老子無爲說的影響.惠施的『汎愛萬物,天地一體,』(七)似墨家兼愛口吻.公孫龍勸燕昭王、趙惠王偃兵,有非攻的事實;後來有人說他們是別墨,有的說他們是名家,和墨子不同,衆說紛紜,莫衷一是.我們現在却不去管他們的爭論,祇從思想及方法的立場,把宋尹、施、龍這些人,合墨子爲一派,名之曰苦行主義派,而廢去舊時名稱及畛域.爲什麼在思想的立場上,可以混合爲一派呢?這是因爲宋、尹二人,都是爲人多而爲己少的刻苦自厲者,和前派的思想恰相反.所以前派主享樂,這派乃主禁欲.但是這派的禁欲,和自然主義派的禁欲又不同.自然主義派的禁欲,是使內心不生欲念,或者不生妄念,而爲內心的修養.這派的禁欲,是待己薄而待人厚的意思;換句話:就是勤儉刻苦,而濟人的急,所以祇是外表行爲的約束.爲什麼在方法立場上,可以混合爲一派呢?這是因爲施、龍二人專重詭辯,雖和墨家的專重經驗不同;然他們所用的辯論方法,實在沒有兩樣的.

墨子在當時爲什麼要唱這種思想呢？據淮南子說，是因爲當時社會環境使然的。當時的社會環境，又是怎樣的呢？據墨子自己說，是交相惡，交相賊，君上奢華，人民貧困，虛禮煩擾，秩序混亂。所以墨子唱這種苦行思想以期救世。這種思想，是爲救世而唱的，就不免有許多過激的地方，而評擊當時的儒家，更形激烈；因此後來儒家得勢的時代，信仰這種思想的人，就非常的少了。但在當時，却因這派思想家，富於平民和實行的精神，他們的思想，已散布到社會中間，深入人民的心坎裏。所以從戰國到漢代，這派的人，一變而爲遊俠尙義犯禁，急人之難，歷史上不少實例；直到現在，實行這派思想的人，還是到處都有；雖然，他們儘管實行，並不了解這派思想的眞義。

但是這種思想，並不是墨子自己新創的。在他以前，就有了這思想的種子關於這類種子，墨子常常在他自己的書裏提起過，——就是他所述先王夏禹等一種苦行利他的話。不過在夏禹的時代，這種思想，只有行動的表現，沒有理論的宣傳到墨子手裏，他因爲社會環境的關係，就在行爲中找出許多理論，向社會宣傳．所以驟然看起來，似乎是由墨子新創的一樣．但墨子雖不是獨創這種思想而不失爲本派的領袖．因爲這種思想實在從他開始纔有系統的學說，表現於社會．

第二節　正論

我們說這派思想是苦行主義，不特在他們自己言詞中，可以找着證據，就是在古人評論墨、名二家的言詞中，也可以找得着證據．莊子天下篇說：

『不侈(八)於後世，不靡(九)於萬物，不暉(一〇)於數度，以繩墨自矯，而備世之急．古之道術，有在於是者．墨翟、禽滑釐聞其風而說之，爲之大過，(一一)已(一二)之大循．(一三)作爲非樂，命之曰節用．生不歌，死无服．墨子汎愛兼利而非鬥，其道不怒．(一四)又好學而博，不異，(一五)不與先王同，毀古之禮樂．……

……今墨子獨生不歌，死不服，桐棺三寸而无槨，以爲法式。以此教人，恐不愛人；以此自行，固不愛己。……其生也勤，其死也薄，其道大觳。(一六)使人憂，使人悲，其行難爲也，恐不可以爲聖人之道，反天下之心，天下不堪。墨子雖能獨任，奈天下何！……墨子稱道曰：「昔者禹之湮洪水，……腓(一七)无胈，(一八)脛无毛，(一九)沐甚雨，櫛疾風，置萬國。禹大聖也，而形勞於天下也如此。」使後世之墨者，多以裘褐爲衣，以跂蹻爲服，(二〇)日夜不休，以自苦爲極。曰「不能如此，非禹之道也，不足謂墨。」……雖然，墨子眞天下之好也，將求之不得也，雖枯槁不舍也。才士也夫！(二一)』

『不累於俗，不飾於物，(二二)不苟(二三)於人，不忮(二四)於衆，願天下之安寧，以活民命，人我之養，畢足而止，以此白心。(二五)古之道術，有在於是者，宋鈃、尹文聞其風而悅之，作爲華山之冠，(二六)以自表，接萬物以別宥(二七)爲始。語心之容，(二八)命之曰心之行，以聏(二九)合驩，(三〇)以調(三一)海內，請欲置之以爲主.(三二)見侮不辱,救民之鬥;禁攻寢兵,救世之戰.以此周行天下,上說下教,雖天下不取,強聒而不舍者也.故曰上下見厭而強見者也.雖然,其爲人太多,其自爲太少曰:「請欲固(三三)置五升之飯足矣.」(三四)先生恐不得飽,弟子雖飢,不忘天下.日夜不休.曰:「我必得活哉?圖傲乎救世之士哉?」(三五)曰:「君子不爲苛察,(三六)不以身假物,(三七)以爲無益於天下者,明之不如已也.」(三八)以禁攻寢兵爲外,以情欲寡淺爲內,其大小精粗,其行適至是而止.(三九)』同上

在莊子這兩段評論中,處處都可以充分的表現這派人物,在思想上固然是以苦行爲主義,而對於自身,也是以苦行爲實踐倫理的.例如莊子說:『作爲非樂,命之曰節用,生不歌,死无服.』『見侮不辱.』『以情欲寡淺爲內.』這是他們在思想方面主苦行的證據.至於『天下不堪,墨子雖能獨任.』『使後世之墨者,多以裘褐爲衣,以跂蹻爲服,日夜不休,以自苦爲極.』『又以此周行天

下，上說下教，雖天下不取，强聒而不舍也。故曰：上下見厭而强見也；雖然，其爲人太多，其自爲太少。』這是他們自己實踐苦行的證據。這種苦行救世的精神，不是尋常人所能及的。

他們都是以苦行爲中心，以利他爲目的。墨子公輸篇載墨子因楚攻宋，從齊步行十日去到楚國，勸楚王罷兵。又貴義篇說『墨子獨自苦而爲義。』這完全是墨子實行利他而自苦的證據。比較楊子以享樂爲中心，利己爲目的，眞是有天淵之隔。所以苦行二字，可以說是這派思想的核心。明白這點，那麼對於他們所倡的學說，及其行動，纔能窺見其所以然。現在來分條敍述這派的各種思想：

各派的思想，雖各有各的理論，不盡相同，但是成立一種思想，都應先立一種標準，這是大家都相同的。前述的幾派：自然派是以自然的法理做標準的；人爲派是以仁道做標準的；這話已在前面解釋過。享樂派，我們所以沒有說出他的標準，這是因爲他主張適性情，力求自我的表現，看起來似乎沒有標準，其實那個「我」就是他們思想的標準。至於這派思想的標準是什麼？據他們自己說是以「天志」爲標準的。墨子曾說過：

『我有天志，譬若輪人之有規，匠人之有矩，輪匠執其規矩，以度天下之方圜，曰：中者是也，不中者非也。今天下之士君子之書，不可勝載，言語不可盡計，上說諸侯，下說列士，其於仁義，則大相遠也，何以知之？曰：我得天下之明法以度之。』（天志上）（四〇）

墨子既然拿天志做思想的標準，當然要以處處不背天志爲是。但天志和仁道不同，仁道是靜的，天志是動的。天志不但可以做思想的標準，還可以做行動的模範。那仁道單是一種標準罷了。因此，墨子的言語動作，沒有一處不去模倣天志，就是所謂法天。在他法儀篇裏，多有主張法天的話。茲引一段如下：

『子墨子曰：天下從事者，不可以無法儀；無法儀而其事能成者，無有也。雖至士之爲將相者，皆有法；雖至百工從事者亦皆有法．百工爲方以矩，爲圓以規，直以繩，正以縣．……今大者治天下，其次治大國，而無法所度，此不若百工辯也．然則奚以爲治法而可？……故曰莫若法天，天之行廣而無私，其施厚而不德，其明久而不衰．故聖王法之．』

據墨子的意思，人們應該以天志爲法，是無可懷疑的．但是天的志到底是怎樣的呢？據墨子自己說：天的志，是欲人相愛相利，不欲人相惡相賊．法儀篇有他的話：

『然而天何欲何惡者也？天必欲人之相愛相利，而不欲人之相惡相賊也．』

但是又何從知道天志是這樣的呢？是因爲天對於人們都是兼而愛之，兼而利之的．又何以知道天是這樣愛利的呢？因爲天是對於人們都兼而有之；兼而有之，所以『天下無大小國，皆天之邑也．人無長幼貴賤，皆天之臣也．』同上因爲天是兼而愛民，兼而利民的，於是墨子爲法天起見，乃唱兼愛說．兼愛上篇說：

『……聖人以治天下爲事者也，不可不察亂之所自起，當察亂何自起？起不相愛．臣子不孝君父，所謂亂也；子自愛不愛父，故虧父而自利；弟自愛不愛兄，故虧兄而自利；臣自愛不愛君，故虧君而自利；此所謂亂也．雖父之不慈子，兄之不慈弟，君之不慈臣，此亦天下之所謂亂也．父自愛也不愛子，故虧子而自利；兄自愛也不愛弟，故虧弟而自利；君自愛也不愛臣，故虧臣而自利，是何也？皆起不相愛．雖至天下之爲盜賊者亦然．盜愛其室，不愛其異室，故竊異室以利其室；賊愛其身，不愛人之身，故賊人以利其身．此何也？皆起不相愛．雖至大夫之相亂家，諸侯之相攻國者亦然．大夫各愛其家，不愛異家，故亂異家以利其家．諸侯各愛其國，不愛異國，故攻異國以利其國．天下之亂物，具此而已矣．察此何自起？皆起不相愛．若使天下兼相愛，愛人若愛其身，猶有不孝者乎？視父兄與君若其身，惡施不孝？猶有不慈者乎？視子弟與臣若其身，惡施不慈？故不孝不慈亡有。猶有盜賊乎？故視人之室若其室，誰竊？視人身若其身，誰賊？故盜賊亡有。猶有大夫之相亂家，諸侯之相攻國乎？視人家若其家，誰亂？視人國若其國，誰攻？故大夫之相亂家，諸侯之相攻國亡有。若使天下兼相愛，國與國不相攻，家與家不相亂，盜賊無有，君、臣、父子皆能孝慈，若此，則天下治。故聖人以治天下為事者，惡得不禁惡而勸愛？故天下兼相愛則治，交相惡則亂。故子墨子曰：不可以不勸愛人者，此也。』

中篇又說：

『凡天下禍篡怨恨，其所以起者，以不相愛生也。是以仁者非之。既以（四一）非之，何以易之？子墨子言曰：以兼相愛交相利之法易之。』

要明白墨子兼愛的眞義，須知「兼」字是墨家的一種術語。經上篇說：

「體，分於兼也；」就是「兼」字的註解．用現代的話來講，「兼」字是指總體，體字是指部分；換句話，墨家是叫整個的社會爲兼，叫社會的一分子爲體．大取篇說：『愛人不外己，己在所愛之中．』兼愛意義，在這些文字裏可以看得出；就是己與人同是社會的一體，從整個社會着想，愛人就是愛己，因爲自己並不在人類以外；所以眞愛己的人，要愛整個的社會，那麼自己也在所愛的中間了．兼愛中篇說：『夫愛人者，人必從而愛之；利人者，人必從而利之．』發揮這意，格外明顯．因爲社會是互相關聯的，要人人知道相愛，社會方能團結；墨家要人人懂得這理，所以他的立教，叫人從愛人下手．在最初實行的時候，似乎忘却自己，專去愛人，結果人也來愛我，就是所謂『己在所愛之中』了．果能這樣「兼愛」那就是理想的『人人不獨親其親，不獨子其子』的大同世界哩．反對的人，拿無父的說話來駁墨家，是不合論理的；就是誤解兼愛爲『愛無差等』的人，也沒有了解兼愛的眞義；因爲墨子認兼士的反面是別士，別字也不作差別講，而是作割別講的.(四二)所謂割別,就是把某一部份,從總體上割別下來的意思.那麼別士,就是把我們應當愛的人,割別了而不去愛他.這種不愛人的程度,較愛人分等級的更深.茲引墨子假設的別士之言爲證:

『吾豈能爲吾友之身,若爲吾身?爲吾友之親,若爲吾親?.是故退睹其友,飢卽不食,寒卽不衣,疾病不侍養,死喪不葬埋.』(兼愛下篇)

他口中的別士,是眼見朋友的飢不肯與之食,寒不肯與之衣,疾病不肯爲之侍養,死喪不肯爲之葬埋的一種殘忍的人.這種人當然不是那種主張愛有差等的人因爲主張愛有差等的人,雖把人我之間分了等級,愛己重而愛人輕,或愛親厚而愛人薄,尚不至於坐視友人有以上所說的危難,而不加以援助的.況且依向來的解說:墨子所說的別,就是儒家的「親親而仁民,仁民而愛物」的差等愛,那麼墨子所說的別士,就是儒家的人物了.試問儒家的人物,如孔、孟之徒,遇到朋友飢寒疾病的時候,會忍心袖手旁觀,不加援助嗎?那是決不會的.

所以從這幾點去證明，可以知道墨子主張的兼愛，是整個社會互相團結的愛，並不是無差等的愛，至於他所說的別士，乃一種極端殘忍的人，根本談不到愛的。

不過墨子施愛的方法，及他愛人的動機，實在是和孔、孟諸人不相同的。人爲主義派的孔、孟，是用縱切面的方法去施愛的；墨子是用橫切面的方法去施愛的。所以孔、孟先愛親，由愛親而降一級去愛民，由愛民再降一級去愛物；而墨子則愛他人的親，自己的親也在所愛的中間，幷且廣泛的去愛民愛物。所以就時間論：孔、孟的愛，是有先後；墨子的愛，是沒有先後的。就空間論：孔、孟的愛，是分上下的；墨子的愛，但分遠近。這個意思，可以拿切物來證明：例如縱的去切一樣東西，當然要分出上下先後，上面的先切到，下面的後切到；而橫的去切一樣東西，祇有從近切到遠，沒有上下的。因爲二者施愛的方法不同，所以對於愛的自身，也似乎表現出不同的樣子。並且因爲一個是縱切面的施愛，一個是橫切面的施愛，於是從旁觀察的人，就覺得對於孔、孟的愛，容易看出整個的形態來，而對於墨子的愛就難了。這是什麼原因呢？好比我們站在高山上觀察天地，如果是縱的去看那麼整個的宇宙，不難一目了然；若是橫的去看，上旣不見星辰，下亦難見江海。因爲這樣，一般人都喜歡說儒家的愛，而對墨子的愛就莫明其妙了！

至於二者動機，又是怎樣的呢？據我們研究：孔、孟的愛的動機，是由理智而來的。因爲他們講忠恕之道，先對於自身，由窮理盡性的結果，知道先要對己，而後對他人，推己及人，自然要去愛人。所以孔子說：『己欲立而立人，己欲達而達人。』孟子說：『老吾老，以及人之老；幼吾幼，以及人之幼。』若總括起來說，就是『親親而仁民，仁民而愛物。』這都是由於理智的推測；推己及人及物。所以他們的愛，是以愛己爲前提，愛他人則次之；愛他人是從愛己的前提推出來的。因此他們的愛，使人家看起來，似乎是把人我分開，而主張差等的愛。其實他們的愛，看起來是差等的，而實際上不過有次序的先後罷了。墨子的愛的動機，是由領悟而來的。這話怎樣講呢？因墨子是主張法天的，他看見上天普遍的兼愛下物，於是他就無條件的也和天一樣主張兼愛。所以他的愛的動機，不是由於自己的理智來告訴他，而是由於他領悟到天志去效法的。惟其如此，他就用不着自己去計畫怎樣施愛，只要隨從天志去愛就得了。天既然是像橫切面的同時兼愛下物而不分先後，墨子也就如此。這樣一來，人家看到墨子的愛，就好像是無分差等而渾淪爲一的了。爲這緣故，人家聽到兼愛的話，就羣起非難，以爲天下這樣大，人類這樣多，怎麼能夠去兼愛呢？墨子就去曉喻他們，他說：人類儘管無窮，我兼愛的心量也是無窮的。所以經下篇說：『無窮不害兼。』接着有一條說明：『不知其所處，不害愛之說在喪子者。』這條意思，是說人類無窮，我們不曉得這人所在的地方，似乎不能施用我愛；然於我愛人的心量，一點沒有妨礙。譬如喪失兒子的父母，雖然不知道兒子所在的地方，然他愛兒子的心量，並沒有減少的.墨子又恐人家不明白愛人與利人的分別,又特地提出愛利兩字,曉喻他人.什麼叫愛?就是我愛人的心量,這心量廣大無邊,可以融合今古世界於一兼.大取篇說:『愛衆衆世與愛寡世相若,兼愛之有(四三)相若.』這是從空間說兼愛的心量,不單愛我們這一個世界的人,還要愛許多世界的人.又說:『愛尙(四四)世與愛後世,一若今之世.』這是從時間說兼愛的心量,不單是愛現在世的人,還要愛過去世和未來世的人.什麼叫做利?就是施行兼愛時候,實際受到我愛而得到利益的人.墨子以爲人家懷疑兼愛的難行,那是不曉得愛與利的分別.愛是廣泛的心量,利是實施的事功,所以愛儘管普遍於人類,至於實施利益於人,當然與我接近的先得其利,疏遠的後得其利.並非我的愛有先後,乃實際上不得不如此.所以大取篇說:『二子事親,或遇孰(四五)或遇兇,其愛親相若.』這是說兩個兒子事奉其親,一個碰着熟年收穫多,奉養較厚;一個碰到荒年,收穫少,奉養較薄.實是利有厚薄,不是愛有厚薄.愛是志,利是功,不可併爲一談.大取篇說:『志功爲辯.』又說:『志功不可以相從也.』都是說明這意,叫人知道「愛」「利」是兩件事,就不至懷疑兼愛的不可行了.

天除了兼愛下物以外,足以爲人們效法的行爲,還有什麼?就是天欲義而惡不義.他說:

『然則天亦何欲何惡?天欲義而惡不義!』

何以知道天欲義而惡不義呢?他說:

『天下有義則生,無義則死;有義則富,無義則貧;有義則治,無義則亂.』以上均天志上

天既欲義而惡不義,那末人們自然也應該行義而去不義.所以墨子除掉主張兼愛以外,還要主張行義政而反對力政,形成他的政治思想.孟子主張行仁政,墨子主張行義政,這是兩人政治思想不同的一點.但是孟子也主張重義,在前兩章已說過了,那麼兩者不是相同的嗎?其實不然,原來孔、孟的義的定義,

是合宜的意思，而墨子的義卽是正，又卽是利．所以他在天志下篇說：

『義者，正也．何以知義之爲正也？天下有義則治，無義則亂，我以此知義之爲正也．』

正與政古來字義本同，所以天志上作「義者政也．」論語孔子也說：『政者，正也．』可以互相證明的．

所以墨子的義政，就是正政；所謂正政，就是矯正天下一切不正當的政治．由矯正不正當的政治，以達到兼相愛交相利的地步．這麼一來，單從愛字來講，仁政和義政，也是相同的了．因爲兩者都是拿愛做終極目標．所不同的，就是方法有差異罷了．

要行義政，應當有什麼施行的綱領呢？有的，大概可以分五綱領，九條目：

一、國家昏亂時，應施行的政綱，是尙同、尙賢．(四六)

二、國家貧困時，應施行的政綱，是節用、節葬．

三、國家憙音湛湎時，應施行的政綱，是非樂、非命。

四、國家淫僻無禮時，應施行的政綱，是尊天、事鬼。

五、國家務奪侵凌時，應施行的政綱，是兼愛。

墨子自己在魯問篇曾說過：

『凡入國必擇務而從事焉；國家昏亂，則語之尚賢，尚同；國家貧，則語之節用，節葬；國家憙音湛湎，則語之非樂非命；國家淫僻無禮，則語之尊天事鬼；國家務奪侵凌，則語之兼愛非攻；故曰擇務而從事乎？』

這些話也可以證明墨子的義政，就是正政，或矯正不正當的政治的。

現在我們把他逐條解釋並引證於后：

一、國家昏亂時，應施行的政綱：

甲、尙賢　所謂賢，是指那有德有才，足以治理國家的人講的，尙賢就是羅致這些人來治理國家。在尙賢篇上說：

『今者王公大人，(四七)爲政於國家者，皆欲國家之富，人民之衆，刑政之治；然而不得富而得貧；不得衆而得寡；不得治，而得亂；則是本失其所欲，得其所惡，是其何故也？曰：是在王公大人爲政於國家者，不能以尙賢事(四八)能爲政也。』(四九)

這是他說明爲上者所以不得其所欲，反得其所惡的原因，在於不尙賢。他又說：

『是故國有賢良之士衆，則國家之治厚；賢良之士寡，則國家之治薄；故大人之務，將在於衆賢而已。』

這是他說要想治好國家，必定要尙賢的話。至於求賢的方術，他說：

『亦必且富之、貴之、敬之、譽之，然后國之良士，亦將可得而衆也。』以上尙賢篇上

乙、尙同： 所謂尙同，就是統一全國 思想，或集中全國的信仰。我們知道：

如果一個國家的人民，沒有同一的思想，或同一的信仰，人人雖可以自由，但各自爲政，一盤散沙的現象，是免不了的。再厲害一點，也許會鬥爭起來。所以墨子說：

『古者民始生，未有刑政之時，蓋其語，人異義。(五〇)是以一人則一義，二人則二義，十人則十義。其人茲衆(五一)其所謂義者亦茲衆；是以人是其義，以非人之義，故交相非也。是以內者父子、兄弟作怨惡，離散不能相和合。天下之百姓，皆以水火毒藥相虧害，至有餘力，不能以相勞；腐㱙餘財，不以相分；隱匿良道，不以相教；天下之亂，若禽獸然。』(尙同上)

但是尙同究竟拿什麼做同的標準呢？據墨子的意見，同的標準有五種：一是以里長爲同的標準；二是以鄉長爲同的標準；三是以國君爲同的標準；四是以天子爲同的標準；五是以天爲同的標準。這五種標準，不是並列而獨立的，是層次而一貫的。五者中間，以天爲最高標準。所以里中的百姓，以里長爲同的標準，里長率一里之百姓，以鄉長爲同的標準；鄉長率一鄉之百姓，以國君爲同的標準；國君率一國之百姓，以天子爲同的標準；天子乃率天下百姓，以天爲同的標準。墨子說：

『是故里長者，里之仁人也。里長發政里之百姓，言曰：聞善而(五二)不善，必以告其鄉長。鄉長之所是，必皆是之；鄉長之所非，必皆非之。去若不善言，學鄉長之善言；去若不善行，學鄉長之善行。則鄉何說以亂哉？察鄉之所以治者，何也？鄉長唯能壹同鄉之義，是以鄉治也。鄉長者，鄉之仁人也。鄉長發政鄉之百姓，言曰：聞善而不善，必以告國君。國君之所是，必皆是之；國君之所非，必皆非之；去若不善言，學國君之善言；去若不善行，學國君之善行，則國何說以亂之哉？察國之所以治者，何也？國君唯能壹同國之義，是以國治也。國君者，國之仁人也。國君發政國之百姓，言曰：聞善而不善，必以告天子；天子之所是皆是之；天子之所非皆非之。去若不善言，學天子之善言；去若不善行，學天子之善行，則天下何說以亂哉？察天下之所以治者，何也？天子唯能壹同天下之義，是以天下治也。天下之百姓，皆上同於天子而不上同於天，則菑(五三)猶未去也。今若天飄風苦雨溱溱(五四)而至者，此天之所以罰百姓之不上同於天者也。』(尚同上)

我國現在的國家社會，混亂得一團糟，也正是大家不能相同的緣故。所以墨子的尚同思想，或者可以拿來矯正現在的混亂狀態；不過拿天做同的標準，我們却不敢贊同。

二、國家貧困時，應施行的政綱：

甲、節用　所謂節用，就是用其所當用，而去其不當用的意思，他說：

『聖人爲政一國，一國可倍(五五)也，大之爲政天下，天下可倍也。其倍之非外取地也，因其國家去其無用之費，足以倍之。』(節用上)

至於節用的標準，就是「用」。凡製一樣物件，或者使用金錢，都要先問一間是否合於「用」？如果合於「用，」就應該去做或去使；如果不合於「用，」或者用處很少，就不應該做，不應該使否則也得少做或少使．務必所費與所用相稱，不可叫消費過多，而所得的用處反少．所以他說：

『其爲衣裘何以爲？冬以圉(五六)寒，夏以圉暑．凡爲衣裳之道，冬加溫，夏加清者芊，(五七)䣊(五八)不加(五九)者去之．其爲宮室何以爲？冬以圉風寒，夏以圉暑雨，有(六〇)圉盜賊．凡爲宮室加固者芊，䣊不加者去之．其爲甲盾五兵，(六一)何以爲？以圉寇亂盜賊．若有寇亂盜賊，有甲盾五兵者勝，無者不勝，是故聖人作爲甲盾五兵．凡甲盾五兵，加輕以利堅而難折者芊，䣊不加者去之．其爲舟車何以爲？車以行陵陸，舟以行川谷，以通四方之利，凡爲舟車之道，加輕以利者芊，䣊不加者去之．凡其爲此物也，無不加用(六二)而爲者．』

節用上

上面所說的是「衣」「住」「行」和「甲兵，」沒有提到食；而節用中篇却提及的。今補引於下：

『古者聖王制爲飲食之法，曰足以充虛繼氣，强股肱，使耳目聰明則止。不極五味之調，芬香之和，不致遠國珍怪異物。何以知其然？古者堯治天下，南撫交阯，北際(六三)幽都，(六四)東西至日所出入，莫不賓服。逮至其享受黍稷不二，羹胾(六五)不重，飯於土塯，(六六)啜於土刑，(六七)斗以酌，俛仰周旋威儀之禮，諸加費不加於民利者，聖王弗爲。』

墨子以用爲節用的標準，充滿了功利主義的色彩，難怪荀子說他『蔽於用而不知文。』到後來就流爲以裘褐爲衣，跂蹻爲服，日夜不休，以自苦爲極的苦行主義者。

乙、節葬　葬者，藏也。在上古時代，人死以後，就把屍首拋棄在野外溝壑中間，被野獸吞食，爲子孫的看見這種景象，覺得心中難過，就把屍首埋藏在地裏，這是葬法的起原。後來人爲主義派因爲注重倫理，對先人屍體，主張厚葬，以示子孫的敬愛，於是衣衾棺槨，就特別隆盛，並且在父母死後，還要服喪三年，以示追念的意思。墨子是一位功利派重實用的人，以爲凡是費用，都應以合乎民生日用爲原則，厚葬的耗費，不單對於民生沒有用處，就是對於死人也沒有一點用處，所以他極力反對厚葬久喪，主張節葬短喪。他說：

『天下貧，則從事乎富之；人民寡，則從事乎衆之；衆而亂，則從事乎治之；……厚葬久喪實可以富貧、衆寡、定危、治亂乎？……故子墨子言曰：然則姑嘗稽之今雖(六八)毋法執厚葬久喪者言，以爲事乎國家。此存(六九)乎王公大人有喪者，曰棺槨必重，(七〇)葬埋必厚，衣衾必多，文繡必繁，丘隴必巨；存乎匹夫賤人死者，殆(七一)竭家室；存乎諸侯死者，虛府庫。……處喪之法將奈何哉？曰：哭泣不秩，(七二)聲翁，(七三)縗絰，(七四)垂涕，處倚廬，(七五)寢苫，(七六)枕凷，(七七)又相率强不食而爲飢，薄衣而爲寒，使面目陷陬，(七八)顏色黧黑，耳目不聰明，手足不勁强，不可用也。又曰：上士之操喪也，必扶而能起，杖而能行。以此共三年。若法若(七九)言，行若道，使王公大人行此，則必不能蚤朝晏退，聽獄治政。使士大夫行此，則必不能治五官(八〇)六府(八一)辟草木實倉廩。使農夫行此，則必不能蚤出夜入，耕稼樹藝。使百工行此，則必不能修舟車爲器皿矣。使婦人行此，則必不能夙興夜寐紡績織紝。……以此求富，此譬猶禁耕而求穫也。……以此求衆，譬猶負(八二)劍而求其壽也。……以此求治，譬猶使人三環而毋負(八三)己也。(八四)』

這段文裏極說厚葬久喪的害處，十分痛切。這等害處，一直流傳到如今，還沒有改變。墨子在那時候，已大聲疾呼的告人，眞是卓識。他下文又說葬埋的制度：

『故古聖王制爲葬埋之法，曰：桐棺三寸，足以朽體；衣衾三領，足以覆惡；及其葬也，下毋及泉，上毋通臭，壟若參耕之畝則止矣。(八五)死者既以葬矣，生者必無久喪，而疾(八六)而從事，人爲其所能，以交相利也。』以上皆節葬下墨子又因爲厚葬久喪，已成習慣，驟然聽見節葬短喪的話，人們必定要十分懷疑，以爲這種舉動，是太薄待其親了。他又簡單說其理云：

『聖人不得爲子之事；聖人之法死亡（八七）親，爲天下也。厚親，分也。以死亡之，體渴（八八）興利。』（大取篇）

墨子書中所稱古聖王或聖人，大概都指夏禹，因爲墨學是以禹爲祖的。這段文字，是說聖人兼愛天下，爲天下服勞，就是尊其親，不得在家專做人子的事。凡人既死以後，體魄無知，不應去貴重他；所以聖人制法，親死就可忘之；這是什麼緣故？因爲我們應該爲天下做事的。親在時當然要厚，親死時當然可忘。體貼到這種道理，趕緊去替天下興利，方是聖人爲天下的本心，那裏可像厚葬久喪的耗財費時，無益實用呢！

三、國家憙音湛湎時，應施行的政綱：

甲、非樂：　音樂是動人情感，使人快樂的東西；人們不能有苦無樂，所以先王制樂，以調節人情，有很大的作用．但戰國時代的王公大人，荒淫於音樂，弄得政治廢弛，耗費有用的財力，去做無益的事體，爲害很大，離開先王制樂的本意，遠之又遠了．在墨子自苦爲極節用興利的眼光中看來，當然要全部推翻而主張非樂的．所以他的非樂，並不是反對樂的本身，乃因當時荒淫成風，生出許多害處，爲除害興利的緣故，不能不拔本塞源，有這主張．他說：

『仁者之事，必務求興天下之利，除天下之害；將以爲法乎天下，利人乎卽爲，不利人乎卽止．且夫仁者之爲天下度也，非爲其目之所美，耳之所樂，口之所甘，身體之所安，以此虧奪民衣食之財，仁者弗爲也．是故子墨子之所以非樂者，非以大鐘、鳴鼓、琴瑟、竽笙之聲，以爲不樂也；非以刻鏤文章之色以爲不美也；非以犓(八九)豢(九〇)煎炙之味，以爲不甘也；非以高臺、厚榭、邃(九一)野(九二)之居，以爲不安也．雖身知其安也，口知其甘也，目知其美也，耳知其樂也．然上考之，不中聖王之事，下度之，不中萬民之利．是故子墨子曰：

爲樂非也』非樂下篇

乙、非命　這裏的命字，不作生命的命字講，而是指形成人生一切事業的原動力講的。這種力是站在人們後面的，所以主張有命的人，認爲人生一切的事業，都另外有一種原動力在後面操縱。一切事業成功與否，並不是人們自己的力量可以決定的。人們自己只好比一架機器，事業雖由我們做成功，然而原動力却是由汽機或發電機而來的。我們雖有這一架可以造出最精妙物品的機器，倘使沒有原動力，終究是造不成的，這就是世俗所說命該如此，雖有飛天的本領，也是徒然的。主張沒有命的人，却認爲人們自己就是那創造事業的原動力，同時也是機器。只要人們自己立定主意去創造事業，拚命的用那原動力去鼓動機器，事業是沒有不會成功的。

我國的思想，對於以上兩種；都有人主張。前三派可以說都是主張有命的。至於墨子呢？他却極力主張非命。他說：

『執有命者之言曰：命富則富，命貧則貧，命衆則衆，命寡則寡，命治則治，命亂則亂，命壽則壽，命夭則夭，雖強勁何益哉？上以說（九三）王公大人之聽治，下以䮘（九四）百姓之從事，故執有命者不仁。』非命上

墨子直斥執有命者爲不仁，因爲人們一切聽之於命，就不肯努力做事，也從功利方面立言，故又說：

『今天下之士君子，中（九五）實欲求興天下之利，除天下之害，當若有命者之言不可不強非也。曰命者暴王所作，窮人所術（九六）非仁者之言也。今之爲仁義者，將不可不察而強非者此也。』非命下

本來儒家主張有命，含有教人安分守己不要妄進的意思；但是結果相信有命的人，往往把事業的成敗，或者貧富窮通，都付之於命；因此容易發生一種頹廢的心理，振作不起來。至於非命的人却不同了，他有一種世間無難事硬幹不休的氣概。我國現在這種惰性的社會裏，實在需要這種非命的思想。墨子在

二千年前，就說國家憙音湛湎，則語之非樂非命，這眞是值得研究的。

四、國家淫僻無禮時，應施行的政綱：

甲、尊天　所謂尊天，就是效法天志的意思。國家淫僻無禮，爲什麼要尊天呢？這是因爲天是欲義而惡不義，欲正而惡不正的。至於淫僻無禮，恰是與此相反。所以墨子遇到淫僻無禮的國家，他要主張尊天，就是以正矯其不正的意思。關於法天的話，已在前面引證過，茲不多述：

乙、事鬼：　我國古代的思想，是以上事天，中事鬼神，下愛人，爲一切政治的基礎。上帝是最高的主宰，操賞善罰惡的大權；鬼神是受上帝的命令，施行賞罰的。墨子既主張尊天，當然要主張事鬼神，是不足爲奇的。因爲信鬼，也就認爲鬼神有一種力量，可以制馭人。既認鬼神有力量能制馭人，就不能不事鬼神。能事鬼神，叫人心有所恐懼，無形中可以消滅許多罪惡，其功效等於宗教。這是墨子主張事鬼的原因，也是墨子立教富於宗教色彩的地方。但爲什麼要在國家淫僻無禮的時候，纔注重事鬼呢？這因爲鬼神也是和天一般好義而惡不義的．所以一個國家淫僻無禮，不單天將加災降禍，鬼神也要行使勸善懲惡的權能的．人們能知道鬼神是和天一般的嚴肅，必定能敬事鬼神，自然就不敢淫僻無禮了．他說：

『逮至昔三代聖王既沒天下失義，諸侯力正．（九七）是以存（九八）夫爲人君上下者之不惠忠也；父子弟兄之不慈孝弟長貞良也；正長之不強於聽治；賤人之不強於從事也．民之爲淫暴寇亂盜賊，以兵刃毒藥水火，退（九九）無罪人乎道路率（一〇〇）徑，（一〇一）奪人車馬衣裘以自利者，並由此作，是以天下亂．此其故何以然也？則皆以疑惑鬼神之有與無之別，不明乎鬼神之能賞賢而罰暴也』（明鬼下）

墨子的尊天事鬼，雖與現代精神不合，然在教育沒有普及的社會，叫人心有所敬畏，的確可以減少多少罪惡．我們看現在人高呼打倒迷信，上下都人欲橫流，盜賊遍地，比墨子所說淫暴、寇亂、盜賊，以兵刃、毒藥、水火劫奪無罪人的情狀，有沒有兩樣呢？

五、國家務奪侵凌時，應施行的政綱：

非攻　原來墨子是說『國家務奪侵凌，則語之兼愛』的。我們爲什麼換非攻呢？因爲非攻就是兼愛的結果，能兼愛自然能非攻；能非攻自然是兼愛了。他有非攻篇，是專論國家不應當互相攻打的。我們以非攻來換兼愛，似乎更覺着實一些。他在非攻上篇說：

『今有一人，入人園圃，竊其桃李，衆聞則非之，上爲政者得（一○二）則罰之。此何也？以虧人自利也。至攘人犬豕雞豚者，其不義又甚入人園圃竊桃李。是何故也？以虧人愈多，其不仁茲（一○三）甚，罪益厚。至入人欄廐，取人馬牛者，其不義又甚攘人犬豕雞豚，此何故也？以其虧人愈多。苟虧人愈多，其不仁茲甚，罪益厚。至殺不辜人，扡（一○四）其衣裘，取戈劍者，其不義尤甚入人欄廐取人馬牛.此何故也?以其虧人愈多,苟虧人愈多,其不仁茲甚,罪益厚.當此天下之君子,皆知而非之,謂之不義.今至大為攻國,則弗知非,從而譽之謂之義,此可謂知義與不義之別乎!』

這是極說攻伐的不義,以小比大道理甚明.深怪世人於小則明,於大則昧;所以他竭力主張非攻.他又說:

『今且天下之王公大人士君子,中情(一〇五)將欲求興天下之利,除天下之害,當若繁為攻伐,此實天下之巨害也.今欲為仁義,求為上士,尙(一〇六)欲中聖王之道,下欲中國家百姓之利,故當若非攻之說,而將不可不察者此也.』(非攻下篇)

墨子非但口講非攻,并且努力實行.前面述他親說楚王勿攻宋國,就是他實行的一件故事.他勸人君不要攻戰,又不像自然主義派一味用柔不去抵抗的.遇到他國來伐,卻主盡力抵抗.所以他的備城門以下十一篇,講守禦迎敵的情事，極爲詳備，可作墨家兵書讀．

以上五綱九目，已經述完了．關於這五綱九目的思想，就是墨子的政治思想．他講到義字，都以整個社會的利益做對象；所以墨經上有一條「義，利也．」老實以義作「利」字講，和儒家言義不言利態度，完全不同．我們要知道儒家的「利」字的界說，是指個人私利言，義與利就不能併爲一談．墨家「利」字的界說，是指人羣公利言，所以義就是利．這最足表示墨家功利的色彩．然孔子在易經乾卦文言裏也說過，「利者，義之和也．」可見就公利言，儒墨意見也是相同的．

墨子的民主思想，十分發達．本來他主張兼愛，看人類是一體的；幷且犧牲自己，去利天下，充滿了平等自由的精神．那麼要打破封建的階級，實現平民政治，是當然的結果．孟子曾說過：『民爲貴，社稷次之，君爲輕．』已是極大的膽量，能發揮民治的政論；然尚沒有找到學理的根據．墨子却能依據學理，進一層說明君與民的關係，眞是卓識！墨經上有一條：

這句話，雖然極簡單，竟是墨家的民約論；與西方盧梭的民約論，詳略固有不同，却是同一原則，墨子在那時已發明此理，眞可驚嘆！他在尙同上篇說：

『古者民始生未有刑政之時，……天下之亂，若禽獸然。夫明乎天下之所以亂者，生於無政（二〇八）長，是故選擇天下之賢可者，立以爲天子。天子既已立，以其力爲未足，又選擇天下之賢可者，置立之以爲三公。天子三公既以（二〇九）立，以天下爲博大，遠國異土之民，是非利害之辯，不可一二而明知；故畫分萬國，立諸侯國君。諸侯國君既已立，以其力爲未足，又選擇其國之賢可者，置立之以爲正長。』

這段文字，就是君與臣民通約的證據。可見上自天子，下至正長，都應出於選舉，立天子，置諸侯，完全爲天下人民的利益起見，不是爲天子諸侯私人的利益；幷且不應該世襲的.這是墨子民約的綱要.

墨子注重經驗,也和人爲主義派一樣,不談超出經驗的本體問題.但是他對於現象的宇宙,觀察十分精確,不是他家所能及的.

(經上)久 彌異時也.

(說)久 合古今旦暮.

(經上)宇 彌異所也.

(說)宇 家東西南北.

這是解釋宇宙二字的意義,就是時間和空間的觀念.不過墨經中不名宙而名「久」,不稱宇宙而稱久宇.這是他的術語.「彌」是周偏,古今旦暮是異時,周偏這些不同的時間,那麼「久」的觀念就成功了.「家」是居住,有聚的意義,東西南北是異所,周偏這些不同的空間,那麼「宇」的觀念就成功了.莊子庚桑楚說:『有實而無乎處者,宇也;有長而無本剽者,宙也.』淮南子齊俗訓亦說:

『往古來今謂之宙，四方上下謂之宇.』與墨經以古今旦暮釋久，東西南北釋宇，意味相同.但是墨家尙有進一層的觀察.

（經上）始　當時也.

（說）始　時，或有久，或無久，始當無久.

（經上）止　以久也.

（說）止　無久之不止，當牛非馬，若矢過楹.有久之不止，當馬非馬，若人過梁.

這是就時間去分析，究竟這時從什麼開始，從什麼終止呢？墨家以爲常人總覺時間有始有終，實在不能說始說終，但可就時間的經過上去觀察.大凡經過若干時，謂之有久；正當開始，沒有經過的時間，謂之無久.若平常所說的開始，就恰當茲無久的一瞬間.所以說：『始，當時也.』既然知道「無久」是開始，就可以推知「有久」是終止.所以說『止，以久也.』爲什麼呢？止與不止，應該從動作上所佔的時間去觀察，通常所說終止，就是指某物止於某處所佔若干時間而言，就是「以久.」那麼「無久」不能說「止，」「有久」方可說「止，」是當然的事實.然而世人對於「無久之不止，」容易明白.譬如飛矢過於楹間，沒有時間的停留，叫做無久之不止，這句話和說「牛非馬」相當，聽的人絲毫沒有懷疑的.反之，如有人走過橋梁，一步一步前去，明明脚步和橋梁接觸，就是走得極快，當他前步後步相距，踏到橋梁，總要佔稍許時間，就是「有久.」有久，應該說「止，」不應該說「不止.」然而一般人決不明白，總以爲這人前走，是「不止」的，這叫做「有久之不止，」說這種話，是和說「馬非馬」相當，是不合理的.

墨家更進一層觀察，說明吾人能認識時間，完全由我們的觀念；時間的本身，是沒有的.墨經下說：

『知而不以五路，說在久.』

這是說我們認識外物，全靠眼、耳、鼻、舌、身的五官，和外物接觸，方能有「知.」但這時間的「知，」完全不從五路得來，那由我們相續的觀念得來，所以說「知而不以五路說在久。」墨經這種說法，似乎近於唯心派，其實不是他全從經驗上立說，這是應該注意的經說下：

『久，有窮無窮。』

這是說時間觀念雖然可就我們經過情形說，有開始，有終止，實在是無始無終，連屬不已的。我們目前經過一日一夜，平常的概念，似乎這一日夜已完了，其實不過中間一個段落而已，那裏會完呢？日夜連屬成一月一年，乃至千年萬年，是沒有窮的；所以說：『久，有窮無窮。』

上面是墨經中對於時間極深的觀察。他們對於空間的觀察怎樣呢？空間的現象，入我們認識範圍以內最顯著的就是變化。

（經上）化　徵易也。

（說）化　若鼃爲鶉。

這是說空間的現象,沒有一處不是變化,祇要從萬物的形狀去徵驗,就可以知道.物的外形,儘管變化,而它組織的本質,實在還是一樣的.經說「若鼃爲鶉.」鼃是青蛙.鶉是鳥.蛙變鳥,事實上是沒有的.古人察物未精,原不足怪;但他說變化的原則,是不錯的.再從萬物進一層觀察,那麼物與物的中間,就有損益的情狀.下面接着又說:

(經上)損　偏去也.

(說)損　偏也者,兼之體也.其體或去或存,謂其存者損.

前面說過「兼」「體」兩字,是墨家的術語;兼是總體,體是部分.那麼從總體中間,去其一部分,不是全去而是偏去;全體中有一部分離去,有一部分存留,在存留的一面說謂之損;所以說『其體或去或存,謂其存者損.』反過來說,這一部分離開甲全體,必定去加添於乙全體,叫乙體加大.所以接着說:

(經上)益　大也.

然而萬物儘管變化損益，這變化損益的現象，是循環不已的．所以接着又說：

（經上）儇俱秖（二〇）

這是說變化損益的現象似乎正圓的環，在那裏旋轉；環的圓周，似乎俱可看做環的根本，實在是無端可指的；所以說「儇俱秖．」然而空間的現象，儘管在那裏變動，不過物體的改易，我們不要看錯，須知空間是不變的．所以接着又說：

（經上）庫　易也．

（說）庫　區穴若斯貌常．

這是說空間彷彿萬物的大庫藏，萬物改易，正如財貨，在庫藏裏面，搬出搬進；所以說「庫易也．」至於庫藏的空穴，依然若斯，其貌如常；所以說『區穴若斯貌常．』空間也像庫藏一樣，是不變的．但空間既然不變，有沒有邊際呢？他又說：

（經上）窮，或（二一）有前不容尺也．

（說）窮，或不容尺，有窮；莫不容尺，無窮也．

這裏的「尺」字，也是墨家的術語，作線字解。譬如我們仰望空間，達於邊際，與天相接，空間的前面更不能容得一線，似乎是有窮盡了。然而線尙可分析至極細，線線相鄰，莫不相容，是沒有窮盡的，那麼不能說有窮盡了。空間不能拿有窮無窮來說，是和時間一樣的。

然則時間空間究竟是有的還是沒有的呢？

（經下）無久與宇，堅白，說在因。

（說）無堅得白，必相盈也。

這是說凡是宇宙現象，都是相對的；凡是相對的東西，都是沒有本體的。時間空間，也從相對的觀念而生，所以老實下一判斷云：『無久與宇。』再拿當時流行的堅白論來比方：堅是石的性質，白是石的顏色，凡物果是有實體的，決不能同容在一處，同容在一時。現在堅白彼此因依相盈於一塊石的中間，可以同處、同時並顯，足見得堅白是二個相對的假名，是沒有本體的。以小喩大，久和宇兩個假名,也是這樣;對久說宇,對宇說久,相對中似乎有這現象,絕對方面是沒有這現象,完全生於我們的心理的.

從上面的文字去研究,墨子的宇宙論,是何等的精確哩!

現在來敍一敍墨子的人生思想前面我們曾提起過他們是拿苦行做中心思想的.在政治方面,已經用了這思想做原則,創立他那矯正的政治思想,那麼他對於人生思想方面,自然也不能不注意苦行.墨子中修身、所染兩篇,就是專論人生思想的文章.在這兩篇文章裏面,我們可以看出下列幾點:

第一修身: 所以要修身,就是對於自己的行爲,加以檢束;同時凡遇著事體,只問自己的身能修與否,而不管他人的毀譽.如果對於自身能修得好,那麼外間的毀譽,自然不能到我們身上來.所以他說:

『君子察邇(一一二)而邇修(一一三)者也.見不修行,見毀,而反之身者也.此以怨省(一一四)而行修矣.譖慝(一一五)之言,無入於耳;批(一一六)扞(一一七)

之聲，無出之口；殺傷人之孩，(一一八)無存之心，雖有詆訐之民，無所依矣．故君子力事(一一九)日彊，願欲日逾，(一二〇)設(一二一)壯(一二二)日盛，君子之道也．貧則見廉，富則見義，生則見愛，死則見哀，四行者不可虛假，反之身者也．藏於心者，無以竭愛；動於身者，無以竭恭；出於口者，無以竭馴；暢之四支，接之肌膚，華髮(一二三)隳(一二四)顚，(一二五)而猶弗舍者，其唯聖人乎！』修身篇

在這段文裏，除却知道他們的修身以外，還可以看出那苦行的精神．例如：『力事日彊，願欲日逾．』和『暢之四支，接之肌膚，華髮隳顚，而猶弗舍者，其唯聖人乎！』都是充滿了苦行精神的說話，和莊子枯槁不舍的批評，意思正復相同．

第二彊志：所謂彊志，就是要立定志向的意思．他說：

『志不彊者，志不達．』

第三信言：所謂信言，就是說話要誠實的意思．他說：

『言不信者,行不果.』

第四分財: 所謂分財,就是能損己利人的意思.他說:

『據財不能以分人者,不足與友.』

第五守道博物,與察辯是非.他說:

『守道不篤,徧(一二六)物不博,辯是非不察者,不足與游.』

第六務實: 所謂務實,是不貪虛僞,而求實在的意思.他說:

『名不徒生,而譽不自長,功成名遂,名譽不可虛假.……言無務爲多,而務爲智,(一二七)無務爲文,而務爲察.(一二八)……名不可簡(一二九)而成也,譽不可巧(一三〇)而立也.君子以身戴(一三一)行者也.思利尋(一三二)焉,忘名忽焉,可以爲士於天下者,未嘗有也.』以上均修身篇

第七愼染: 所謂愼染,就是說人們行爲的染習,應當力求謹愼的意思.如果稍一不愼,一旦染習了壞的行爲,一定會變做壞人的,那前途就危險了!所以

墨子見染絲而嘆曰:

『染於蒼則蒼,染於黃則黃,所入者變,其色亦變;五入必(一三三)而已,則為五色矣.故染不可不慎也!非獨染絲然也,國亦有染;……非獨國有染也,士亦有染.』所染篇

至於慎染的方法,要在擇友.他說:

『其友皆好仁義,淳謹畏令,則家日益,身日安,名日榮,處官(一三四)得其理矣.……其友皆好矜奮,創作(一三五)比周,(一三六)則家日損,身日危,名日辱,處官失其理矣.』同上

第八自苦利人　犧牲一己以利天下,是墨家最大的宗旨,不單見於理論,并且見於實行.墨子書中處處可以看得到.現在舉大取篇幾句話,就可以表出他們的整個思想.

『死生利若,一(一三七)無擇也.殺一人以存天下,非殺一人以利天下也;殺

己以存天下，是殺己以利天下。』

這是說祇要有利於天下，那麼一個人的死生，都可以不管的。假使天下在存亡的時候，殺掉這一個人，就能叫天下不亡，這人儘管受害，而其利實在天下；那麼這個人精誠常在，和不殺沒有兩樣。就是輪到自己，祇要有利天下，就應該殺己以去利天下的。這等犧牲精神，眞是可驚可嘆！又說：

『聖人惡疾病，不惡危難；正體（一三八）不動，欲人之利也，非惡人之害也。』

這是說聖人自重其身，最怕疾病，所以怕的緣故，就是疾病在身，不能做利人的事。至於危難，是不怕的；祇要有利於天下，赴湯蹈火，也所不管。試問聖人爲何能夠這樣？聖人的心，是安定不動的，疾病危難，却不足以入我心坎的。所以惡疾病，是要保存我身以謀人之利；要利天下，當然不避險難，所以不怕人家危害。

以上各種思想，自墨子唱道以後，宋鈃、尹文、惠施、公孫龍這些人，大概都有這樣宗仰的。這話不單我們現在說，從前已經有人說過。可惜他們所著的書籍，多已散佚，只有尹文存書二篇，公孫龍存書六篇，已是殘書，不足考見他們系統的思想。現在只有從他們的殘篇斷簡中略引數段，以示一二。尹文子的大道篇上有幾句話說：

『故有理而無益於治者，君子弗言；有能而無益於事者，君子弗爲；君子非樂有言，有益於治，不得不言；君子非樂有爲，有益於事，不得不爲。……故因賢者之有用，使不得不用；因愚者之無用，使不得用。』

從這些話去研究，可知道尹文子也是重實用而尙賢的。他又說：

『苟違於人，俗所不與；苟忮於衆，俗所共去。故心皆殊而爲行若一，所好各異，而貧用必同，此俗之所齊，物之所飾。故所齊不可不愼，所飾不可不擇。……異於俗，飾於物者，不可與爲治矣。』

這兩句話可以證明尹文子也是主張尙同的。他又說：

『見侮不辱，見推不矜。禁暴息兵，救世之鬥。』（一三九）

這就是實行非攻的話.因爲他能克己,所以凡遇人家侮毀他的時候,他不以爲是他人的錯,而認爲是自己的錯;自己做錯了事,他人來責備,這是當然的,還能說是汚辱我嗎?反過來說,人家推戴我,我看看自己,實在祗有慚愧,那裏能矜誇呢?有這等精神,方纔可以去『禁暴息兵,救世之門.』

至於公孫龍子六篇的本書裏,都是討論這派的方法及知識的文章,少有討論到思想的話.但是我們在別的書裏,可以找到些足以證明公孫龍和墨家有關係的呂氏春秋、審應覽有幾句話:

『趙惠王謂龍曰:寡人事偃兵十餘年矣,而不成,兵不可偃乎?對曰:偃兵之意,兼愛天下之心也.兼愛天下,不可以虛名爲也,必有其實.今藺、離石(一四〇)入秦而王縞素布總;(一四一)東攻齊得城,而王加膳置酒;秦得地而王布總;齊亡地而王加膳;此(一四二)非兼愛之心也.此偃兵之所以不成也.』

這裏一再說出兼愛,不是公孫龍的確和墨子主張相同嗎?

因爲宋、尹、施、龍諸人討論人生、政治各方面的話，或沒有書可參考，或殘書不完全，我們沒法拿他們的話來和墨子的話作一種比較，叫讀者可以尋出這派思想進展的情形，是很可惜的！以下敍述這派的認識論和方法論，這就和惠施、公孫龍的關係較多了。

在沒有敍述這派的方法論、認識論以前，有幾個問題應先解決的：

第一、他人說墨經上下兩篇，經說上下兩篇，及大取、小取兩篇，不是墨子自己做的，而是公孫龍子等做的。我們却認爲確是墨子做的。我們的理由：

第一點，墨經的文字，比墨子各篇文字來得古奧，和周易及春秋相類，同爲周代的文字，絕對不像公孫龍時代的文字。並且墨經的文章格式，也和公孫龍時代的文章格式不同。在墨子時代，以及在他以前的文章格式，很少標題和分篇論說的，大都是散漫的隨筆體裁；至多不過分開章節，然而也沒有標題。例如春秋經，老子道德經等都是。至於三傳雖有些和後來的文章體裁相似，但他們是爲解釋春秋經而作，受了相當的限制，所以比較規則些；但亦以經文爲題，並沒有另行標題。墨經等篇文章格式正和這些書相似。雖然大取、小取兩篇標有題目，但其中所說不是專門據題發揮，還是隨筆雜論，所以其中多有與題不相關的話。從這幾點來說，墨經等篇是墨子自己所做，自然沒有問題。

第二點、墨經中雖有「白馬」「堅白」等字眼，但只有隨筆泛論，並沒有專篇討論。公孫龍子就標爲題目，分篇立論了。這可證明先有墨子的「白馬」「堅白」等說話，而後才有公孫龍子的白馬論、堅白論等專篇解釋的文字。如同先有孔子的春秋經，而後有三傳；先有孔子的「正名」，而後有荀子的正名篇一樣。況且論語中有「不曰堅乎！磨而不磷；」「不曰白乎！涅而不緇。」（一四三）等話，足見堅白一類的言論在當時早流行的。既傳述於墨子，而不是出於公孫龍子；那就不能夠據公孫龍子書中有「白馬」「堅白」等字樣，而推測墨經中的「白馬」「堅白」是出於公孫龍子，因此更加武斷說墨經等篇是公孫龍子等所作，這等倒果爲因的見解，不免爲識者所笑！

第三點，墨經的思想和公孫龍子等的思想，雖同一立場，並不完全相同。因爲墨經中的思想是重經驗或重「實」的。公孫龍子的思想，是重理論或重「名」的。例如大取篇說：

『非白馬，馬。(一四四)執駒馬說求之，無說非也。』

而公孫龍子在白馬論中則說：

『白馬非馬，……曰：求馬，黃黑馬皆可致；求白馬，黃馬黑馬不可致。』(一四五)

看上面兩家的話，可以見得一是重「名」，一是重「實」。公孫龍子注重名的分析，所以說白馬不是馬。爲什麼呢？白是表示毛色，呼白馬時候，黃馬、黑馬決不會來的。馬是表示形狀，呼馬時候，黃馬、黑馬都會來的。墨子注重「實」的質地，所以反過來說，不論白馬、黃馬、黑馬，而馬的實質本來相同。照公孫龍子的說法

「白馬非馬,」那麼應該說非白馬是馬了.但事實上雖不是白馬,還有黃馬黑馬,仍舊得不到馬的實質;必須要離開毛色而說駒馬,駒的名稱,可以離馬而獨立,拿這個駒名,方可表示馬的實質;若不是這種說法,要求馬的實質,是決定錯誤的.

第四點,墨經中思想重綜合.公孫龍子思想重分析.

(經上)堅白不相外也.

(說)堅　異處不相盈.相非;(一四六)是相外也.

公孫龍子在堅白論中則說:

『堅白石三可乎?曰:不可.曰:二可乎?曰:可.曰:何哉?曰:無堅得白,其舉也二;無白得堅,其舉也二.』

看上兩段文:公孫龍是分析堅石白石爲二種,他的意思說:堅是石的性質,人們拿手去觸方知道;白是石的顏色,人們拿眼睛去看方知道.所以沒有觸到堅時,單看見白，是「無堅得白；」沒有看到白時，單觸到堅，是「無白得堅．」分析起來，是堅石白石兩種，不可說堅白石是三種．墨子是說堅白不能離開，同在一石；堅內含有白，白內含有堅，是「不相外」的．倘然堅白在兩處，(一四七)不能彼此相含，(一四八)而彼此相排，(一四九)方算相外．如今明明同在一石，那裏可以分開爲堅石、白石兩種呢？

第五點，若說墨子各篇中有明鬼等粗鄙思想，因此就斷定墨經不是墨子所做，這根據也很薄弱．須知墨經是墨家的經典，說明一切原理原則，當然是精深廣博．至於各篇中的話，那是墨子上說下教去曉喻一般人的通俗議論；他富於宗教的博愛精神，拿尊天事鬼做信條，叫人們戰戰兢兢，畏懼鬼神的賞善罰惡，不敢爲非作歹，這全是宗教的教化作用．我國古代的學者，爲達到教化的成功，往往利用人民的習慣，以爲宣傳手段．當時的墨子既要施教，自然也不能例外．所以他曉喻一般的人，也用通俗淺俚的話，拿人人腦筋中都有的鬼神做材料，方能叫聽的人個個明白。那裏可以因墨子裏有這等宗教思想，而墨經裏沒有這等宗教思想，就輕下判斷說墨經出在墨子一書以後呢？墨經既不出在墨子以後，那麼決不是公孫龍子等所做可知！

以上所說，是關於第一個問題。

第二個問題，是墨經、經說上下及大取、小取等六篇文章，因年代悠遠，從秦以後，除掉晉魯勝注過墨辯外，幾乎沒有人過問；又因當時的經和說，文字排列橫行，和他書特異，致令後來翻刻者莫明其故，就顛倒錯置，弄到如今，錯誤百出；而一般註釋校勘的人，又隨着自己意思，或删或改，或移前移後，更弄得五花八門。現在注釋的本子很多，然而沒有兩種以上，彼此字句完全相同的。既沒相同的本子，那麼我們要想引證一句話，就難得有標準了。既無標準書籍來做我們研究的資料，那麼要想做詳細和有系統的研究，自然是很困難的。縱使我們寫的很詳細，很有系統，事實上也不見得墨子自己的思想就是如此的。還不是拿我們自己的意見代他鋪張嗎？所以我們爲求不失眞起見，祇好寫一個大概，使讀者稍明原委就算了。

我們要解決的問題已解決了，現在先來敍述這派的認識論。

第一、認識的材料：　怎樣叫認識的材料，就是我們的器官，這種器官，可以認識一切事物，譬如照相的乾片，是照相的材料，有了這種材料，然後纔能將要照的物像照上有，認識的材料，然後纔能把眼前的事物認識淸楚。這種認識的材料，墨子稱它做「材。」墨經上說：

『知，材也。』

材是認識事物的最初工具，有了材，一切外物，纔能被人們知其爲有。(Being)但「材」祇能知外物爲有，並不能辨別它是什麼(What)所以經說上說：

『知材。　知也者，所以知也而「不」必知，若「眼。」』(一五〇)

這是說人們有第一步的工具，所以能認識外物；而未必能辨明外物究竟是什麼？譬如眼睛驟然見物，就是好例。

至於材的種類，共有五，這五種材，墨子名之曰「五路。」就是眼、耳、鼻、舌、身五官。經下說：

『知而不以五路，說在久。』

這是說人們的「知，」大概都從五路而來的；惟有時間觀念，全生於心，不由五路。

第二、認識的構成：墨子認爲認識的構成，須分兩個步驟：第一個步驟，是外物和「材」相遇，就是佛典所說根塵相接。如果彼此沒有相遇，認識就根本不會發生。

這第一個步驟，墨子名之曰「接。」

（經上）『知，接也。』

（說）『知。知也者，以其知（一五一）過物而能貌之若見。』

這裏的「知」字，和佛典所說的根塵相接，方能生識的「識」字意義相當．至於「接」也就是知．墨子將「知」分三層曰第一知，曰第二知，曰第三知．第一知爲認識第一步的工具．第二知爲認識第一個步驟．第三知爲認識第二個步驟．但是三者如果都叫做「知」，很容易混亂，於是墨子乃就其性質和功用上，另外取一個名字，第一知叫做「材」，第二知叫做「接」，第三知叫做「明．」胡適解釋「知，接也」一句，說「知」字是『佛家所謂「塵」，「接」字是佛家所謂「受」．』是錯誤的．(一五二)爲什麼呢？佛家所謂「塵」是色、聲、香、味、觸等外塵，不能算我們的「知」；所謂「受」是感受環境，感受就是心理學所說的感覺，是知的基礎，不能就算做「知」的．墨子解釋這個「接」字，就是說人們拿本有的「知材」去和外物接觸過了以後，攝取外物的狀貌，以成印象．譬如用目去接物，留印象於吾目而成見，是其好例．

第二個步驟叫做「明．」這就是把經驗上得到的印象，用我們的心去加

以判斷的意思;

(經上)𢜔,明也.

(說)𢜔 𢜔也者,以其知論物,而其知之也著,若心.(一五三)

這裏的「𢜔」字,就是指心而言,爲構成知識的本體.論字,與倫字同,釋名「論,倫也.」可證.第一個步驟的「接,」雖然能「過物而貌之.」不過是一個印象,還不足稱知識.必須同時用心,把個個印象,分別比較,有倫有理,而下判斷,方能構成系統的知識.這和荀子所說的「心」相當,也就是佛家所說的第六「意識,」所以說『以其知論物而其知之也著若「心.」』所謂「明.」那是心的作用,不是心的本體;拿來解釋「𢜔」字,是可以的;拿來舉例,是不可的.

墨子在認識論方面,指出「材,」「接,」「明」三點,這和佛家唯識論的六識(一五四)相類似.也和荀子的認識論有些相同,這話可參看第四章荀子的認識論.但佛家對於認識最後的決定,認爲是心的自證;荀子對於認識最後的決定，認爲是經驗的指示．而墨子則以爲認識雖需要心的察辯，而最後的決定，是天志的實證．經上說：

『聞，耳之聽也．循所聞而得其意，心之察也．言，口之利也．執所言而意得見，心之辯也．』

這是說聽人家的說話，固然是耳的專職，然能了解說話的意思，完全靠心的明察．自己說話，雖然是口的專職，然要用言語表出意見，也全靠心的辨別．天志上篇記墨子的話：

『我有「天志，」譬若輪人之有規，匠人之有矩；輪匠執其規矩，以度天下之方圓，曰：中者，是也；不中者，非也．今天下之士君子之書，不可勝載；言語不可盡計；上說諸侯，下說列士，其於仁義，則大相遠也．何以知之？曰：我有天之明法以度之．』

所謂天志的實證，就是說：知材「貌物」或「論物」的時候，須有心去察辨；但心去察辨外物的時候，又到底拿什麼做憑證呢？這就要用天志做憑證了．

佛家以認識最後的決定，是心的自證，這是先經驗論．荀子以認識最後的決定，是經驗的指示，這是後經驗論．至於墨子以天志爲最後決定認識的東西，這到底是什麼呢？可以說是超先後經驗的信天論．因爲天志既非吾人的先天經驗，又非吾人的後天經驗，那是離開這二者而獨立永存的．這個天志說起來是非常渺茫的．但墨子不從渺茫的天志自身去追研，却從實化的 Religational 事物中去認識天志．換句話就是墨子以爲天志不是超事物而獨立的，而是內在事物中間的；就在事物中間有天志，不是事物之外，另有天志．所以說：

『是故義者不自愚且賤者出，必自貴且知（一五五）者出．曰：誰爲知？天爲知．然則義果自天出也，今天下之士君子之欲爲義者，則不可不順天之意矣．曰：順天之意何若？曰：兼愛天下之人．何以知兼愛天下之人也？以其兼而食之也．何以知其兼而食之也？自古及今，無有遠靈孤夷（一五六）之國，皆犓豢其牛羊犬彘，絜（一五七）爲粢盛酒醴，以敬祭祀上帝山川鬼神，以此知兼而食之也。苟兼而食焉，必兼而愛之。……今天兼天下而食焉，我以此知其兼愛天下之人也。且天之愛百姓也，不盡物（一五八）而止矣。……何以知天之愛百姓也？吾以賢者之必賞善罰暴也。何以知賢者之必賞善罰暴也？吾以昔者三代之聖王知之。』天志下篇

墨子既認天志潛在事物中間，要從事物中間找天志，這樣，他雖是一個超先後經驗而信天論的人，尚不失爲一個實證主義者。無怪他事事要主張實驗，更主張實行。因爲不實驗，不實行，就不能從事物中間領悟出天志，不能從事物中間領悟出天志，認識就沒有根據了。

第三、知識的種類：墨子分智識爲三類曰聞知，曰說知，曰親知。經上說：

知 聞、說、親。

所說聞知，就是一種知識，不是親自得來，而是由他人轉告，或從書本上看到的。

例如我們知道春秋時有孔子，戰國時有墨子，我們生在幾千年後，沒有見過他們，然而知道孔子是以道救世的聖人，墨子是自苦以利天下的賢人；一方面是先生告訴我的，一方面是孔、墨傳下的書籍，我們讀過以後知道他兩人的事實的。所以經說上說：

知　傳受之，聞也。

所謂說知，是根據過去的經驗，由推論而得到的知識。例如我們現在一見着火，就知道火會燒手，不敢去觸它；這是因爲我們從前曾被火燒過，所以一見着火，用過去的經驗推論一下，就知道了，用不着再去試驗。經說上說：

『方不瘴，說也。』

這裏的瘴字，就是「障」字。據從前已知的事實，推到未知的事實，不是方土所能障礙的。如隔牆見角而知有牛，牆不能爲障礙。隔岸見烟而知有火，岸不能爲障礙；這是我們有「牛角」和「烟火」的經驗，所以見角就可推到牛，見烟就可推到火.

所謂親知，就是由五官親自得到的知識.例如眼睛親見到的顏色，耳朵親聽到的聲音，鼻子親聞到的香臭，舌頭親嘗到的滋味，皮膚親觸到的痛癢，這都是親身的經歷.所以經說上說：

『身觀焉，親也.』

在三種知識中間，要算親知最精最確，爲一切知識的基礎，科學家所特別注重的.但這種知識的範圍最狹，說知的範圍比較的大，聞知的範圍更大.然傳聞容易陷於謬誤，所以研究學術，要三者並重；墨子就是這種主張.

第四、物體的研究：所謂物體，是吾人日常所見到的什物.例如喝茶的杯子，就是一個物體.這種什物，在平常人的眼光中，並不起何種作用；但遇着哲學家或研究認識論的人，就要起一種反響.換句話，就是他們看了這些東西，必定要追問它在宇宙中間，到底是眞有？還是假有的？是離吾人獨立存在的？抑隨吾人死後而毀滅的？關於這些問題，中外哲學家討論得很多，各個人意見不同，主張也因之不同．在前第四章中所述的荀子的意見，他是主張宇宙間的物體，是眞有而獨立存在的．在這派的人物中間，墨子雖沒有顯明的指出，但墨經下有說及物體的幾條，從這裏去研究，他也是承認物體獨立存在的．

『物之所以然，與所以知之，與所以使人知之，不必同．說在病．』

一切物的所以然，人們決不能一一知道．所以知之者，不過一二種屬性；更要舉這些屬性去告人，叫個個了解，也是很困難的．所以同一個「知」，而知的程度不必同．譬如生病，病的所以然，不容易知道；患病的人，也不過自己知道病情如何而已；說出病情，使人家知道；人家的知，又與病者自己的知不同的．墨子這種見解，不是承認物體獨立存在，人們不能完全認識嗎？又說：

『歐（一五九）物，一體也．』

這是說區別物類，雖盈千累萬，然萬物是原於一體的．也是承認物體存在的話．

又說：

『有指於二，而不可逃，說在以二參。』

這是說物體雖然獨立存在，而物的眞相，究竟怎樣？可不容易知道。我們所知道的，乃是物的影象，接觸於五官，我們從其屬性，指而名之；縱然沒有知道它全部的屬性，茍有二點，以供參驗，那麼物的形質就莫能逃了。例如指彼物爲石，石有堅白兩種屬性，我們指出這二點，那麼石的形質，就可明白認識。

墨子這一句微言，到後來公孫龍子出來，就把它發揚光大。他有指物論一篇，是專門討論這個問題的。他認爲：

第一、宇宙中間萬物，獨立存在，人們不能全部認識。

第二、我們所以認識物體，乃由於物之指，物之指，即是屬性。

第三、但屬性之爲屬性，乃指附於物而說的。若就屬性自身去說，那麼屬性又不能叫做屬性了，因爲離開了物說屬性，這種屬性已另成了一種有名的物

了

關於這些問題，現在可從惠施的話，及公孫龍子的指物論中找許多話來證明.

關於第一點，惠施曾說過：

『指不至，物不絕.』見莊子天下篇

這裏的「指」字，是人們就物而指定其名.這個名字，是人們腦中的概念，並不能到物的本身上去.至於物的本身，外形儘管變化，它的本質，是不滅的.這和現代所說「物質不滅」相同.

至於公孫龍子的指物篇說得更詳：

『物莫非指.』

這裏說的『物莫非指，』就是說一切的物，都獨立存在，人們不能全部認識；所表出的，不過一個名詞，究竟物體是怎麼樣？是不可完全知道的.然而名詞是一個概念，是看不見的；物是一個具體的東西，是看得見的，所以他又說：

『指也者，天下之所無也．物也者，天下之所有也．』

這句話不是說物體的確獨立存在嗎？

關於第二點，他又說過：

『天下無指，物無可以謂物．』

這是說人們認識物體，乃就它的屬性，而指出重要的幾點；假如人們沒有這種「指，」那麼對於物，完全不能認識，世間就無所謂物了．

關於第三點，他曾說過：

『而指非指．』

這就是說指合物而說，就叫做指．如果離開了物，就不能叫做指．他的理由有二：

第一個理由：他認爲許多的指，不能單獨存在，必定要集合在一塊，纔能表現出指的意義．但當各種指集合在一塊的時候，乃總稱做物，人們又不個別的去說指了.所以在理論上有指,在事實上祇有物而無指.例如由「有尾,」「有角,」「四足」等指組合成一條牛,在未組成以前,「有尾,」「有角,」「四足」等,並不能獨立,縱使獨立也不能表現出牛的意義來,必定要在組成一塊以後,我們纔能夠知道「有尾,」「有角,」以及「四足」等的意義;但在組成以後,我們又不單獨分開稱呼各種指,如「有尾,」「有角,」「四足」等,而總稱這些屬性做牛.所以他說:

『非指者(一六〇)天下,而物可謂指(一六一)乎?……天下無指,而物不可謂指也.』

這就是說天下的物,都是經人指定,呼爲某物;從人們心目中的某物觀念,託諸言詞,以便彼此領會;決不可以這個名詞看做物的眞體.所以「非指之義,」實周偏天下的物;那裏可以把物的眞體,當作名詞看呢?天下所以無指,因爲指從物生,不能獨立,便是空的.若物體,那是自爲獨立的物,不可把人們所起的名詞,認作物的本體的.

第二個理由:他認爲指雖爲組織成物的要素,但有一些指離開了物體時,又另是一種的物.例如喝茶的杯子,這個物體,是由「圓形」「可以裝茶」等指組合成的;但圓形若離開了茶杯,人們已不稱它爲指了.因爲圓形另是一種形象,人們已稱它做圓形了.所以他說:

『天下無指者,生於物之各有名,不爲指也.』

這派的認識論已約略述過.現在來敘述他們的方法論.

這派的方法論,在我國古代的學術界,本佔有重要的地位;但因兩種關係,到現在已失却它的權威,成了骨董.那兩種關係呢?一是因當時的思想,都是偏重常識和習慣的綜合思想,所以對於這種超常識和偏重理論的分析思想,不易迎合,因此傳承無人.一是因這派的思想,既不爲當時人所重視,他們的著作,也因此受了影響,幾傳以後,喪失甚多;到如今,只賸殘簡,沒有完書,自然難以保持它的權威，我們覺得這種情形，是我國文化的大不幸！

這派的方法論，最特色的，就是用哲學的原理，打破常識的謬誤淺薄觀念，而創立一種精深詳密的方法，去察辨宇宙間的森羅萬象。現在分條敍述於后：

第一、名與實的定義：

甲、名的定義　是「所以謂」。經說上：

『所以謂，名也。』

「所以謂」就是用一個「名詞，」去表出物的實體，令他人聽了，可以明白。這是人們語言的極大作用。

尹文子在大道上篇說：

『名者，名形者也』

這是說名詞可以表出物的正確形狀；所以名是去叫喚一切物的。

又公孫龍子在名實論說：

『其名正，則唯乎其彼此焉．謂彼而彼（一六二）不唯乎彼，則彼謂不行．謂此而行不唯乎此，則此謂不行．』

這裏的「唯」字，有相應的意思．他說凡起個名詞，要正確，能和彼物此物相應，那麼這名詞的運用，可以沒有阻礙．倘若叫彼物的時候，和彼物不相應，則彼謂就不行了．叫此物的時候，和此物不相應，則此謂也不行了．

乙、實的定義　是「所謂」經說上：

『所謂，實也．』

「所謂」是指被稱的一面說，被名詞所稱呼的，就叫做實．尹文子大道上篇說：

『形者，應名者也．』

這是說物的形象，在人們叫喚某物的時候，就應聲而來，也就是「所謂」的意思．所以公孫龍子名實論說：

『物以物其所物而不過焉，實也．』

這裏上面兩個「物」字,就是指物「名」說;下面的「所物」是指「實」說.他說:凡是起一個名詞,要和被我所名某物的性狀,剛剛符合,一點不過分,那麼某物的性狀就叫做「實」.

第二、名與實的形成

甲、名的形成分下列三點:

(一)爲什麼要有名呢?因有形的緣故.尹文子大道上篇:

『有形者,必有名.』

這是說萬物都有形狀,各各不同.人們要叫喚某物,必定要按照它的形狀,起個名詞,那麼彼此說話時候,方可以運用.

(二)爲什麼名此而不名彼呢?因爲名詞要起得確當的緣故.公孫龍子名實論說:

『故彼;彼當乎彼,則唯乎彼,其謂行彼;此此當乎此,則唯乎此,其謂行此.其以當而當也，以當而當，正也．』

這是說名詞要和實際相當，假如定出一個彼名，這彼名，恰當彼實，而相應乎彼實；那麼這個名詞，可以行乎彼實．定一個此名，也是一樣，此名恰當乎此實，而相應乎此實；那麼這個名詞，可以行乎此實．所以對於凡百事物，不可隨便取名，必定要和實際相當，方算得當的正名，有名學上的價值．

（三）爲什麼以彼名謂彼而不以此名謂彼呢？這就非必然的，而爲偶然約成的．所謂非必然而爲偶然約成的，就是某實在當初沒有名詞時候，不一定要拿某名呼它．例如犬的實，當初可不必叫它做犬叫它做牛，也沒有什麼不可：所以非必然而爲偶然的．但是起初既偶然由人們叫它做犬，那麼犬的名，由彼此言語用慣相約成立以後，大家都呼彼實爲犬，就不能再叫它做牛了．所以莊子天下篇載辯者公孫龍子等二十一事中說：

『犬可以爲羊．』『白狗黑．』

乙、實的形成，分下列二點：

(一)所謂實，就是宇宙間的一切事物．事物森羅於人們眼前，自有它的性質形狀；在它們的本身，原不必靠着「名，」而自然形成的．尹文子大道上說：

『形而不名，未必失其方圓白黑之實．』

這就是實的本身，自然形成，並不靠名的話．

公孫龍子名實論說：

『天地與其所產者，物也．』

這也是說天地和它所產生的物，自然形成；就是「物」的共名，也是人們造作出來的．

(二)「實」的本身，既不必要靠名；然人們要運用這個「實，」倘若沒有「名，」是不可能的．所以在運用方面說，實的形成，還是和名有密切關係的．尹文子大道上說：

『今萬物具存，不以名正之則亂.』

這是說明運用方面實還是因名而形成的緣故.

公孫龍子指物論說:

『使天下無物，誰徑謂非指；天下無物，誰徑謂指.』

這是說「實」既然形成，就不能沒有指；——名——假使天下沒有物——實——可以指名，那麼非指和指的兩句話，誰也用不着了.

第三、名與實的種類:

甲、名的種類 墨子分之爲達、類、私三種.經上說:

『名：達、類、私.』

什麼叫達名？乃實的共通名詞.凡是有實質的東西，都可叫做物.這「物」就是實的達名.經說上:

『物，達也.』

什麼叫類名？是從實的同一種類而立的名．例如馬雖然顏色有黃白，形狀有大小，然是同一種類，可以馬一個名詞去包括，這馬字就是類名．經說上：

『命之馬，類也．』

何謂私名？就是限於某實而立的名，這也叫專有名詞．一名祇及某實，不能通用於他實．例如喚僕役曰臧，乃限於一個實，這臧祇及於這實，不能通用於他實．故為私名．經說上：

『命之臧，私也．』

墨子分名為三類，是以實的範圍做根據的．尹文子後來分名為三科：第一叫做命物之名．第二叫做毀譽之名．第三叫做況謂之名．他在大道上說：

『名有三科：一曰命物之名，方圓白黑是也．二曰毀譽之名，善惡貴賤是也．三曰況謂之名，賢愚愛憎是也．』

這種分類法，是以實的功用為根據的．

命物之名：這種名詞，不單舉實，且說明這實的意義。例如方圓白黑，不單舉出方圓白黑的實，且將它們本身形象顏色的意義說出。

毀譽之名：這種名詞，也不單舉實，除舉實以外，還說明這實的功用。例如善惡貴賤，不單舉出善惡貴賤的實，且將它們本身褒貶的功用說出。

況謂之名：這種名詞，也不單舉實，除舉實以外，還說明這實的性質。例如賢愚愛憎，不單舉出賢愚愛憎的實，且將它們本身好壞的性質說出。

墨子所說的名，是有形之名。尹文子所說的名，是無形之名。前者，就是現代文法中的實物名，後者就是現代文法中的抽象名。

乙、實的種類 從分析方面說，宇宙的物，不可勝數，實也不可勝數；從綜合方面說，實可以分爲二：一爲有形的實，一爲無形的實。大取篇說：

『名不必實，實不必名。』

他所說不必實的名所舉的實，就是無形的實，也就是抽象的實。他所說不必名的實，就是有形的實．所以尹文子也說：

『有形者必有名，有名者未必有形．』大道上

未必有形的名所舉的實，就是無形的實．必有名的形，就是有形的實．

第四、名與實的功用：

甲、名的功用　是摹擬實的形狀，用文字舉出來，叫這個實可以人人通用，如果沒有名，那麼實就不能通用於人了．經上說：

『舉，擬實也．』

小取篇說：

『以名舉實．』

尹文子大道上說：

『故亦有名以檢形，……名以定事．』

這是說有了名，方可以檢查一一物形，可以確定種種事體．天下的一切，原不外

物和事的兩大類.

『無名故大道無稱，有名故名以正形.』

這是說唯形而上的大道，沒有名詞可稱，勉强叫做大道.至於形而下的萬物，必須有名字去喚它，方可得它的正確形狀.

乙、實的功用　就在應名，沒有實，則名無以立.尹文子大道上說：

『形以定名，……形者應名者也.』

這是說必須知道物的正確形狀，方可摹擬這形狀，去定名詞.

『萬名俱列，不以形應之則乖.』

這是說名詞的用處固然極大；假使沒有實在的形狀去和名相應，那麼許多名詞列在一塊兒，就要乖亂的.

名實的定義及其他種種，既已敍述過了.我們現在應該注意的，就是在什麼情形之下，名與實方纔能夠表現出彼此相互的關係，或這個名能發生效力？

那就要提到「名實相符」一句話哩。墨子在經說上說：

『名實耦，合也。』

這句話的意思，就是說名實二者能夠表現彼此相互的關係，必須彼此相合——一合即符——方可。要不然，名爲名，實爲實，兩者萬不能發生關係，不能發生出什麼效力。所以公孫龍子說：

『故彼彼止於彼，此此止於此，可。彼此而彼且此，此彼而此且彼，不可。』（名實論）

這就是說彼名的範圍，應該止於彼實；此名的範圍，應該止於此實。彼此名實不相混亂，纔可以發生關係及效力。倘使拿彼名亂用於此實，而反說彼名且與此實相類；或拿此名亂用於彼實，而反說此名且與彼實相類，是萬萬不可能的。

第五、怎樣能使名與實相符呢？這在乎正名。所謂正名，就是叫名實不相混。名實不相混，則名實耦，而彼此相合了。公孫龍子名實論說：

『其名正，則唯乎其彼此焉.』

這就是說名詞能正，那麼用名時候，纔能確合乎彼此的實.就叫名實相符.既然相符，我們喚起名詞，彼此的實就能應聲而來了.所以墨子在經說下說：

『正名者，彼此.(一六三)彼此可，彼(一六四)彼止於彼，此(一六五)此止於此.』

這是說正名的要件.凡物各有一彼一此的位置，我們替它起個名詞，要確合它的位置方可.所以用彼名喚彼實，要止於彼實；用此名喚以實，要止於此實.

能夠正名，就名實相符，不單這派的主張是這樣，人爲主義派的主張，也是這樣的.所以孔子說：

『必也正名乎？——名不正，則言不順.』論語子路篇

荀子正名篇又說：

『名實玄紐，(一六六)貴賤不明，同異不別.』

但人爲主義派的正名，是制名以指實，換句話，就是人爲主義派先求名正，

而後使實的貴賤分明，同異有別，故重名正．至於這派的正名，是先求實正，由實正而使名正．所以公孫龍子說：

『天地與其所產焉，物(一六七)也．物以物(一六八)其所物，(一六九)而不過焉，實也．實以實(一七〇)其所實，不曠(一七一)焉，位也．出其所位，非位位(一七二)其所位焉，正也．以其所正，正其所不正；不以其所不正，疑其所正．其正者，正其所實也．正其所實者，正其名也．』名實論

這是說天地以及天地間所生的萬物，都可稱它爲物．用這「物」的共通名詞去喚「其所物」——天地萬物——範圍恰合，一點不過分，這就叫做「實」．凡是「實」一定有它本身的性格形狀——「位，」——這「實」能夠完備它的性狀，一點沒有欠缺，就叫做「位」．所以名詞的範圍，如果超出乎實的「位」，就不是正名——非位；——必定要恰合乎其位，方算得是正名．所以應該拿正的名詞，去矯正不正的名詞；不應該拿不正的名詞，去懷疑正的名詞．正

名的標準，就是先正其實；「實」既然正，那麼「名」也隨之而正了。

人爲主義派正名的目的，既在求實的「貴賤之明，同異之別，」故重分。(一七三) 這派正名的目的，在正實，使實不曠其位，故重辯。後人因他們重辯，於是又名之曰辯者。辯就是正實。經上說：

『辯，爭彼也。辯勝，當也。』

這是說兩方辯論時候，對於所爭的事實——彼，——必定有一是一非，所以起爭論。結果那一方的說話，恰當於事實，就佔勝利了。

『辯，或謂之牛，或謂之非牛，是爭彼也，是不俱當。不俱當，必或不當，不當若犬。』經說上

這是舉出一例，譬如兩人遠遠看見一物，一方說是牛，一方說不是牛，於是爭論起來。所爭乃彼物的或是或非，這兩說不能俱當。不能俱當，必有一方不當。倘彼物實在是犬，那麼說非牛的人當，說是牛的人不當。所以說『不當若犬。』可見

這派的辯論，極重物證．我們說他正實，是不錯的．

經說下又說：

『辯者或謂之是，或謂之非，當者勝也．』

這派的正名既重在正實，所以他們所討論的問題，都是正實的問題．例如

莊子天下篇引惠施的話：

『天與地卑，(一七四)山與澤平．』(一七五)『南方無窮而有窮．』(一七六)『我知天下中央，燕之北，越之南是也．』(一七七)

又引公孫龍子的二十一事說有云：

『卵有毛．』(一七八)『雞三足．』(一七九)『馬有卵．』(一八〇)『火不熱．』(一八一)『輪不輾地．』(一八二)『龜長於蛇．』(一八三)『矩不方，規不可以爲圓．』(一八四)『鑿不圍枘．』(一八五)『狗非犬．』(一八六)『黃馬驪牛三．』(一八七)等，都是正實的話．所以荀子批評他們說：

『山淵平，情欲寡，芻豢不加甘，大鐘不加樂，此惑於用實以亂名者也.』正名篇

這派的人物，所以要先正實的意思，是因爲名由實立，實既正，名不正而自正.實正而名正，結果則天下必能如公孫龍子所說:

『黃其正矣，是正舉矣.其有君臣之於國焉，故强壽矣.』通變論

他們常說:『名以舉實.』凡與實不符的名詞，爲狂舉;與實相符的名詞，爲正舉.這是說「黃」是最純粹的顏色，名之爲黃，是正舉的好例.倘若拿這名正實舉的理，應用於君臣國家，那麼循名核實，事事得成，國運必定强固而久長的.

他們辯的意義，雖在正實.但這是就辯的大功用說，其實辯的功用，尚有數點.小取篇說:

『夫辯者，將以明是非之分，審治亂之紀，明同異之處，察名實之理，處利害，決嫌疑.』

這是總說辯的功用，有這六種；實在只有明是非和別同異兩種．爲什麽呢？是非明，就可考察治亂；同異別，就是審核名實；可見是非旣明，同異旣別，那麽一切事物的利害嫌疑，可以處置而決斷了．

辯的功用旣明，現在要研究的，是辯的方法．

第六，辯的方法：墨子根據他的從事物中求天志的意見，對於辯論，先立了兩條綱要：

第一條綱要，是於萬事萬物中間，求出一必然的眞理．

第二條綱要，是於羣言中間，求出一公認的主張．

然後拿這種眞理和主張去做辯的根據．換句話，就是做推論的大前提．關於這兩條綱要的話，載在小取篇中，茲引述於后：

『焉（一八八）摹（一八九）略（一九〇）萬物之然，論求羣言之比．』

這兩條是一切推論的大法．宇宙的森羅萬象，雖極複雜，必定有所以然的眞理存在裏面．我們要求得這個眞理，必須先廣徧搜求事物的現象，然後歸納起來，把捉其要略，那麼可得到它的所以然了．至於人類的思想發表而爲語言，不外同異和是非，我們從這點討論追求，一一比較，自然可得到公認的主張．綱要既定了，次之就是辯的形式．關於這點，墨子分三個步驟：小取篇云：

『以名舉實，以辭抒意，以說出故．』

第一個步驟，是以名舉實．所說以名舉實，就是墨經上說：

（經）舉，擬實也．

（說）舉告以文名，舉彼實也

這就是在辯論的時候，必定先用文名，把實擬舉出來．倘然不先把文名將實舉出，那麼辯論就根本不能成立了．所說的名，在心理學上是概念，在論理學上就是名詞：（Term）例如「牛，馬」兩個名詞，牛字象牛的一頭兩角和尾的形狀，馬字象馬頭、領鬣、尾，和四足的形狀．人們看見牛馬，注意到它的特點，就是概念;再拿文字表示這個特點,摹擬它的實狀,就成爲名詞.凡一切的名詞,都是這樣.所以說以名舉實.

第二個步驟是以辭抒意.所說的「辭,」就是連綴幾個名詞而成的.從辭中可以表達出名的意謂(Meaning),在心理學上叫做判斷,在論理學上叫做辭,也叫命題(Preposition).辯論時候,如果祇有名沒有辭,就無從表出「名」的意思.例如單說「牛,」或單說「馬,」就無所謂辯論.若說「牛動物也,」連綴「牛」和動物兩個名詞而成爲辭,就可表現出立論者的思了.所以說「以辭抒意.」

第三個步驟,是「以說出故.」「說,」就是連綴幾個「辭」而成的一種論式,可以表出所辯的主張;在心理學上叫做「推理,」在論理上叫做「說,」也叫三段論式.如果祇有「辭」而不連綴成「說,」那麼祇能表出「名」的意思,而不能表出辯的主張.例如「凡含炭素的物,皆可燃;金剛石含炭素者也;

故金剛石爲可燃物.」這就是連綴三個「辭」——命題——而成的三段論式.——說——世人都看見金剛石是火不能燒的東西,我們要主張它是可燃物,必定要有確鑿的理由,於是找出含炭素的證據來,推論到金剛石的可燃,這個結論就不可動搖,可表出「辯」的主張了.這就是「以說出故.」這裏的說字,就是英文的(Syllogism),其中含有由此推到彼的意思,推論以後,是非就明白了.所以經上說:「說,所以明也.」至於故字,就是辯的結果,恰與故金剛爲可燃物的「故」字相當.這個「說」字和「名」「辭」二字,同爲名詞,不是動詞.「出」字和「舉」「抒」二字,同爲動詞,不是副詞,讀者應該特別注意.

第七、辯的形式既明白了,再要研究的是辯的範圍.這範圍,在墨子書中雖沒有確實的指定,祇舉出一個原理.這個原理就是「類.」凡爭辯一件事,應當不出該事同類的範圍,如果出乎其類,那就風馬牛不相及了.例如說一斤沒有一尺長,這是出乎同類的範圍,試問怎樣可以辯得出結果呢?所以墨經下第一

條就說:

『止 類以行之說在同.』

這裏所說的「止,」就是論理的歸納所說的「類,」就是三段論法的前提.凡是辯論,要由前提比較類推,方可得到結果.然不是同類的前提,就不能比較;必明於「類」纔能得到同一斷定.所以說「類以行之說在同.」又小取篇說:

『以類取,以類予.』

這裏所說的「取,」就是論理學的舉例,「予」是判斷.在辯論範圍,必須舉出同類的事項,方可比較是非,得到判斷.所以說:「以類取,以類予.」大取篇說:

『夫辭,以類行者也.立辭而不明於其類,則必困矣.』

這是說同人辯論的話,要不越類取類予的範圍方行.倘若不明白這個規則,就必定爲敵所乘,陷於困難而失敗的.

公孫龍子通變論的後段,就是發揮這層意思的.他說:

『與馬以雞,寧馬.材不材,其無以類,審矣.舉是,謂亂名,是狂舉.』

『青白不相與,而相與;不相勝,則兩明也.爭而明,其色碧也.』

這兩段話的意思,前者是說馬與雞不相同類,「與」字作「謂」字解,馬是有用的走獸,雞是無用的家禽,雞那裏可和馬並論呢!所以說:「與馬以雞,寧馬.」這馬和雞—「材」—「不材,」它們不同類,是很明白的.倘若舉這兩物相提並論就是亂名,也就是狂舉.是謂「不以類取.」後者是說青白乃兩種顏色,各有特質,不能相與而調和爲一的.若勉强調和,那麼青不能化白,白不能掩青,兩者不能相勝,勢必至青白兩者並明,而成第三種碧的顏色,失掉了青白的眞相,無從判斷它是青是白,這就是「不以類予.」

第八、辯的態度:墨子以爲凡辯論一件事,祇求自己的對,不問他人的不對,這是第一點.倘若自己不對,也不可輕信人家的對,無條件的去服從他人.這是第二點所以小取篇說：

『有諸己，不非諸人；無諸己，不求諸人。』

墨家認辯論乃是研求眞理，不像詭辯家專務勝人，所以自己得到眞理，不去責備他人自己沒有得到眞理，還要反求諸自己，不去妄聽他人。

辯的範圍以及辯的態度既述過了，現在要研究的，是辯的各種方式。墨子立辯的方式爲七種：

第一種是「或」的方式。所謂「或」，是不盡然的意思，「或」是古域字，域於一方，義不周偏，所以不盡。經上說「盡，莫不然也。」凡立一說，倘是意義周偏，大衆都可承認，那麼辯論無從而起；惟其或是或非，懷疑不決，就有辯的必要了。墨子定這「或」爲辯的第一方式所以小取篇說：

『或也者，不盡然也。』

第二種是「假」的方式，所謂假，是假設的意思。經下說：『假必誖，說在不然.』諄字意義,與非字同,是說目前並沒有這種事實,姑假設一個條件而爲辯論的.例如孔子說:『如有用我者,朞月而已可也,三年有成.』是目前並沒有用孔子的事實,不過設有這種希望,完全是假設的.所以小取篇說:

『假者,今不然也.』

第三種是「效」的方式,所謂「效,」有仿效的意思,和論理學的演繹相當.換句話:就是借他種事物成形的方法,做出這種事物來,也就是辯論上求出的結論,與「推」的意義,稍微相同;但推以理爲根據,效則以法爲根據,推可以用簡單的辭句說出,效則必用完全的三段論式表出.小取篇說:

『效者爲之法也;所效者,所以爲之法也.故中效,則是也;不中效,則非也.此效也.』

這裏所說的「法,」「故,」「效,」就是論理學的三段論法,也和印度因明學的三支相同.「法」就是三段論式的大前提.「故」就是小前提.「效」

就是結論.如說:

凡人必有死,……(法)大前提

孔子是人,……(故)小前提

故孔子亦必有死.…(效)…結論

經上說:『「法」所若而然也.』這是說「法」是一種模型.可以順——若,——這模型仿效而成同類的物.——所若而然——凡模型就爲「法,」仿效而成的物就爲「效.」經上又說:「故,所得而後成也.」「故」是一切事物的原因,事物的結果,必待原因方成.所以在辯論上,應提出一事物爲「法,」再提出正確的原因「故,」然後推得結論「效.」結論的是與非,全看「故」的正確與否,所以說『中效則是,不中效則非.』再拿因明的三支來證明.如說:

聲是無常……(效)宗

所作性故……(故)因

凡所作者皆是無常（喻體）
喻如瓶等（喻依）
（法）喻

因明三支，最重是「因」因若正確，那麼所立的「宗」決定不可動搖的，所以稱為因明．要知道因究竟能明與否，可拿這因做「法」觀其是否中效？這裏所引的是印度因明家對於聲常論外道的辯論：先立聲是無常宗．再說明無常的原因，是含有所作性，因為無論人聲、樂器聲，都是造作出來的．再推到世間一切事物，凡是造作的，都有生滅變化，不能常住，所以是無常；舉眼前的事物來比，譬如瓶，是人工所造，用到久後，就要破壞的．看這所作性的「故」恰中乎無常的「效．」墨家的「效，」豈不和因明三支也相同嗎？不過因明三支的次序，是「效」在首，「法」在末，和三段論式，稍微不同．

第四種是「辟」的方式．所謂「辟，」就是譬喻，借彼明此的意思，與因明

學的「喩」相當.小取篇說:

『辟也者,舉也(一九一)物而以明之也.』

這裏是說辟是舉他物來說明此物.辯論時藉以曉喩他人的.辟的用處很大.如墨子說:

『入人園圃,竊其桃李,攘人犬豕雞豚,衆人聞之,皆知其不義;今大而攻國,則弗知非,從而譽之謂之義.此可謂知義與不義之別乎』非攻篇上

就是辟的好例.

第五種是「侔」的方式.所謂侔,就是齊等的意思.用齊等的辭,相比而行,「侔」與「辟」都是用以曉喩他人的,不過「辟」以彼物說明此物,「侔」是以此詞比類彼詞,所以不同.小取篇說:

『侔也者,比辭而俱行者也.』

這裏說「侔」是用齊等的主詞賓詞相比俱行,其義自見,不必再加說明.

如呂氏春秋功名篇云：

『水泉深，則魚鼈歸之；樹木盛，則飛鳥歸之；庶草茂，則禽獸歸之；人主賢，則豪傑歸之.』

前三句都是賓詞，後一句是主詞，不必說明以彼比此，而意思已自然明瞭.

第六種「援」的方式.所謂「援，」就是援引，引彼以例此的意思.援的用處，與「辟」「侔」二者，同是用甲事物說明乙事物；然「援」是援引古事，或援引定例；比「辟」「侔」更有力量.這有力的論證一經提出，是不可動搖的.小取篇說：

『援也者，曰子然，我奚獨不可以然也？』(一九二)

這裏「子然」二字，是說衆所共許；提出衆所共許的例證，叫人明白我所說的宗旨也是一樣.如墨子主張兼愛，反對的人很多；墨子就援引先聖王禹、湯、文、武已行過的兼愛事實爲證，以折服反對的人，就是用援的例.

第七種「推」的方式所謂「推」就是推論，如由許多已知的事例，推論到一個未知的事實；或由一個大原理，大原則，推論到許多未知的事實前者爲歸納的推論法，後者爲演繹的推論法．小取篇說：

『推也者，以其所不取之同於其所取者，予之也．是猶謂也（一九三）者同也，吾豈謂也（一九四）者異也．』（一九五）

前面曾說過「取」是舉例，「予」是判斷．推論的方式，就是拿已經觀察明白的事例，或原則——其所取者——推到未經觀察的同類事實——其所不取者，——祇要確是同類，我們就可下一判斷曰：凡相類者都是這樣；所以說：『以其所不取之同於其所取者予之也．』接着又舉一例，如有人說某未知的事實，確同於某已知的事實，——是猶謂他者同也；——我若沒有舉出兩者不同的例證，決不能說是不同的，——吾豈謂他者異也．——今舉一實例：如「鯨魚，」從前人都以爲是海中的魚類，後來生物學家研究的結果，知道鯨是魚形的哺乳動物;於是以其不取之鯨魚,爲同於其所已取的哺乳動物,而下一判斷曰:「鯨非魚.」既然推定了鯨者同於哺乳動物也,吾豈能說鯨者異於哺乳動物耶.這「推」的方式,於學術上關係,極爲重大.

第三節 餘論

關於這派的各種思想,已逐條的敍述過了.現在我們有一點要聲明的,就是我們敍述的方法,是系統的,不是破碎的;是綜合的,不是分析的;是以思想爲經的,以人爲緯的.所以敍述這派的哲學,是整個的,系統的,並不是對於墨經等各篇,枝枝節節,加以詳細的詮釋;對於惠施、公孫龍子等辯者所爭辯的問題,逐條加以研討;叫人家讀了,只能明白各個問題的意義,而不能得到這派哲學的整個的系統的概念.同時凡同派中人的思想,可以作比較的,就加以比較,叫思想變化的迹象,可以表現出來.如果因書籍殘缺的事實關係,不能如願,也祇好付諸闕如.

註（一）名翟、魯人、其姓不可考.（二）墨子弟子.（三）宋人，鈃亦作牼，作榮.（四）齊人.（五）宋人，爲梁相.（六）字子秉、趙人.（七）莊子天下篇.（八）不示奢侈.（九）不肯靡費.（一〇）光也.（一一）過於刻苦.（一二）通以.（一三）通順.（一四）不怨怒於物.（一五）不知別擇.（一六）薄也.（一七）俗稱腿肚.（一八）股上小毛.（一九）自膝至踵曰脛，俗稱小腿.（二〇）跂、同屐、蹻同屩，木曰屐，麻曰屩.（二一）據王先謙莊子集解及顧實莊子天下篇講疏.（二二）言不爲俗所累，不爲物所役.（二三）應作苛，苛察也.（二四）音支、害也.（二五）明白其心.（二六）華山上下均平，作冠象之表示其心均平.（二七）別、辨也，宥、通囿，謂人心有所拘宥，當辨而去之.（二八）寬容也.（二九）音而、色厚貌.（三〇）逢人和合歡笑.（三一）和也.（三二）謂請置此心爲主，心之行有力量，則外表之榮辱不能入矣.（三三）借爲姑.（三四）言其偷（三五）承上文救民救世而言，謂我爲救民而不必自活，我爲救世，不想傲睨當時，號稱救世之士，與之爭名也.（三六）倘寬容，故不爲苛察.（三七）假，借也，言身不爲物所假飾也.（三八）言苛

察及以身假物，皆無益於天下，明乎此理，不如早已之也。（三九）僅僅到此而止。（四〇）參用上海涵芬樓景宋本墨子，及孫詒讓墨子閒詁，張純一墨子集解，梁啓超墨經校釋，以下均同。（四一）通已。（四二）說文別字的原義如此。（四三）通又。（四四）同上。（四五）同熟。（四六）尙上同。（四七）指諸侯及卿大夫。（四八）使也。（四九）首句今字舊本爲古字，今依孫氏墨子閒詁改。（五〇）言人各執一義。（五一）兹通滋，益也。（五二）猶與也。（五三）同災。（五四）同臻盛也。（五五）言利可倍。（五六）同緤。（五七）凊、涼也，芊同祥，善也。（五八）同鮮少也。（五九）不加，猶云無益。（六〇）同又。（六一）戈、殳、戟、酋矛、夷矛。（六二）言超過需要。（六三）接也。（六四）今雁門以北。（六五）肉也。（六六）飯器。（六七）通鉶，羹器。（六八）通唯。（六九）通在。（七〇）天子之棺四重，諸公三重，諸侯再重，大夫一重。（七一）將也。（七二）常也。（七三）聲如喑。（七四）縗服長六寸，博四寸，直心；麻在首在腰皆曰絰。（七五）倚木爲廬。（七六）編藁。（七七）塊本字，土塊也。（七八）隰當爲羸，先外切，瘦病也。（七九）此也。（八〇）司徒、司馬、司空、司士、司寇。（八一）司士、司木、司長、司草、司器、司貨。（八二）伏也。（八三）背也。（八四）言使人三轉其身於己前，或轉而向己；或轉而背己，欲使無背己，不可得也。（八五）耜廣五寸，二耜爲耦，一耦之伐，廣尺深尺，謂之畝。參通三，三耕，廣三尺也。（八六）速也，速從事工作以興利也。（八七）同忘。（八八）急也。（八九）牛羊草食曰芻。（九〇）犬豕穀食曰豢。（九一）深也。（九二）通宇。屋也。（九三）通稅，休息也。（九四）通阻。（九五）「中」在非命上爲「忠」字。（九六）術與述通。（九七）同征。（九八）同在。（九九）止也。（一〇〇）當爲術，車道也。（一〇一）步道也。（一〇二）獲也。（一〇三）同滋。（一〇四）徒可反奪也。（一〇五）通誠。（一〇六）同上。（一〇七）同岷。（一〇八）當爲正。（一〇九）通已。（一一〇）儇作環，秖作柢。（一一一）同域。（一一二）言知之眞。（一一三）言行之密。（一一四）少也。（一一五）譖、通讒，譖慝，即讒慝。（一一六）擊也。（一一七）忮心。（一一八）通核，意也。（一一九）任事也。（一二〇）進也。（一二一）整飭也。（一二二）通莊，敬也。（一二三）白首。（一二四）當作墮。（一二五）頂也，墮顚，即禿頂。（一二六）蠲匪也。（一二七）知也。（一二八）審也。（一二九）略也。（一三〇）詐僞。（一三一）通載。（一三二）習也，言習於利。（一三三）讀畢。（一三四）官體，處官，猶處身也。（一三五）猶妄作。（一三六）阿黨。（一三七）皆也。（一三八）心也。（一三九）以上均大道篇節錄百子全書中尹文子。（一四〇）二縣名。（一四一）喪國之服。（一四二）據畢校本。（一四三）陽貨篇。（一四四）舊本作焉下同。（一四五）凡本書所引公孫龍子的話，均據百子全書本，並參考王琯的公孫龍子懸解。（一四六）同排。（一四七）異處。（一四八）盈。（一四九）非。（一五〇）不字舊本無，眼舊作明，今從梁校改。（一五一）此知指材。（一五二）見中國哲學史大綱一九二頁。（一五三）舊本作明，今據學理，改作心。（一五四）眼、耳、鼻、舌、身、意、（一五五）同智。（一五六）疑當作遠夷孤蠶，蠶與箒通。（一五七）同潔。（一五八）此也，（一五九）同區。（一六〇）指物者。（一六一）被指者。（一六二）當作行。（一六三）指實言。（一六四）動詞，指名言。（一六五）同上。（一六六）玄、深隱也，紐、結也言名實深隱，糾結難知也。（一六七）名詞。（一六八）動詞。（一六九）指實說。（一七〇）動詞。（一七一）缺也。（一七二）動詞。（一七三）儒家也說辯，但儒家辯名，而不辯實。（一七四）從極廣之平野或大海中，遙望地平線，與天合一。（一七五）從極高的天空，下視地面，則山與澤平。（一七六）從空間，說南方是無窮的，從地理說，南方是有窮的．（一七七）將地球作圓形看時，無論何處皆可說是天下之中央．所以說燕之北，越之南，是中央亦可．（一七八）卵種中已含有毛羽的性質．（一七九）雞有兩足是二實，吾人喚雞足是一名，一名二實，故有三足．（一八〇）牝馬有卵巢，受雄精而生馬．（一八一）火的本身並不熱，吾人觸之覺熱，熱在人不在火．（一八二）車輪疾轉之時，前迹已過，後迹未至，自有輪不輾地之一瞬間存在．（一八三）龜卵與蛇卵俱爲橢圓形，而龜之卵則比蛇卵長．（一八四）矩不能自爲方，規不能自爲圓，用之爲方圓者，人也，非規矩也．（一八五）納柄於鑿孔，似鑿孔圍柄，然亦人之所爲，非鑿圍枘也，況鑿與柄兩者中間，決不能密合無間耶．（一八六）世人常通稱狗爲犬，實則犬之未成毫者曰狗．（一八七）曰黃，曰驪，曰馬，曰牛，應爲四，然驪是黃黑雜色，非正色，故但以黃與馬與牛爲三．（一八八）乃也．（一八九）廣求．（一九〇）要略．（一九一）與他同．（一九二）讀爲耶．（一九三）同牠．（一九四）同上．（一九五）讀爲耶．

參考書

一　莊子集解（王先謙）　二　莊子天下篇講疏（顧實）

三　墨子閒詁（孫詒讓）
四　墨經校釋（梁啟超）
五　墨子集解（張純一）
六　尹文子
七　公孫龍子
八　公孫龍子懸解（王琯）
九　荀子集解（王先謙）

問題

一　合名墨為一派的理由是什麼？
二　苦行主義派的中心思想是什麼？
三　兼愛的眞義是什麼？
四　愛與利的區別是什麼？
五　墨子的政治思想如何？
六　墨子的非攻是否無抵抗？

七　墨子的民主思想如何？

八　試述墨家的宇宙論。

九　墨家的人生思想如何？

一〇　這派的認識論與人爲派的荀子相同否？

一一　這派的方法論與人爲派的正名相同否？

一二　指的意義及其與物的關係如何？

一三　試舉名的種類以對。

一四　試舉辯的七法以對。

中國哲學史綱要卷下

第一章 神祕主義派哲學

第一節 引論

我國古代，人民思想領域，大部分為天神地祇人鬼所佔．要解釋天地鬼神的情狀，於是有陰陽五行等學說；要崇拜天地鬼神，以邀福佑，於是有巫祝祭祀的儀軌；感覺人生痛苦，欣羨上帝，於是有出世修仙的思想；黃帝訪道於廣成子，且戰且學仙，百家的書多記之．本來一切的一切，充滿了神祕色彩．自然主義派的老子，崛起周末，乃推翻有人格的上帝，以為『人法天，天法道，道法自然，』獨標自然主義的哲理，思想界起一大革命；上帝既然推翻，其餘附屬的鬼神，自不必再加攻擊了．人為主義派的孔子，也受老子的影響；然不肯為過激的主張，僅說『獲罪於天，無所禱也．』『敬鬼神而遠之』一類的話，保持他的中立態度．到荀子就有征天的思想了．苦行主義派的墨子，却保守着傳統的思想，提倡尊天事鬼.這是後世神祕主義派的道教,沒有成立以前的情狀.

神祕主義派的成立,淵源於什麼人呢?倘要解答這個問題,須研究戰國時齊國的稷下學派.史記(一)孟子荀卿列傳說:

『自騶衍與齊之稷下(二)先生,如淳于髡、愼到、環淵、接子、田駢、騶奭之徒,各著書言治亂之事.……於是齊王(三)嘉之,自如淳于髡以下,皆命曰列大夫,爲開第於康莊之衢,高門大屋尊寵之,覽天下諸侯賓客,言齊能致天下賢士也.荀卿趙人,年五十,始來遊學於齊.』

我們舉出這段文字,是要證明稷下學派,是先秦各派學術蛻變的關鍵.如愼到、環淵、接子、田駢諸人,最初都是學黃、老道德之術的;彼等以爲要達到無爲之化,必須置重法治,然後人君可以端拱無爲.這是由道家變爲法家,和稷下派有關係的.荀子也到過稷下,他是主張法後王,注重人爲,有法家的趨向.他門下出了兩個大人物:一李斯,乃實行的法家;一韓非,乃政論的法家.這是由儒家變爲法家，和稷下派有關係的。那麼神祕主義的道家，和稷下什麼人有關係呢？就是騶衍。如今舉史記一段文爲證：

『騶衍睹有國者益淫侈不能尙德，若大雅整之於身，施及黎庶矣。乃深觀陰陽消息而作怪迂之變，終始、大聖之篇十餘萬言。其語閎大不經，必先驗小物推而大之至於無垠。先序今以上至黃帝，學者所共術，大並世盛衰，(四)因載其禨祥度制，推而遠之，至於天地未生，窈冥不可考而原也。……稱引天地剖判以來，五德轉移，治各有宜，而符應若茲。……是以騶子重於齊；適梁，惠王郊迎，執賓主之禮；適趙，平原君側行撇(五)席；如燕，昭王擁彗(六)先驅，請列弟子之座而受業。』孟子荀卿列傳

這段文裏，可見騶衍學說，在當時勢力的偉大。他是反對儒墨的拘墟，特倡爲閎大不經的議論，根據古代的陰陽五行，而特地擡出一個黃帝來，壓倒儒家的堯舜，墨家的夏禹的。然在他的本人，祇推演陰陽的終始以立說，尙未成立所

謂神祕主義派.今再錄史記一段文如下:

『自齊威、宣王之時,騶子之徒,論著終始五德之運,及秦帝而齊人奏之.故始皇采用之.而宋毋忌、正伯僑、充尙、羨門高最後皆燕人,爲方仙道,形解銷化,依於鬼神之事.騶衍以陰陽主運,(七)顯於諸侯,而燕、齊海上之方士,傳其術不能通,然則怪迂阿諛苟合之徒,自此興,不可勝數也.自威、宣、燕昭使人入海求蓬萊、方丈、瀛洲;此三神山者,其傳在渤海中,去人不遠,患且至,則船風引而去,蓋嘗有至者,諸仙人及不死之藥皆在焉.其物禽獸盡白,而黃金爲宮闕,未至,望之如雲,及到,三神山反居水下,臨之,風輒引去,終莫能至云;世主莫不甘心焉.及至秦始皇幷天下,至海上,則方士言之,不可勝數.始皇自以爲至海上,恐不及矣;使人乃齎童男女入海求之,船交海中,皆以風爲解,曰:未能至,望見之焉.……今天子(指漢武帝)初卽位,尤敬鬼神之祀.……是時李少君亦以祠竈穀道却老方見上.上尊之.……少君言上曰:

祠竈則致物，(八) 致物而丹沙可化為黃金，黃金成以為飲食器，則益壽，益壽而海中蓬萊仙者乃可見，見之以封禪則不死，黃帝是也．臣嘗遊海上，見安期生，安期生食巨棗，大如瓜；安期生仙者，通蓬萊中，合則見人，不合則隱．於是天子始親祠竈，遣方士入海求蓬萊安期生之屬，而事化丹沙諸藥齊，(九) 為黃金矣．居久之，李少君病死，天子以為化去不死，而使黃錘(一〇)史寬舒受其方，求蓬萊安期生，莫能得，而海上燕、齊怪迂之方士多更來言神仙事矣．』卷二十八封禪書

這段文字可引起我們注意的：其第一點，就是騶衍的學說，顯於齊以後，燕、齊的方士，就依據他的術，成立方仙道；他們也擡出黃帝來做神仙不死的證據．這不是神祕主義派成立的關鍵在騶衍嗎？其第二點，就是古來雄才大略的君主，國家強盛，富貴已極，惟恐年命要盡，不能長久享用，所以都喜長生不死的方法；自齊威王、宣王及燕昭王，已聽從方士的說話，叫人入海求神仙；到秦始皇、漢

武帝更大舉求仙；上行下效，成爲一種風尙。然當時仙道所推戴的老祖，乃是黃帝而不是老子，也値得我們注意的。

原來老子雖在思想革命上推翻了古來的上帝鬼神，但他主張『致虛守靜，長生久視，』的淸靜養生法，和原來相傳廣成子告訴黃帝『毋勞爾形，毋搖爾精，毋使爾思星星』的話，極其相似。所以西漢初年，有蓋公善言黃老，做曹參的師；文、景二帝，號稱以黃、老爲治；這時黃、老並提，還和戰國末年一樣是哲理上的關係，從淸靜養生，推到治國家，和方仙道的鍊丹服食，迥乎不同的。把老子和方仙道牽合在一塊的是什麼人？大概始於西漢淮南王劉安。茲錄前漢書淮南王傳（卷四十四）一節如下：

『淮南王安爲人好書鼓琴，不喜弋獵狗馬馳騁；亦欲以行陰德，拊循百姓，流名譽，招致賓客方術之士數千人，作爲內書二十一篇，外書甚衆，又有中篇八卷，言神仙黃白之術，亦二十餘萬言。』

看這段文字，可知現今流傳的淮南鴻烈解（二十一篇）就是內篇；其中雖雜採各家的學說，而於老子的無爲色彩，最爲濃厚。外書及中篇雖已亡佚，然據漢書（卷三十六）劉向傳則云：

『上（一二）復興神仙方術之事，而淮南有枕中鴻寶苑祕（一二）書，書言神仙使鬼物爲金之術，及鄒衍重道延命方，世人莫見，而更生（一三）父德，武帝時治淮南獄，得其書。更生幼而讀誦，以爲奇，獻之言黃金可成。』

看這段文字，就可知道劉安混合老子與方仙道爲一，而老子乃由哲學而趨於神仙化了。前漢書藝文志以老子列入道家，而以神仙家列入方技，足見在漢初時候，並不是混合爲一的。

到東漢明帝時候，佛教傳入中國，思想界起了一個大變化。當時的人，因爲佛教的出世，和黃、老有些相類，往往將老子與佛一同尊崇。後漢書（卷四十二）光武十王傳有云：

『楚王英晚節，更喜黃、老學，爲浮屠(一四)齋戒祭祀……明帝詔報曰：楚王誦黃、老之微言，尙浮屠之仁祠，潔齋三月，與神爲誓……英後遂大交通方士，作金龜玉鶴，刻文字以爲符瑞。』

在這段文裏，可見東漢時候，以老子比佛，漢末桓帝在位，兩次遣中常侍到苦縣祠老子，又在宮中設華蓋，以祠老子浮屠，於是老子又由神仙而日趨於宗教化；到張道陵出世，依托老子爲祖師，就變爲宗教上不可思議的太上老君了。道教奉老子爲教祖，始於張道陵，組成宗教儀式，也始於張道陵。所以道陵在神祕主義派裏，佔重要的地位。其事略見於正史者如下：

『魯沛國豐人也。祖父陵(一五)客蜀，學道鵠鳴山中，造作道書，以惑百姓。從受道者，出五斗米，故世號米賊。陵死，子衡傳其道；衡死，魯復行之……魯遂據漢中，以鬼道教民，自號師君。』三國志魏書八張魯傳

『魯字公旗，……自號師君，其來學者，初名鬼卒，後號祭酒。祭酒各領部衆，

衆多者名曰埋頭。皆校以誠信，不聽欺妄。有病，但令首過而已。諸祭酒各起義舍於路同之亭傳，縣(一六)置米肉，以給行旅，食者量腹取足，過多則鬼神病之。犯法者先加三原，(一七)然後行刑。不置長吏，以祭酒爲理，民夷信向。』

後漢書七十五劉焉傳

看這段文，是張陵初創的教，原是鬼道，併有政治作用。其教會的組織，但以祭酒領部衆，頗有平等色彩。且其施教目的及制度，一是誠信不欺詐；二是有病首過；三是起義舍置米肉供行旅休息取食；四是犯法者三原然後行刑；條理井然，無怪民夷皆信仰，得以獨霸一方了。至葛洪神仙傳則云：

『張道陵者，字輔漢，沛國豐人也。本太學書生，博通五經，晚乃歎曰：此無益於年命，遂學長生之道，得黃帝九鼎丹法。……乃與弟子入蜀，住鵠鳴山，著作道書二十四篇。乃精思鍊志，忽有天人下，千乘萬騎，金車羽蓋，驂龍駕虎，不可勝數；或自稱柱下史，或稱東海小童，乃授陵以新出正一明威之道。陵受之，能治病，於是百姓翕然，奉事之以爲師.』

看這段文，則道陵得到黃帝的法，著作道書；親見柱下史，授以正一明威之道.且後漢書章懷太子注，魏書裴松之注，所引典略，都說五斗米道，『又使人爲姦令祭酒，主以老子五千文使都習，號姦令，爲鬼吏，主爲病者請禱之法.』的話.這可見道德經是他們教中共讀的經典了.老子本是推翻古來上帝的哲人，誰料後代神仙化宗教化起來，自身反成爲不可思議的神，和上帝相似，這是老子所不及料的.

又魏書（卷百十四）釋老志：張陵受道於鵠鳴.因傳天官章本千有二百.弟子相授，其事大行.齋祠拜跪，各成法道.有三元九府百二十官，一切諸神，咸所統攝.……其書多有禁祕，非其徒也，不得輒觀.至於化金銷玉，行符勑水，奇方妙術，萬等千條.

在這裏可見道家構成宗教形式，始於張陵.注重齋祠拜跪；幷統轄古代一切諸神，以及金丹符籙，無一樣不包括在內。

總括起來，道教是合三大要素而成為一種極複雜的宗教。梁朝的劉勰說得最明白，茲錄一節如下：

『按道家立法，厥品有三：上標老子，次述神仙，下襲張陵。太上為宗，尋柱史嘉遯，實為大賢；著書論道，貴在無為；理歸靜一，化本虛柔；然而三世弗紀，慧業靡聞，斯乃導俗之良書，非出世之妙經也。若乃神仙小道，名為五通，福極生天，體盡飛騰，神通而未免有漏，壽遠而不能無終，功非餌藥，德沿業修，於是愚狡方士，偽託遂滋，張陵米賊，述記昇天；葛玄野豎，著傳仙公；愚斯惑矣，智可罔與！今祖述李叟，則教失如彼；憲章神仙，則體劣如此；上中為妙，猶不足算，況效陵、魯醮事章符，設教五斗，欲極三界，以蚊負山，庸詎勝乎！』（全梁文卷六十劉勰滅惑論）

劉勰以為道教上襲老子的道，次述神仙家言，下襲張陵的齋醮章符，混合而成，是一點不錯的．他很不滿意於張陵，其實張陵組織這種宗教，自有他的時代的背景．就是佛教傳入中國，在思想界幾征服一切，儒家祇存空名，毫無勢力；道教徒起而抵抗之，也自有他們的苦衷．別種宗教，都有教祖首先提倡，道教却沒有，不得不擡出老子；蓋老子在歷史上曾教訓過孔子，既可壓倒儒家；又西遊流沙不知所終，又可造作老子化胡說，(一八)壓倒浮屠；幷且五千言的學理深邃，也可和佛典對壘．這就是張陵推戴老子的本意，也是陵以道教徒借老抗佛的作用．原來神仙家的修鍊，也有獨到的地方，決不是隨便亂說的；拿來對抗佛家的修持功夫，也有相當效果．而且拿我國所傳下陰陽五行，祭祀巫祝禁咒雜占醫方及兩漢時盛行的讖緯圖籙等，包掃一切，總括於道教旗幟底下；一面仿照佛典，造作道經；組成複雜無比的宗教，他的勢力，能深入社會的底層，直到如今，還能和佛教對立不衰．道教徒的願力，不是很大的麼！所以到元朝至元十三年，朝廷就命道陵三十六世張宗演爲輔漢天師；明洪武元年，則革其舊號，封張正常爲正一眞人，秩二品；清乾隆十二年，授秩正五品；歷代帝王，雖待遇略有不同，然天師的尊號，挨到現在，方被削除，也不是偶然的．世人往往給以惡評，實未詳悉道教爲時代精神產物的緣故，我們所以特爲把這一點指示出來．

到魏、晉六朝時候，佛經的翻譯益盛，道教徒模倣而作的道經，數量也隨之增加．北魏有寇謙之在嵩嶽得圖籙眞經，(一九)道教的宗教儀式，格外完備．東晉釋道安做二教論，指出他們僞造的證據．

『老子道經，朴素可崇；莊生內篇，宗師可領．暨茲已外，製自凡情．黃庭元陽，採撮法華，以道換佛，改用尤拙．靈寶創自張陵，吳赤烏之年始出．上清肇自葛玄，宋、齊之間乃行．尋聖人設教，本為招勸，天文大字，何所詮談？始自古文，大小兩篆，以例求之，都不相似．陽平鬼書，(二〇)於是乎驗．晉元康中鮑清造三皇經被誅，事在晉史．後人諱之，改為三洞；其名雖變，厥體尚存，猶明三皇，以爲宗極．斯皆語出凡心，實知非教；不關聖口，豈是典經．而張、葛之徒，皆雜

符禁，化俗怪誕，違爽無爲，哀哉』（廣弘明集卷八二教論明典眞僞十）

這是承認老子道德經莊子內篇所說無爲的道理，不關宗教，當然可以尊崇；以外的道經都是依傍佛經而僞造的；夾雜符籙禁呪，專以怪誕化俗；不但不可算經典，并且違背他們所託教祖老子的無爲道理．這等批評是不錯的；但是道教徒決不因佛教徒的反對而中止，到六朝末年，所仿造的經，已有三十六部的多．周甄鸞的笑道論說：

『案老子五千文，辭義俱偉，諒可貴矣．……臣輒率下士之見，爲笑道論三卷，合三十六條；三卷者，笑其三洞之名；三十六條者，笑其經有三十六部．』（廣弘明集卷九）

到唐太宗李世民，自以姓李而祖宗沒有著名的人，乃戴老子爲始祖，追封玄玄皇帝，佛教到唐朝時發達到極點，道教有皇帝的關係，幾乎凌駕佛教．天寶年間，纂輯道藏，統名三洞：一洞眞部，二洞玄部，三洞神部．洞眞稱爲大乘，洞玄稱爲中乘，洞神稱爲小乘，是明明依附佛家的三乘．三洞各有十二部，也是依附佛經的十二部．宋、元、明三代相繼纂修，總計五百十有二函，五千四百八十五卷．據清鄭永禪等白雲觀重修道藏記，卷數比較佛藏也相似．幷且他們初刊藏經的時代，比較佛教的大藏經早二百多年，可見道教勢力的盛大了．

我們是研究這派的思想，所以對那依托的道經，祇須說明源委，不必過問其內容．至於研究思想的書，除劉安淮南鴻烈解以外，尙有兩種：一是後漢魏伯陽著的參同契三卷．借易經的理，來講修鍊神仙的方法．一是魏氏以後，晉朝的葛洪字稚川所著的抱朴子，他自號抱朴子，因以名其書，共七十卷，分內外兩篇．內篇專講神仙長生的話．爲這派的正宗思想．外篇則講人間得失世事藏否，雜入儒家的思想，和這派思想沒有關係．我們祇拿淮南鴻烈解，參同契及抱朴子內篇三書，做研究的資料，其餘的一概不問，以免紊亂哲學的系統．

第二節　正論

這派的根本思想，是說人們能夠有相當的修鍊，可以延長生命，至於無限，與天合一的。如今爲明瞭起見，應就他們的本體論，宇宙論，人生思想各方面分別敍述。

這派的本體論，大概和自然派的老、莊沒有兩樣。淮南鴻烈解對於宇宙本質，也名之曰「道」。原道訓上說：（二一）

『夫道者，覆天載地，廓（二二）四方，柝（二三）八極。（二四）高不可際，（二五）深不可測，包裹天地，稟授無形。（二六）源流泉浡，沖而徐盈；（二七）混混汩汩，濁而徐清。故植（二八）之而塞（二九）於天地，橫之而彌（三〇）於四海，施（三一）之無窮，（三二）而無所朝夕。（三三）舒（三四）之幎（三五）於六合，卷之不盈於一握，約而能張，（三六）幽而能明，（三七）弱而能強，柔而能剛，橫（三八）四維而含陰陽，紘（三九）宇宙而章(四〇)三光，(四一)甚淖而溽，(四二)甚纖而微．山以之高，淵以之深，獸以之走，鳥以之飛，日月以之明，星歷以之行，麟以之游，鳳以之翔．』

這些話和老子道德經所說：『有物混成，先天地生，寂兮寥兮，獨立而不改，周行而不殆，可以爲天下母，吾不知其名，字之曰道．』意思完全相同．又莊子大宗師篇：『夫道有情，(四三)有信，(四四)無爲無形，可傳而不可受，可得而不可見；自本自根，未有天地，自古以(四五)固存．神鬼神帝，(四六)生天生地．在太極之先而不爲高，在六極(四七)之下而不爲深．先天地生而不爲久，長於上古而不爲老．』許多說話，不單和淮南意味相同，連文句也相類似．可見後世的道家，都懸一個形而上的「道」以爲出生天地萬物的根本，要超出現象界，站在未有天地萬物的原始境界，成立他們的出世思想的．

這個「道」既然站在天地萬物的先頭，超越人們經驗以上，要拿言語文字去說明，幾幾乎是不可能的事．所以祇有用彷彿的形容詞去摹擬道的形狀．

原道訓上說:

『纍之而不高,墮之而不下.益之而不衆,損之而不寡.斵之而不薄,殺之而不殘.鑿之而不深,塡之而不淺.忽兮怳兮不可爲象兮.恍兮惚兮,用不屈(四八)兮.幽兮冥兮應無形兮.遂(四九)兮洞(五〇)兮,不虛動(五一)兮,與剛柔卷舒(五二)兮,與陰陽俛仰(五三)兮.』

這些話,也和老子『視之不見名曰夷,聽之不聞名曰希,搏之不得名曰微.……是謂無狀之狀,無物之象,是謂惚恍,迎之不見其首,隨之不見其後.』相同.然他比較老子更進一步,乃取人們常見的「水」來譬喻這「道,」叫人們容易了解.原道訓下說:

『天下之物,莫柔弱於水.然而大不可極,深不可測,修極於無窮,遠淪(五四)於無涯;息耗減益,通於不訾(五五)上天則爲雨露,下地則爲潤澤;萬物弗得不生,百事不得不成;大包羣生而無好憎,澤及蚑(五六)蟯(五七)而不求報;富

(天)贍(五八)天下而不既，(五九)德施百姓而不費；行而不可得窮極也，微而不可得把握也。擊之無創，刺之不傷，斬之不斷，焚之不然。淖溺流遁，錯繆相紛，而不可靡散；利貫金石，强(六〇)濟(六一)天下。動溶(六二)無形之域，而翱翔忽區(六三)之上，邅回(六四)川谷之間，而滔騰大荒之野。有餘不足，與天地取與；稟(六五)授萬物而無所前後。是故無所私而無所公；靡濫振蕩與天地鴻(六六)洞；(六七)無所左而無所右，蟠委錯紾，(六八)與萬物終始。(六九)是謂至德。(七〇)』

這段話，明明是從老子『上善若水，水善利萬物而不爭，處衆人之所惡，故幾於道，』脫胎出來；不過老子以爲水是有形的，實在不以可比無形的「道」，但說幾幾乎有一些相似而已。淮南書中就不然，竟拿水來比喻道的本體了。從這裏可見西漢時的道家，對於本體論，他們和老莊一鼻孔出氣。不像張陵以後的道教徒，把道體回復到人格神方面去的。

魏伯陽的參同契，假借周易爻象，說明神仙修鍊功夫。書中多涉陰陽變化，少談本體，本來周易這部書，雖然以太極爲本體，也是單說太極生兩儀——陰陽，——以後的變化，完全注重現象方面，不注重本體的．參同契既然運用周易，就可推想著書的人，當然是認太極爲本體的．茲錄他的話於后：

『天道甚浩廣太玄無形容，虛寂不可覩，匡郭以消亡．』上篇

全書中像這樣說及本體的話，是不多見的．

至於葛洪，雖然在張陵以後，他的本體論，也不和他們一樣，仍舊和老、莊一樣．抱朴子道意篇說：(七二)

『道者涵乾括坤，其本無名．論其無，則影響猶爲有焉；論其有，則萬物尙爲無焉．……以言乎邇，則周流秋毫而有餘焉；以言乎遠，則彌綸太虛而不足焉．爲聲之聲，爲響之響，爲形之形，爲影之影，方者得之而靜，圓者得之而動，降者得之而俯，昇者得之以仰．强名爲道，已失其眞，況復乃千割百判，億分萬析，使其姓號至於無垠，去道遼遼，不亦遠哉！』

他又形容道體的深玄，而在暢玄篇說：

『玄者，自然之始祖，而萬殊之大宗也。眇昧乎其深也，故稱微焉。緜邈乎其遠也，故稱妙焉。其高則冠蓋乎九霄，其曠則籠罩乎八隅。光乎日月，迅乎電馳。或倏爍而景逝，或飄滭(七三)而星流，或滉漾於淵澄，或雰霏而雲浮。因兆類而爲有，託潛寂而爲無。淪大幽而下沉，淩辰極而上游。金石不能比其剛，湛露不能等其柔。方而不矩，圓而不規。來焉莫見，往焉莫追。乾以之高，坤以之卑，雲以之行，雨以之施。胞胎元一，範鑄兩儀。吐納太始，鼓冶億類。……增之不溢，挹之不匱。與之不榮，奪之不瘁。故玄之所在，其樂不窮；玄之所去，器弊神逝。』

這段文全從老子『道可道，非常道；名可名，非常名；無名天地之始，有名萬物之母。……玄之又玄，衆妙之門。』發揮出來的。可見葛洪雖然生在張陵以後，還是承傳老子的思想，并且篤守神仙家的說。他在釋滯篇批評老、莊曰『五千文雖出老子，然皆泛論較略耳，其中了不肯首尾全舉其事，有可承按者也。但暗誦此經，而不得要道，眞爲徒勞耳。又況不及者乎！至於文子、莊子、關令尹喜之徒，其屬文筆，(七三)雖祖述黃、老，憲章玄虛，但演其大旨，永無至言，或復齊生死，謂無異，以存活爲徭役，以殂歿爲休息，其去神仙已千億里矣。豈足耽玩哉！』他的意思，以老子確有仙道，不過五千文不肯徹首徹尾，完全說出，叫人們徒勞誦讀而不得實用。莊子等輩，則距神仙已甚遠，不足效法。他的篤守仙道，格外可以證明。

由以上各節，可以證明這派的本體論，自劉安以至葛洪，都和自然派的老子相似，不承認有人格的天，尙不失哲學的意味。到張陵的道教成立，又復回復到人格神方面，認宇宙本體爲元始天尊了。

現在再述這派的宇宙論。他們宇宙觀，是從本體觀推演出來的。淮南天文訓說：

『天墜(七四)未形，馮馮翼翼，洞洞灟灟，(七五)故曰太始。太始生(七六)虛霩，(七七)虛霩生宇宙，宇宙生元氣，(七八)元氣有涯垠：清陽者薄靡(七九)而爲天，重濁者凝滯而爲地．清妙之合專(八〇)易，重濁之凝竭難，故天先成而地後定．天地之襲(八一)精(八二)爲陰陽，陰陽之專(八三)精爲四時，四時之散精爲萬物．積陽之熱氣生火，火氣之精者爲日，積陰之寒氣爲水，水氣之精者爲月．日月之淫氣(八四)精者爲星辰．天受日月星辰，地受水潦塵埃．

這段文中可注意的有數點：一、宇宙是從無而生的，當初什麼都沒有，叫做太始．二、是先有無邊的虛空，形成宇宙，宇宙完全是一種氣體，叫做元氣．三、是氣體久後分清濁，清者爲天，濁者爲地，天先成而地後定．四、天地二氣交合爲陰陽，陰陽既分陰陽，那末四時行，萬物生，人們的世界就成立了．五、天地間的一切，近則日用的水火，遠則日月星辰，都是陰陽二氣所造成的．

他認定宇宙萬有，都從陰陽二氣產生，并且認定產生萬物的元素，就是五行．墜形訓說：

『木勝土，土勝水，水勝火，火勝金，金勝木.……木壯，水老火生金囚土死.火壯，木老土生水囚金死.土壯，火老金生木囚水死.金壯，土老水生火囚木死.水壯，金老木生土囚火死.』

這是說宇宙間萬有的盛衰生死，都是五行相勝相生的作用.木能勝土，以至金能勝木，是從相勝方面說的.反過來說，就是相生，水本來能生木，不過木到盛壯，好比兒子年壯，父母要老，水也就老了.木既然壯，就能生育，木能生火，所以火生.火能勝金，所以金如被囚一樣.木壯能勝土，土就死了.以下說火壯，土壯，金壯，水壯，都是這樣互相生尅的.這等陰陽五行說，完全承受古來傳統思想，及周末陰陽家的學說.

他在俶眞訓裏又說:

『有「始」者，有未始有「有始」者，有未始有夫「未始有有始」者.有「有」者，有「無」者，有未始有「有無」者，有未始有夫「未始有有無」

者.

這段文字,是推想宇宙萬有的最初景象,根據莊子的齊物論而來的.但淮南書中間,把宇宙方面分作三個層次,向上推去,都加以具體的說明:

『所謂「有始」者,繁憤(八五)未發,萌兆牙(八六)蘖,未有形埒(八七)垠堮,(八八)無無蝡蝡,將欲生興,而未成物類.』

這是推想宇宙「有始」的時代,一切物類,都沒有生成,已有發生的朕兆,所以叫做「有始.」

『所謂「未始有有始」者,天氣始下,地氣始上,陰陽錯合,相與優游競(八九)暢(九〇)于宇宙之間,被德含和,繽紛(九一)蘢蓯,(九二)欲與物接,而未成兆朕.』

未始就是未曾.這是從有始的時代,推上一層,想到未曾有始的時代,那時天地陰陽二氣,剛剛交合,正在醞釀,還沒有生物的朕兆,所以叫做『未始有有始.』

『所謂未始有夫「未始有有始」者,天含和而未降,地懷氣而未揚,虛無寂寞,蕭條霄霓(九三)無有彷彿,氣遂而大通冥冥者也.』

這是再推上一層,連『未成朕兆』一句話,都說不上.天氣沒有下降,地氣沒有上升,是一種虛無寂寞,祇有冥冥的氣體,所以叫做未始有夫『未始有有始.』

其次把萬有方面分作四個層次,向上推去,都加以具體的說明:

『有「有」』者,言萬物摻落,根莖枝葉,青葱苓蘢,萑蔰(九四)炫煌,蠉飛蝡動,蚑行噲(九五)息,可切循(九六)把握而有數量.』

萬有的現象,沒有一處不是相對的而相對的最顯明者;爲天地,爲水火,爲男女,古代用「陰陽」兩個抽象名詞來表示這現象;也有用「有無」兩個抽象名詞,來表示它的.這裏的「有,」就從積極方面,說明接觸於人們五官的森羅萬象.『萬物摻落』一句,是總說;以下就說萬物不外植物、動物兩大類(九七)這些物,我們都可把捉得到,并且有數量可計算的.所以叫做「有.」

既是相對的現象,那麼有的對面就是「無.」他說:

『有「無」者,視之不見其形,聽之不聞其聲,捫之不可得也,望之不可極也,儲與扈治,(九八)浩浩瀚瀚,(九九)不可隱儀揆度而通光耀者.』

有的對面是「無,」然無的境界,我們祇可意會,看是看不見,聽是聽不到,摸又摸不着,望也望不窮.然祇要看萬物出生以後,總要死滅,出生是「有,」死滅就返於「無,」這「無」的境界,雖不可隱儀揆度,而消息是可通的.所以下斷語曰有「無」者.

從相對的「有無」再推上去,就漸近本體,而沒有所謂有無.他說:

『有未始有「有無」者,包裹天地,陶冶萬物,大通混冥;深閎廣大,不可為外,析毫剖芒,不可為內;無環堵之宇,而生有無之根.』

這裏從有無推想到沒有「有無,」是什麼情景呢?那是超出天地萬物以上,而爲大通混冥沒有外也沒有內,一切都沒有然相對的「有無,」恰從這裏生出的.

從這裏再推上去,就是本體『未始有有無』這句話,都安不上去.他說:

『有未始有夫「未始有有無」者,天地未剖,陰陽未判,四時未分,萬物未生.汪然平靜,寂然清澄,莫見其形.』

推想到萬有最初的情景,那是天地陰陽還沒有剖判;四時萬物,更沒有朕兆;連大通混冥的話,都說不上;勉强形容起來,祇好說「汪然平靜,寂然淸澄」兩句話.其實連這兩句話,也不必說的.

他這樣的宇宙觀,都從「無」字演變出來,和老子是相同的.

至於魏伯陽的宇宙觀是原本於周易的.他說:

『乾坤者,易之門戶,衆卦之父母.坎離匡(一〇〇)郭,(一〇一)運轂正輻,(一〇

二）牝牡四卦，以爲橐籥，覆冒陰陽之道；猶工（二〇三）御者準繩墨，執銜轡，正規矩，隨軌轍，處中以制外。』參同契上篇

本來易經以太極爲宇宙萬有的本體，太極一動一靜，乃分陰陽。陰陽兩字，是代表宇宙間一切相對的現象，現象的最大者是天地，就拿乾☰坤☷兩卦象它。一切萬物，都從天氣下降，地氣上騰，陰陽交合而產生，所以乾坤是『易之門戶，』就是變化的根本。又人間陰陽最著的爲男女，於是以乾象父，坤象母。乾與坤初爻相交爲巽☴，巽爲長女；二爻相交爲離☲，離爲中女；上爻相交爲兌☱，兌爲少女。坤與乾初爻相交爲震☳，震爲長男；中爻相交爲坎☵，坎爲中男；上爻相交爲艮☶，艮爲少男。如是三男三女，象一個家庭。再拿乾、坎、艮、震、巽、離、坤、兌八卦，象自然界的最大現象，除乾坤象天地外，坎象水，艮象山，震象雷，巽象風，離象火，兌象澤。水火風雷山澤，在自然界是最大，沒有了。這八個三畫卦，各各兩個相疊起來，成六十四卦，可以包括萬物而象之；然都起於乾坤兩卦，所以說：『衆卦之

父母.』這分明是說萬物都是天地陰陽二氣所生,而二氣是根於太極,是唯物的一元論.天地間陰陽的大作用莫如日月的往來,寒暑由是而生,四時由是而成.離既象火,又可象日;坎既象水,又可象月,要知道乾坤的大作用,不出乎中爻交換而成坎離,日月循環,正如車輪的廓,廓內的衆輻,圍繞中央的轂以運行相似.乾純陽是牡,坤純陰是牝,坎卦陰中有陽,離卦陽中有陰,乃是牝牡相交而成的.橐是鞴囊,籥是氣管,這是說天地生人生物,好比一個大洪爐,以橐籥吹動爐中火燄;可以鼓鑄萬物,乾坤是橐籥的體,坎離是橐籥的用.所以說『牝牡四卦,以爲橐籥,覆冒陰陽之道.』天地化萬物,有這樣巧妙,就是能『居中以制外,』猶如善於御車的人一樣.

魏伯陽這些文字,是借周易的理,說明煉丹方法的.他的意思,是說人身乃一個小天地,要運用我們呼吸的氣,去聯絡心腎,心就是身中的離,腎就是身中的坎,心腎聯絡的結果,就是取得坎中的陽⚊,去塡補離中的陰⚋,返乎純陽的乾三，就是成丹．居中制外，是入手的要訣．他既然借易理說煉丹，可以推想他的宇宙觀，也是如此．

魏伯陽的宇宙觀，既然完全出於周易的．所以他對於宇宙活動，也是以陰陽配合為原動力的．換句話，就是他認宇宙現象的形成，是兩種不同性質而又可以調和的東西相組織成功的．如果兩者缺其一，那麼宇宙的現象，決不會圓滿成功．所以他又說：

『天地設位，而易行乎其中矣．天地者，乾坤之象也．設位者，列陰陽配合之位也．易為坎離．坎離者，乾坤二用；二用無爻位，周流行六虛．往來既不定，上下亦無常，幽潛淪匿，變化於中；包囊萬物，為道紀綱．』上篇

這是說天地開闢，天高地卑的位置設立以後，那就有變化的現象，運行於中間．所謂「設位」就是陰陽配合．變化運行最著明的是日月，以坎離兩卦代表它．所以日月運行，是天地間的兩大作用．這坎離陰陽兩爻，或陰變陽，或陽變

陰，可以周流於六爻，往來上下，都沒有一定，惟其沒有一定，變化就此無窮，可以包括萬物，做道的綱領了。

葛洪說宇宙的活動，是氣的運行，如果氣不運行，那麼整個的宇宙，也就幾乎息滅。所以他說：

『夫人在氣中，氣在人中，自天地至於萬物，無不須氣以生者也。』（至理篇）這可見葛洪認宇宙本體是「道」，是「玄」，而對於宇宙的活動，也認爲是「氣」，「氣」既是氣，也不外乎陰陽了。

現在來述這派的人生思想。人生觀爲這派思想最重大的核心。他們都認爲人們可以長生不死，至於怎樣能夠長生，就重在修養。修養有內功外功兩門：內功是養性，外功是養形。前者是繼承老子的方法；後者是採用神仙家的方法。如今分述於下：

『夫性命者，與形俱出其宗。（一〇四）形備而性命成，性命成而好憎生矣。……

「……形神氣志，各居其宜，以隨天地之所爲．夫形者，生之舍也；氣者，生之元（一○五）也；神者，生之制也．一失位則二（一○六）者傷矣．（一○七）是故聖人使人各處其位，守其職，而不得相干也．故夫形者，非其所安也而處之則廢；氣不當其所充而用之，則泄；神非所宜而行之則昧．（一○八）此三者，不可不愼守也．』原道訓下

這是淮南書中所說的養性功夫，先要明白吾人的性命；吾人所稟的天性，與形骸和合，出生世間，就叫做命；形性同是一宗，不能分離的．形骸完備而性命成，既有性命，不能沒有愛憎．愛憎就是情．養性功夫，要從裁制感情下手．形是生命的宿舍，氣是生命的根本，操那制裁形氣的主權的是神，所以形氣神三者，要各守本位，有一失位，其餘二者，都要受傷的．怎樣是各守本位呢？吾人安放這個身體——形，——必須擇其所安而處，否則就要廢壞；氣是充滿其身，倘不當其充而濫用，就要漏泄；神應該寧靜，如於不相宜時而行，就要昏昧；養性的功夫，這

三者是最緊要的.

養性要訣既在形、神、氣、志各守其位，然而人們怎樣會不守位的呢？就是形、氣在那裏作祟.所以他說：

『夫喜怒者道之邪也；憂悲者德之失也；好憎者心之過也；嗜欲者性之累也.人大怒破陰；大喜墜陽；(一〇九)薄氣發瘖，驚怖爲狂；憂悲多恚，病乃成積；好憎繁多，禍乃相隨.故心不憂樂，德之至也；通而不變，(一一〇)靜之至也；嗜欲不載，(一一一)虛之至也；無所好憎，平之至也；不與物散，粹之至也；能此五者，則通於神明，通於神明者，得其內者也.』(原道訓下)

這是說氣的方面要裁制喜怒憂悲好憎的感情，形的方面要屏除耳目等嗜好；裁制感情，最好是「靜」是「平」；屏除嗜好，最好是「虛」是「粹」.能够這樣，那形氣就不爲「神」的累，而神明不昧了.所以說『通乎神明.』這與老子「致虛守靜，少私寡欲」的功夫，完全相同.他深惜世人不知道形神氣志的關係，濫用形氣喪失其神．所以又說：

『今夫狂者之不能避水火之難，而越溝瀆之險者，豈無形神氣志哉！然而用之異也．失其所守之位，而離其內外之舍．是故舉錯（一一二）不能當，（一一三）動靜不能中，（一一四）終身運枯形於連嶁列埒之門，（一一五）而蹪（一一六）蹈於汚壑穽陷之中．雖生俱與人鈞，然而不免為人戮笑者，何也？形神相失也．故以神為主者，形從而利；以形為制者，神從而害．貪饕多欲之人，漠睧於勢利，誘慕於名位，冀以過人之智，植高（一一七）於世，（一一八）則精神日以耗而彌遠，久淫而不還，（一一九）形閉中距，則神無由入矣．（一二〇）是以天下時有盲妄自失之患．此膏燭之類也，火逾然而消逾亟．（一二一）夫精神氣志者，靜而日充者以壯，躁而日耗者以老．』原訓道下

這是說世人形神相失的害處，與莊子所說『山木自寇，膏火自煎．』意思相像．惟聖人能做形神合一的工夫．他說：

『是故聖人將養其神，和弱其氣，平夷其形，而與道浮沈俛仰．恬然則縱之，迫則用之．其縱之也若委衣，其用之也若發機．(一二二) 如是則萬物之化無不遇，而百事之變無不應．』仝上

是知養性全在調和形、氣、神，以合於道．至於得道的結果，就是聖人，就是眞人．他說：

『是故聖人法天順情，不拘於俗，不誘於人．以天爲父，以地爲母，陰陽爲綱，四時爲紀．天靜以淸，地定以寧，萬物失之者死，法之者生．夫靜漠者，神明之宅也；虛無者，道之所居也．是故或求之於外者，失之於內；有守之於內者，失之於外．……夫精神者，所受於天也；而形體者，所稟於地也．故曰：一生二，二生三，三生萬物．(一二三) 萬物背陰而抱陽，沖氣以爲和．』精神訓

這是說惟有聖人能夠取法天地，靜漠虛無，內外交養，調和陰陽．他又說：

『所謂眞人者，性合於道也．故有而若無，實而若虛；處其一不知其二，治其

內(一二四)不識其外;(一二五)明白太素,無爲復樸,體本抱神,以游於天地之樊.芒然彷徉於塵垢之外,而消搖於無事之樂.浩浩蕩蕩乎!機械之巧,弗載於心.是故死生亦大矣!而不爲變;雖天地覆育,亦不與之抮抱(一二六)矣.審乎無瑕,(一二七)而不與物糅;(一二八)見事之亂而能守其宗.(一二九)若然者,忘(一三〇)肝膽,遺耳目,(一三一)心志專一於內,通達耦於一.(一三二)居不知所爲,行不知所之,(一三三)渾然而往,逯然(一三四)而來.形若槁木,心若死灰.(一三五)忘其五藏,損其形骸.不學而知,不視而見,不爲而成,不治而辯.感而應,迫而動,不得已而往,如光之燿,如景之放,以道爲紃,(一三六)有待而然.抱其太清之本而無所容與,而物無能營;(一三七)廓惝而虛,清靖而無思慮.大澤焚而不能熱,河漢涸而不能寒也.大雷毀山而不能驚也,大風晦日而不能傷也.』精神訓

這兩段形容聖人眞人的氣象,與莊子逍遙遊;大宗師等篇所說,沒有兩樣.

其中又有幾句值得注意的話：

『若吹呴呼吸，吐故納新，(一三八)熊經鳥伸，鳧浴蝯躩，鴟視虎顧，(一三九)是養形之人也；不以滑(一四〇)心。』精神訓

這是他明明指斥神仙家導引的術，爲養形的外功，不足以亂眞人的心。但是他萬畢術中間，却又說神仙家養形術，似乎自相矛盾了。大概淮南一書是集合許多人編集而成，兼收並採，其中矛盾，不足爲奇。茲引萬畢術幾條在下：(一四一)

『曾靑(一四二)爲藥，令人不老。(一四三)』

『伏苓散，令人身輕，益氣力，髮白更黑，齒落更生，目冥(一四四)復明，延年益壽，老而更少方；(一四五)』以上萬畢術卷上

『朮草者，山之精也，結陰陽之精氣，服之，令人絕穀致神仙。(一四六)』萬畢術卷下

上面所說的藥物有兩種：一是令人不老延年益壽；一是令人服之可辟穀致神仙；這都是服食派神仙家所用的．此外還有化精散，還精丸，不再多引；須知求神仙第一步功夫，最要緊是保護人們的「精」，所以有化精、還精等藥方．

『朱沙爲澒．(二四七)』

朱沙是丹砂，澒就是汞字．這是說神仙家鍊丹砂爲水銀；怎樣鍊法？無從得知．那是鍊丹派神仙家所用的．

從上面所引的殘簡看來，當時他這十萬言的一部書，料想說得很詳細，惜乎無可查考了．我們引這幾條，不是爲求神仙，是證明淮南鴻烈一書，養性養形，二者兼容幷包的．

淮南書中，關於政治思想，材料很多，然而都是雜採周秦諸子的議論，於思想進展上，沒有多大關係，所以從略．

魏伯陽的參同契中，所講神仙修鍊的話，比較淮南，更覺切實．書中原本老子的道德，染以周易的色彩，爲道書中最有精彩者。不但後世道家奉爲要典，就是，治易的人，也多採作注釋。我們從這部書中可以找出以下幾個概念。

第一、人是可以長生不死的。他說：

『引內養性，黃、老自然；含德之厚，歸根返元。近在我心，不離己身；抱一毋舍，可以長存。配以服食，雌雄設陳。挺除武都，(二四八)八石(二四九)棄捐。審用成物，世俗所珍。……化形而仙，淪寂無聲。百世一下，遨遊人間。陳敷羽翮，東西南傾。』下篇

這是說人們可以長生的道理，最要是養性；至於養形，也不可偏廢的。養性從內心做功夫，遵守黃、老的自然，黃帝陰符經所說：『觀天之道，執天之行；』老子道德經所說『含德之厚，比於赤子，』『歸根復命，』都是發明造化自然的妙理。下手用功，近在我的心，不在身外；祇要抱一——道——不舍就可以長存了。這是就養性方面說的。至於養形就應該配以服食；不過他所說的服食，仍是

身內的陰陽調和，所以說：『雌雄設陳，』而不是用世俗所珍的雄黃八石。所以說：『挺除武都，八石棄捐，審用成物，世俗所珍。』修養到結果，就可化去形骸而成仙人；淪寂於無聲；百世中間，偶然一下來，遨遊人間，譬如羽翮的飛行，東西南北，隨意可到的。

第二、修煉：人們雖然可以長生，但是想求長生，不能不講修煉。因爲修煉是能使人一定長生的妙訣。他說：

『內以養已，安靜虛無，原本隱明，內照形軀，閉塞其兌，築固靈株，三光陸沈，溫養子珠，視之不見，近而易求。黃中漸通理，潤澤達肌膚。初正則終修，（一五○）榦立末可持。一者以掩蔽，世人莫知之。』上篇

這裏說修煉要訣，應該從內心去修養自己，『安靜虛無』四個字，爲最重要。心安而靜，一念不起，萬緣皆空，有似太虛，不着一物。老子所說『致虛極，守靜篤，』就是這種境界。然後用心中本有的靈明，回光內照這形軀，閉塞其口，——

兌，——叫元氣不上泄；樂固腎部，——靈株——叫元氣不下漏。這時候收視返聽，神光全聚於內，譬如日月星三光，沈在地下，就可產生內丹——子珠——了。這個內丹，看是看不見的，然近在己身，求之卽得。黃是中央的顏色，這個內丹，處於中宮，潤澤能够達於肌膚，可以返老還童。這全在起初取徑端正，終久方可修成；譬如樹木，榦能挺立，末端自可保持。所以修煉全在抱一，一就是道，明白這個一，就毫無餘蘊。可惜世俗的人，沒有知道。

『惟昔聖賢，懷玄抱眞，服（一五一）煉九鼎，化迹隱淪，含精養神，通德三元，（一五二）津液（一五三）腠理，筋骨緻堅，衆邪辟除，正氣長存，累積長久，變形而仙。』下篇

這是說惟有古時的聖人，方能懷抱玄妙眞一的道，服煉九轉——九鼎——的丹藥，變化形迹，隱淪虛空，含養精神，凝聚成嬰兒，通其德於上中下丹田，自下丹田移於中丹田，再移於上丹田，所以說：『通德三元。』這時候津液盈滿於

腠理，筋骨益壯而緻堅，身內衆陰的邪氣辟除，純陽的正氣長存，積功累行長久，自然蛻去肉體，變形而成仙了。

第三、修煉方法分三個步驟：

甲、精氣神三寶　人們的生命，是「精，」「氣，」「神，」道家稱爲三寶。精就是現在所說的精蟲；神字極難領會，勉强說明，似乎是人身的電；氣是呼吸的氣。這個精順用之，可以生育；逆用之可以成仙。怎樣逆用呢？是要心齋坐忘，心中不起一些妄念，然後用呼吸的氣，一升一降，烹煉這個「精，」叫它還返於腦，同神合在一塊兒。道家常說的『煉精化氣，煉氣化神，煉神返虛』的工夫，一貫到底，始終離不開這三寶的。老子道德經中，雖然有『窈兮冥兮，其中有精，』『專氣致柔，』『谷神不死，』等話，然並沒有具體的說明。魏伯陽參同契中，敍述就較詳備。他說：

『將欲養性，延命却期，審思後末，當慮其先。人所稟軀，體本一無，元精雲佈，因氣託初，陰陽爲度，魂魄所居。……性主處內，立置鄞鄂。(一五四)情主營外，築垣(一五五)城郭，城郭完全，人物乃安。』中篇

這是說「精」「氣」「神」的重要。人們如果要養性延命，除却死期，應該審思既有這個軀體以後，再考慮沒有性命之先。須知這個軀體，在父母沒有生我時候，本來是「無」的，是由元精如雲的流布，因陰陽二氣的交合，託初成胎，魂魄方有所居而成人。魄是軀體，魂就是「神」，也就是「性」，人們一口氣不轉來，就要死，所以「氣」就是「命」；那麼性命就是「神」與「氣」，「精」是構成形體的要素，宜乎道家稱做三寶了。就靜的方面說爲「性」，性主處內，主清靜以立修道的基址；就動的方面說爲「情」，情主營外，關閉三寶以防外患；然後精氣神乃能凝聚，猶如城郭完全，人物乃可安居一樣。他又說：

『耳目口三寶，固塞勿發通。眞人潛深淵，浮游守規中，旋曲(一五六)以視聽，開闔(一五七)皆合同；爲己之樞(一五八)轄，(一五九)動靜不竭窮。離氣(一六〇)

納營衛，(一六一)坎乃不用聽；兌合不以談，希言順鴻濛。(一六二)三者既關鍵，(一六三)緩體處空房，委志歸虛無，無念以為常。證驗自(一六四)推移，心專不縱橫。寢寐神相抱，覺悟候存亡。顏容(一六五)浸以潤，骨節益(一六六)堅強。排卻眾陰邪，然後立正陽。修之不輟休，庶炁雲雨行；淫淫(一六七)若春澤，液液(一六八)象解冰；從頭流達足，究竟復上升，往來洞(一六九)無極，怫怫(一七〇)被容中。(一七一)』中篇

這精氣神三者，寄託於外面的耳目口；耳若多聽邪聲，能夠搖「精」；口若多說話，能夠傷「氣」；目若多看，能夠傷「神」；所以當靜坐修煉時候，要固塞這三寶的門戶，勿令發通。於是外者不入，內者不出，聚精斂神，真正的內丹——真人，——潛藏深淵；有時浮游而起，仍固守於丹田中間。——規中——迴目光以內視，迴耳聽以返聽，覺得真氣的升降，一開一闔，身心俱冥，處處合同；為我修丹的樞轄；動靜運用，流轉無窮。易經以離卦為目，坎卦為耳，兌卦為口，今收視於

目，故目光納入內部的營衛，使氣血流通；返聽於耳，故耳不用其聽；緘默其口，故合而不談，順乎先天的鴻濛。三者既已關鍵，於是安舒其體，處於寂靜的空房；委置其心志，歸於虛無，了無雜念，以此爲常。若要證驗這內丹，自可由淺而深，加以推測；——推移——但必須專心一志，不可稍微放縱橫逸。就是寢寐，也要神氣相抱，覺悟時，更要念茲在茲，候其存亡。然後容色潤澤，骨節堅强，陰邪去，正陽立。修煉久而不輟，庶幾氣如雲行，液如雨施，如春雨之徧澤，如東風之解冰，從頭到足，氣與津液往來升降，周徧而容於體中。這一段極寫精氣神調和得丹的景象，不是親身經驗的人，是說不出的。

乙、顛倒陰陽摶合五行：

在周易和老子道德經中，常常看到陰陽兩個字。在尚書裏，也屢說五行，就是水、火、木、金、土五樣東西。足見陰陽五行，我國古代早有人說起了。但在當時的陰陽五行，都不過指兩種明顯的物質要素。陰陽是相反的動力，好比現在科學上所說的陰電子和陽電子，從這兩種電子，可以組成原子（Atom）．至於五行呢？好比現在的元素（Element）．但在當時所說的元素，並不合於現在的科學，因爲水、火、木、金、土，這五樣東西，站在科學上講，實在還是由元素化合而成的，所以他們自身已是混合物（Compound），而不是元素．古人所以會把五行當做元素，大概是他們常常在任何物裏，都可以看到這五種東西，或者全部，或者一部．宇宙間的物件，似乎沒有一樣不是五行做成，或者缺少五行的；同時又沒有化學替他們分析，指示這五行中間，還有原子；因此就認爲五行是形成萬物的五種元素．這種思想，不單在我國古代如此，就在印度和希臘也是一樣．印度的學者，拿地、水、火、風、四大做物質的元素．希臘的學者，拿水、火、土、氣、做物質的元素．這都因爲沒有化學的幫助，所以祇好拿這種比較不能再分析的東西做元素，而不能和現在科學家一般，拿輕、養、淡、鐵等八十餘不可再分析的東西做元素．如果當時的人，也有化學，他們也會作更精密的分析，那就不會拿五行做元素了可見古人並不一定是迷信，不過受了社會進化程序的限制，不能和現在比肩並論罷了。所以萬不能拿我們現在的眼光，去毀謗古人。

在這裏我們還要注意的一點，就是我國古代雖以陰陽五行做萬物化生的本質；但是當時的學者，還沒有把陰陽五行兩者的關係溝通，所以兩者還是獨立的。例如周易及老子道德經中只說陰陽，尙書中只說五行。

古時拿這種陰陽五行做萬物的本質，在思想方面講，這種思想是很明顯而樸素的。在陰陽五行的自身講，當時所應用的範圍，是很狹窄的。周易裏面的陰陽所占的範圍，雖比較廣泛些，然也祇是用陰陽來說明宇宙現象的消長，並沒有神祕的色彩。但自戰國時稷下派的騶衍倡道五德終始，傳到西漢，陰陽五行的思想，忽一變而爲讖緯的思想，就充滿了神祕的色彩，同時兩者，也連貫起來，於是應用的範圍，也特別廣泛，凡一切天時人事，都可以應用陰陽五行去解釋，離古代陰陽五行的原義，乃漸漸遠了。所以魏伯陽講修煉神仙，也借這一類話，來唱顚倒陰陽搏合五行的方法．他說：

『物無陰陽，違天背元，牝雞自卵，其雛不全．……坎男爲月，離女爲日，日以施德，月以舒光，月受日化，體不虧傷．』中篇

這是說煉丹要顚倒陰陽，凡物孤陰不生，獨陽不長，倘若沒有陰陽，是違天理，背本元，如牝雞無雄，自生的卵，決不能成雛的．周易以坎卦爲中男，離卦爲中女，又以坎象月，離象日．我們看空中日月出沒，日是本體有光，照射於月；月的本體沒有光，受日光以爲光；日是施，月是受，但月儘管借日的光，而日體並不見虧損，就是自然界中陰陽相資的道理．所以說：『日以施德，月以舒光，月受日化，體不虧傷．』然離爲女，反居日位而爲太陽，坎爲男，反居月位而爲太陰；從這點可以悟到修煉的方法要顚倒身中的陰陽；如腎水是坎，居於下位，陰中含陽☵；離火是心，居於上位，陽中含陰☲；倘若顚倒陰陽，取坎中的眞陽，塡補離中的眞陰，成爲純陽的乾卦，那丹道就成了．

（天）

『五行錯王，(一七二)相據(一七三)以生，火性銷金，金伐木榮；三五與一，天地至精。』中篇

道家拿人身的五臟配五行，水是腎，火是心，木是肝，金是肺，土是胃。五行相剋相生：從相剋方面說，如木旺於春而剋土，火旺於夏而剋金，金旺於秋而剋木，水旺於冬而剋火，土寄旺於四季而剋水，更迭而旺，所以說『五行錯王』。從相生方面說，則水能生木，木能生火，火能生土，土能生金，所以說『相據以生』。然煉丹的方法反可以利用相剋的道理，運用心中的火——汞——去煉腎水中所含的金——鉛，所以說火性銷金。再搬運腎水中的金，以制心火中的木，所以說含『金伐木榮』。利用相剋反能成丹，沒有別的原故。天一生水，地二生火，合而爲三；天五生土，土是五數，煉水火成丹，歸入土的中宮，雖分五行，原是一氣所生；這乃天地間極精妙的道理，所以說『三五與一，天地至精。』這是搏合五行的話。

丙、服食：所謂服食，就是服藥以求長生，但所謂藥，是他們自己煉出來的；

用什麼材料，什麼方法，因爲這派人物主張保守祕密，不肯輕易傳授人家，所以在教外的人，不能夠知其底蘊．從他們書中去研究，知道他們煉成的藥，就是所謂金丹，據說吃了這種金丹，一定可以長生的．爲什麼呢？因爲金的性質是永不朽敗的．他說：

『巨勝(一七四)尙延年，還丹可入口，金性不敗朽，故爲萬物寶．術士服食之，壽命得長久．土遊於四季，守界定規矩．金砂入五內，霧散若風雨．熏蒸達四肢，顏色悅澤(一七五)好，髮白皆變黑，齒落生舊所，老翁復丁壯，耆嫗成姹女．改形免世厄，號之曰眞人．』上篇

這是說胡麻凡藥，服之尙可延年益壽，況九還(一七六)煉成的金丹，入於口中，其性堅固，不會敗朽，爲萬物中的至寶，術士服而食之，壽命那有不長久的道理呢？胃土居人身的中宮，與肺金、腎水、心火、肝木，都有關係，土旺則餘四者都强，各守其界，沒有過與不及，所以說：『土遊於四季，守界定規矩．』這金丹入於五

臟之內，霧散徧體，猶如久旱乍逢風雨，有熏蒸四肢，顏色悅澤，髮白變黑，齒落重生，返老爲童的效驗，到此便能改換凡形，永免世厄，成爲眞人了。他又說：

『胡粉（一七七）投火中，色壞還爲鉛，氷雪得溫湯，解釋成太玄。（一七八）金以砂爲主，稟和於水銀，變化由其眞，始終自相因。欲作服食仙，宜以同類者。植禾當以黍，覆雞用其卵。（一七九）以類輔自然，物成易陶冶。魚目豈爲珠，蓬蒿不成檟。（一八〇）類同者相從，事乖不成寶。是以燕雀不生鳳，狐兔不乳馬，水流不炎上，火動不潤下。』上篇

這是說煉丹服食，須要用同類的物，如胡粉本由鉛所成，氷雪本由水所結，或投火中，或得溫湯，都可返其本原。金丹以朱砂爲主，而其稟質，實由砂中的水銀；變化由其眞性，方能終始相因。所以要做服食仙人，宜用吾身同類的物，如植禾用黍，覆雞用卵，以同類相輔，乃易成功。倘若不以類從，則魚目豈可爲珠，蓬蒿決不成檟，推之燕雀不能生鳳，狐兔不能乳馬，水流不能炎上，火動不能潤下，道

理都是一樣的.

但是他們所說的金丹,有的說,就是腎水中所含的眞陽——鉛——心火中所含的眞陰,——汞——用眞氣調和這二物,叫做內丹.有的說,就用金砂水銀,烹煉而成,叫做外丹.究竟是怎麼一回事,他們向來守着祕密,無從知道的.

魏伯陽以後,葛洪出來,他對於魏伯陽的思想,很贊同的,所以流爲同派的人物;但是抱朴子書中的思想,比魏氏更進步,他也認爲人可以長生不死的,也主張修煉的,與魏氏完全相同;而他所持的理論,較爲圓滿.現在逐一敍述於后:

一、有神仙.他說:

『雖有至明,而有形者不可畢見焉.雖稟極聰,而有聲者不可盡聞焉.……雖有禹益齊諧(一八一)之智,(一八二)而所嘗(一八三)識者,未若所不識之衆也.萬物芸芸,何所不有,況列僊之人,盈乎竹素矣;不死之道,曷爲無之.』

這是說人們見聞有限,決不可以爲沒有看見,沒有聽見,就武斷爲無的.列仙既然多載於書籍，就不能說不死之道，是沒有的。

二、人可以長生不死：他說：

『若夫仙人以藥物養身，以術數延命，使內疾不生，外患不入，雖久視不死，而舊身不改，苟有其道，無以難爲也。』（一八四）以上皆論仙篇

這是說祇要明乎養身方法，通乎術數，叫內疾不生，外患不入，久視不改，苟得其道，神仙已是不難成的。

三、成仙在修煉：他說：

『仙之可學致，如黍稷之可播種得，甚炳然耳。然未有不耕而獲嘉禾，未有不勤而獲長生度世也。』勤求篇

這是說神仙可以學而致，如播種稷黍，一定可得收成，但沒有不學而得的。

四、修煉的方法：

魏伯陽是漢朝的人，漢時有一種流行思想，不論什麼學者，都喜歡應用陰

陽五行來解釋一切,所以魏伯陽的神仙修煉方法中也有顛倒陰陽,搏合五行的話.至於葛洪,因爲他是晉朝的人,不受漢時思潮的束縛,所以他的方法中,就少說陰陽五行,這是思想變遷的一種情狀.同時因爲葛洪的時代,比較魏伯陽時代前進了一些,比初民時代更前進了一些,所以他的求神仙方法中,又主張非鬼神,就是不向鬼神去祈禱而求長生,只主張自己努力修煉.現在把他所說的方法敍述於後.他說:

『欲求神仙,唯當其至要,至要在於寶精,行炁,服一大藥便是,亦不用多也.』

所說寶精,就是人們的精,至可寶貴;順流之就可以生育兒女;逆用之就可返於嬰兒,成爲仙人.怎樣逆用?他說:

『房中之法十餘家;……其大要在於還精補腦之一事耳.……人欲(一八五)不可都絕,陰陽不交,則坐致壅遏之病,故幽閉怨曠,多病而不壽也;任情肆意，又損年命；惟有得其節宣之和，可以不損』

所說行「炁」，就是運行先天之氣．他們書中常常用這「炁」字，以表示先天渾含的眞氣，不是後天呼吸的氣．行炁是從呼吸下手，到純任自然的境界，鼻中的氣，似有若無，有時完全可以停止．嬰兒在母胎中，也不用鼻呼吸的；就是老子所說『專氣致柔，能如嬰兒．』道家叫做胎息．他說：

『行炁有數法焉……其大要者，胎息而已．得胎息者，能不以鼻口噓吸，如在胞胎之中，則道成矣．』

所說服一大藥，就是金丹；或服內丹，或服外丹，服後就能長生不老，形解登仙．他說：

『服藥之方，略有千條焉：……一塗之道士，或欲專一交接之術，以規神仙，而不作金丹之大藥，此愚之甚矣．』以上均釋滯篇

這三種修煉方法，是連貫的，而不是獨立的．不過服藥較爲重要，所以要求

神仙，應當三法並用，方能達到目的．他說：

『服藥雖爲長生之本，若能兼行炁者，其益甚速．若不能得藥，但行炁而盡其理者，亦得數百歲，然又宜知房中之術，所以爾者，不知陰陽之術，屢爲勞損，則行炁（一八六）難得力也．夫人在氣中，氣在人中，自天地至萬物，無不須氣以生者也．善行炁者，內以養身，外以却惡，然百姓日用而不知焉．』至理篇

以上三種方法，是積極而偏重於物的．他還有三種方法，是消極而偏重於心的．這三種方法是什麼？第一要有信仰而勤求明師．第二要行善積德，第三非鬼神．他說：

『苟心所不信，雖令赤松、王喬（一八七）言提其耳，亦當同以爲妖訛；然時頗有識信者，復患於不能勤求明師．』勤求篇

這是他主張要有信仰而勤求明師的話．所說信仰，是說人們如果想修成神仙，應該先對神仙有堅定的信仰，然後纔能達到目的．所謂勤求明師，因爲神

仙家對於修煉方法，不肯輕易教人的，所以要修神仙，必定要勤懇不倦去求師。若不然，那明師決不會指示我們的，沒有明師，就不得其門而入，試問怎能成功呢？

『欲求仙者，要當以忠孝、和順、仁信爲本。若德行不修，而但務（一八八）方術，皆不得長生也。行惡事大者，司命奪紀（一八九）小過奪算，隨所輕重，故所奪有多少也。凡人之受命得壽，自有本數，數本多者，（一九〇）則紀算難盡而遲死，若所稟本少，而所犯者多，則紀算速盡而早死。（一九一）又云：人欲地仙，當立三百善；欲天仙，立千二百善。若有千一百九十九善，而忽復中行一惡，則盡失前善，乃當復更起善數耳。故善不在大，惡不在小也。雖不作惡事，而口及所行之事，及責求布施之報，便復失此一事之善，但不盡失耳。又云：積善事未滿，雖服仙藥，亦無益也。若不服仙藥，並行好事，雖未便得仙，亦可無卒死之禍矣。』（對俗篇）

這是他引玉鈐經中篇的話，表示他主張行善的意思．所說行善，就是修養自己的人格；他這種勸人行善的話，帶了宗教色彩較重，眞不愧爲道教一個強有力的分子．

現在再引他所說的關於非鬼神的話．所謂非鬼神，就是說修煉神仙，不必求神的保佑，祇要自己努力去做修煉的工夫就夠了．因爲鬼神實在沒有什麼力量，可以助人修煉．不但修煉神仙，不必求神拜鬼，就是我們想免却疾病，也應該自己去調養，不要去求鬼神的．我國自來學者，大都信仰鬼神，況且燕、齊方士以至張道陵，都注重祀鬼神的．葛洪是道教有力分子，反不主張祈禱，這是道教思想上一個重大轉變，值得我們注意的．他說：

『患乎凡夫不能守眞，無杜遏之檢括，有嗜好之搖奪．(一九二)馳騁流遁，有迷無反．情感物而外起，智接事而旁溢，誘於可欲，而天理滅矣；惑乎見聞，而純一遷矣．心受制於奢玩，神濁亂於波蕩，於是有傾越之災，有不振之禍；而徒烹宰肥腯，沃酹醪醴，撞金伐革，謳歌踴躍，拜伏稽顙，守請虛坐，乞求福願，冀其必得，至死不悟，不亦哀哉！若乃精靈困於煩擾，榮衛消於役用，煎熬形氣，刻削天和，勞逸過度，而碎首以（一九三）請命，變起膏肓，（一九四）而祭禱以求痊；當風臥濕，而謝罪於靈祇；飲食失節，而委禍於鬼魅。蕞爾之體，自貽茲患，天地神明，曷能濟焉？其烹牲罄羣，何所補焉？夫福非足（一九五）恭所請也，禍非禋祀所禳也。若命可以重禱延，疾可以豐祀除，則富姓可以必長生，而貴人可以無疾病也。』（道意篇）

葛洪這三種主張，在修煉的效果上講，可以說是修仙的助行。然在思想方面講，確是比從前道家進步得多。但他雖非鬼神，却又兼採張道陵的符籙，這大概是以為修仙的人，不必專靠鬼神，而不是否定鬼神的存在的。

葛洪除了上述的思想以外，他還有許多關於政治方面的思想，載在抱朴子外篇裏，那些思想，都是先秦諸子的糟粕，與我國哲學的發展，沒有多大關係，所以不再敍述。

第三節　餘論

這派思想，我們在引論中已說過，它自身有時代的價值，現在來把這點指出來，叫讀者對於這派思想得一種新的認識。

我國在先秦時代的學者，都是討論人身以外各種問題的；所以關於宇宙和政治等思想特別發達。關於人生的思想倒很少，縱使有時說到人生方面，也是以政治做背景的。換句話：那些關於人生方面的思想，是站在政治立場而發出的，並不是專爲人生而出發的，所以那享樂派的楊朱，表面上似乎是避開了政治不談，而專講人生；然骨子裏，還是牽涉政治的。所以他說：

『古人損一毫利天下，不與也。悉天下奉一身，不取也。人人不損一毫，人人不利天下，天下大治矣。』（列子楊朱篇）

但神祕派可以說是專門研究人生問題的了．他們把人生問題，看得非常鄭重．從這點去說，這派思想是有時代價值的．因爲中外思想進展的常例，都是由討論人身以外的問題，而漸漸轉向討論人身以內的問題的．

我國古代，有兩種治病之術：一是祈禱，一是服食．但這兩者，雖在古代老早發明，而取得社會的信仰與採用，却隨時代的進展，及人民知識的發達而盛衰．在古代因爲民智幼稚閉塞，多用祈禱術治病，這是一種迷信的方法．爲什麼用這種方法呢？因爲當時的人民，都信仰鬼神，就產生巫覡（一七六）的宗教，巫覡又轉爲宣傳迷信的人，所以祈禱爲唯一的治病法．後來社會進步一些，人民知識也較開通，知道祈禱鬼神治病，很空洞的，於是就漸漸注重服藥法，所以在這時期，專靠祈禱治病的人，就比較的少了．到神祕派的人物出來，他們對於祈禱法，絕少使用，而極端的主張用藥石治病，并且可以煉丹藥，服食成仙．從這點說，他們煉丹的思想，豈不是有時代的價值嗎？

(天)他們煉丹的思想，不單是上面所說的，還有更大的價值。是什麼呢？因爲他們主張藥石治病，一方面固是打破迷信的祈禱思想，一方面是開始了化學的先河，所以在西洋自從有了那點石成金的夢想後，化學就日日向前發達，到現在已成了化學的世界，唯有化學可以操縱一切。假如我國神仙家煉丹的方法，最初就不主張秘密，叫其他的人也可以隨着那條夢想的路去走，不致藐視神仙家，我們想：今日的中國，或者也有了驚人的化學；比西洋的化學更進步也說不定。可惜我國人太自私自利，一切技術都要守着秘密，至於失傳。難怪文化事業，永遠沒有勝人的一日！

所以這派的思想，含有兩種要素：那長生不死的思想，是宗教的要素；那藥石萬能的思想，是科學的要素。但後者因爲和前者合在一起，被人家視爲神祕，漸漸消滅了；而前者卻一天一天的長大起來，所謂道教，就托附這種思想，根深蒂固直到如今。

從這派的思想去研究，我們覺得：凡一種思想愈神祕，在它直接的自身，或者間接的影響（或者反響），往往表現出一種公開而很科學化的思想來的．就事實上說：這派思想是神祕極了，然而那種藥石萬能的思想，卻表現了科學的精神．至於西洋的耶教思想，它的自身雖沒有表現出什麼科學的精神，而且是反科學的，但它的反響，卻造出了西洋的科學．假如沒有當時的宗教束縛人們的意志，縱使科學會發達，恐怕沒有這樣迅速的．所以對於神祕思想，我們並不能加以輕視；並且認為有了極端的神祕思想，纔有極端的科學精神

註 （一）七十四．（二）齊之城門，談說之士集於稷門之下．（三）宣王．（四）言大體隨時代盛衰．（五）拂也．謂側而行，以衣撇席，不敢正坐當賓主之禮．（六）帝也．（七）鄒子書篇名，言五行相次用事．（八）鬼也．（九）同劑．（一〇）二縣名．（一一）指宣帝．（一二）亦作萬畢．（一三）劉向本名．（一四）即佛陀，譯言覺者．（一五）卽道陵．（一六）與懸同．（一七）免也．（一八）西晉王浮，造老子化胡經．（一九）魏書釋老志．（二〇）令道士上章及奏符籙，皆稱陽平，

陽平，張魯時二十四治之一治也。（二一）依據正統道藏本淮南鴻烈解，及近人劉文典淮南鴻烈集解。（二二）張也。（二三）音拓，開也。（二四）八方之極。（二五）至也。（二六）稟、給也，授、予也，萬物之未形者，皆生於道，故云。（二七）源、泉之所自出，浡湧也。沖，虛也。始出虛，徐流不止，能漸盈滿，喻道亦然。（二八）立也。（二九）充也。（三〇）滿也。（三一）川也。（三二）竭也。（三三）猶云無盛衰。（三四）散也。（三五）攢也。（三六）能小能大。（三七）能暗能明。（三八）讀爲桄，車下橫木。（三九）綱也。（四〇）明也。（四一）日月星。（四二）讀如歌，多汁也。（四三）實也。（四四）驗也。（四五）同已。（四六）鬼與帝皆道神之。（四七）即六合，天地四方也。（四八）竭也。（四九）讀爲邃，深也。（五〇）深而通也。（五一）有動斯應。（五二）屈伸也。（五三）升降也。（五四）通行本作淪。（五五）蠛也。（五六）音祈，蟲行也。（五七）微蟲。（五八）足也。（五九）蟯也。（六〇）極重之舟亦能戢，是其強。（六一）通也。（六二）作搖，亦動也。（六三）當作芒，忽芒即忽荒，無形也。（六四）猶委曲也。（六五）從俞樾校補。（六六）大也。（六七）通也。（六八）轉也。（六九）原作始終，從王念孫校。（七〇）言水之爲德最大。（七一）

依據正統道藏本抱朴子，及孫星衍校本。（七二）一作飆。（七三）藏本作華。（七四）地之籀文。
（七五）鴻翼洞濁皆無形之貌。（七六）原文太始作太昭。太始牛，作道始於，今從王念孫校改。
（七七）同廓。（七八）原本無元字，從王念孫校改。（七九）猶飛騰也。（八〇）通搏。（八一）合
也。（八二）氣也。（八三）通摶。（八四）原本作爲字，從王念孫校改。（八五）衆多而將發也。
（八六）通芽。（八七）形狀也。（八八）界限也。（八九）逐也。（九〇）遠也。（九一）雜糅也。
（九二）聚會也。（九三）晉宅，高峻也。（九四）道藏本、通行本均作藿扈，從王念孫校改，嚾讀如唯
諾之唯，扈音戶，嚾扈，草木之榮華也。（九五）通喙，咽也。（九六）順也。（九七）當時還沒有鑛物
的分類。（九八）博大之意。（九九）廣大貌。（一〇〇）通行本作匡。（一〇一）通廓。（一〇
二）通行本作軸。（一〇三）通行本脫工字。（一〇四）本也。（一〇五）本也，原作充，依王念孫
校改。（一〇六）通行本作三。（一〇七）三者之中，一者失位，則二者皆傷也。（一〇八）不明也。
（一〇九）怒是陰氣，陰積故破，喜是陽氣，陽升故墮。（一一〇）更也。（一一一）不載於性。
（一一二）同措。（一一三）合也。（一一四）適也。（一一五）運行也，枯，猶病也，形，體也，連嶁，猶離

嶁，列埒，不平均也。（一一六）躓也。（一一七）原本高在於宇下，從王念孫校。（一一八）立高名於世也。（一一九）返也。（一二〇）精神無從還入也。（一二一）疾也。（一二二）發弩機關，言其疾。（一二三）一、元氣，生二爲乾坤，二生三爲萬物。（一二四）守精神。（一二五）不好憎（一二六）猶持着也。（一二七）猶數也。（一二八）雜也。（一二九）本也。（一三〇）原作正，從王念孫校。（一三一）言精神內守。（一三二）道也。（一三三）言無所槃。（一三四）猶忽然。（一三五）二句喻無爲。（一三六）法也。（一三七）惑也。（一三八）以上言呼吸。（一三九）以上言導引。（一四〇）亂也。（一四一）萬畢術本有十餘萬言，但已亡佚，祇有清代學者的輯本。如問經堂叢書（孫馮翼輯）十種古逸書，（茆泮林輯）南菁書院叢書，（丁晏輯）此外尚有沈欽韓王仁俊輯本，而以觀古堂叢書本，（葉德輝輯）比較完全，今依據葉本。（一四二）青石也。（一四三）太平御覽九百八十八引，——神農本草經上，曾青味酸，小寒，久服輕身，不老。（一四四）即冥字。（一四五）醫心方二十六引淮南書。（一四六）藝文類聚八十一引，（一四七）太平御覽九百八十八引，——神農本草經上，丹沙久服通神明，不老，能化爲汞。（一四八）地名，產雄黃。

(一四九)滷鹽、石膽、雲母、礬磁、砂、硫、雄黃。(一五〇)道藏本一作中美，今從通行本。(一五一)通行本作伏。(一五二)下丹田小腹，中丹田胸部，上丹田頂部。(一五三)一作溢。(一五四)喻基址。(一五五)通行本作岡。(一五六)周旋委曲。(一五七)眞氣出入。(一五八)戶樞。(一五九)車軸頭鐵。(一六〇)目光。(一六一)動脈爲營，靜脈爲衛。(一六二)猶混沌。(一六三)戶鑰也。(一六四)道藏本作雖，以今從通行本。(一六五)通行本作色。(一六六)通行本作亦。(一六七)水溢貌。(一六八)津盛貌。(一六九)達也。(一七〇)氣盛也。(一七一)容於體中。(一七二)與旺通。(一七三)依也。(一七四)即胡麻。(一七五)通行本作慓。(一七六)爐火烹煉九轉，謂之九還。(一七七)即鉛粉。(一七八)水也。(一七九)道藏本作子，今依通行本。(一八〇)木名，材之美者。(一八一)人姓名。(一八二)道藏本作識，今依通行本。(一八三)道藏本無嘗字。(一八四)自此以下均錄自正統道藏本抱朴子；並參用百子全書及孫星衍校本。(一八五)道藏本作復，今依百子全書本。(一八六)道藏本無烝字，從通行本。(一八七)皆古仙人名。(一八八)此上藏本有錯簡，從孫星衍校本。(一八九)十二年爲一紀。(一九〇)

通行本作所稾本多。（一九一）通行本作甆。（一九二）藏本作筴，今依孫校本。（一九三）藏本無以字從孫校。（一九四）晉荒膏肓，心下鬲上也。（一九五）讀如沮，過也。（一九六）男曰覡，女曰巫。

參考書

一　周易
二　尚書洪範篇
三　史記
四　前漢書
五　後漢書
六　三國志
七　魏書釋老志
八　淮南鴻烈解（正統道藏本）
一〇　全梁文劉勰集
一一　淮南萬畢術（葉德輝輯。觀古堂叢書本）
一二　周易參同契解（陳顯微解。正統道藏本）
一三　周易參同契發揮（俞琰著。道藏精華錄本）
一四　抱朴子（正統道藏本又孫星衍校本）
一五　廣弘明集
一六　神仙傳
一七　養性延命錄（陶隱居集。正統道藏本）

九　淮南鴻烈集解（劉文典）

問題

一　神仙家思想是什麼學派蛻變的？
二　漢代流行的思想是什麼？
三　什麼人拿老子牽合神仙家？
四　老子是哲學家，怎麼會變成太上老君？
五　道教是什麼人創成的？
六　道教內容的分析。
七　試述劉安魏伯陽葛洪三家的本體觀及宇宙說。
八　本派的人生思想，有幾個特點？
九　本派思想的價值爲何？

第二章　理性主義派哲學

第一節　緒論

理性主義派哲學，是我國哲學最繁茂的一枝．它的根源，來自詩經、易經、大學、中庸、論語及孟子等書．它的方法則取自佛家，又受過道家思想的熏染，所以這派思想的外形，多表現佛家和道家思想的形態；但它的根本思想，實在和佛、道二家大相逕庭．佛家唯心，以心法起滅天地，故主張性先天地而生．道家尚無，認虛無爲天地之始，故主張有生於無．這派唯理，以理爲萬物形而上的根源，故以性爲後天地而生，也不主有生於無說．

唯理的思想，在孔、孟時代，已經醞釀着，但尚未見端倪；所以孔子雖有『天生德於予.』孟子雖有『萬物皆備於我,反身而誠,樂莫大焉.』的話,却未明白說出宇宙確有獨立存在的理.故孔、孟還是一種心物渾淪而偏於物的思想.但自孟子數傳而至宋代理學諸子,唯理之說,乃大昌明.程、朱之徒,固爲一般人認爲唯理的人物,無容我們多說;就是一般人所指爲中國唯心派領袖的陸象山,也說:『此理充塞宇宙,如何由人杜撰得?』(一)『東海有聖人出焉,此心同也,此理同也;西海有聖人出焉,此心同也,此理同也;南海有聖人出焉,此心同也,此理同也;北海有聖人出焉,此心同也,此理同也;千百世之上有聖人出焉,此心同也,此理同也;千百世之下,有聖人出焉,此心同也,此理同也.』(二)這可見陸氏實在也是唯理派,不是唯心派.他們既主張唯理,於是認爲理外無物,物外無理,或道外無物,物外無道;但他們對於存在人心中的理,不叫做理,另外叫它做性.因爲這層關係,我們乃稱這派做理性主義派.

詩經有『唯天之命,於穆不已;』(三)『天生烝民,有物有則;民之秉彝,好是懿德.』(四)易經有『窮理盡性,以至於命.』(五)大學有『明明德.』(六)孟子有『存心養性.』(七)等話,就是理性派思想的綱領,理性派的學者,尋到這些綱領,用極精細詳盡的分析法,加以研究,於是得着一種精微廣大的學問,就是這派自己的唯理思想.

所謂分析法,就是前面所說的佛家的方法,並不是我國古來儒家研究學問的方法.儒家注重綜合法,說起話來,渾圓模稜,沒有支離破碎的毛病,是他的一種好處;但這種方法,只能用以開創新思想,不能用以整理舊學問;所以當初儒家應用綜合法研究學問,還可創出了新思想;後來因爲過時愈久,學問的材料,愈趨複雜,這種方法,就失了效力.所以自秦朝以後,一般學者,襲用老法,終不能於故紙堆中發現新思想;想到了宋代的學者,借用佛家的分析法,把過去渾淪複雜的材料,加以分析的研究——如分仁爲體,愛爲用等等,纔創出理性派自己的新思想.所以朱子說:『至於分別體用,乃物理之固然,非彼之私言也.求之

吾書，雖無體用之云，然其曰寂然而未發者，固體之謂也；其曰感而方發者，固用之謂也。』（八）

自來學者都說宋明理學和佛學的深切關係，在乎根本思想。我們則認為祇在乎方法。由方法的相同，所以外表上彼此有些類似，其實兩家的思想雖有一二相通的地方，而根本上，一是世間法，一是出世間法，實在是水火不相容的。至於理學家受過道家的熏染，也不在根本思想，而在對己和處世的態度。所以也主張潔身自愛，與世無爭。

理性派有名的和有創見的人物，最初的是周敦頤、（九）邵雍，（一〇）稍後一些的是張載、（一一）程顥、（一二）程頤。（一三）張程三人，都受過周子的教訓，也和邵子交接過。他們都是北宋時代的人物。再到南宋，有朱熹（一四）陸九淵。（一五）到明代又有王守仁。（一六）朱子思想大都集北宋五子思想為自己思想的。陸子則和前五子以及朱子，思想稍有出入。王子出來，又傾向陸子。於是後來的人，把他們八人的思想分爲兩派：一曰程、朱派，一曰陸、王派。說程朱是唯理的，陸王是唯心的，但依據我們的研究，他們八人中，雖然可以分爲兩派，而差異的地方，不是根本思想，而是明理的方法。論根本思想，彼此都是唯理，不能說陸王唯心，程朱唯理。論方法，程朱主張先向外研究事事物物的理，然後向內發明吾心的理。陸王主張先向內發明吾心的理，然後憑它去觀察事事物物的理。前者是歸納法，後者是演繹法。因彼此方法不同，兩派外形就生出差別，所以王陽明說：

『吾說與晦菴時有不同者，爲入門下手處，有毫釐千里之分，不得不辯；然吾之心，與晦菴之心，未嘗異也。』（一七）

除了以上八子，雖然還有許多理學家；但他們的思想，均不能超出這八人思想的範圍，所以這書乃選這八人爲代表，將來敘述這派思想的時候，也拿這八人的思想做標準，其餘一概從略。

第二節 正論

本派思想精微廣大，嚴密有條理，如今要敍述，實在是一種很費精神不宜苟且的工作．爲使一般人容易明瞭起見，先把這派所用的幾個重要術語，加以詮釋，然後再分條敍述他們的思想．

1. 太極：朱子說『太極只是一個理字．』又說『太極只是天地萬物之理．在天地言，則天地中有太極；在萬物言，則萬物中各有太極．未有天地之先，畢竟是先有此理．』(一八)這理何以叫它做太極呢？因爲這理『究竟至極，無名可名，故特謂之太極．』(一九)故太極是理的名稱，其實卽理．

2. 理：理是形而上的本質，形成宇宙萬物的實理．所以朱子說：『理如一把線相似，有條理，如這竹籃子相似；指其上行篾曰：一條子恁地去；又別指一條曰：一條子恁地去．又如竹木之文理相似，直是一般理，橫是一般

理.』『大而天地萬物,小而起居食息,皆爲太極陰陽之理也.』(二〇)

3. 陰陽: 陰陽是宇宙變化相對的兩種現象的總稱.朱子說:『陰陽雖是兩個字,然却只是一氣之消息;一進一退,一消一長,進處便是陽,退處便是陰;長處便是陽,消處便是陰.只是這一氣之消長,做出古今天地間無限事來.所以陰陽做一個說亦得,做兩個說亦得.』(二一)陸子又說:『易之爲道,一陰一陽而已:先後,始終,動靜,晦明,上下,進退,往來,闔闢,盈虛,消長,尊卑,貴賤,表裏,隱顯,向背,順逆,存亡,得失,出入,行藏,何適而非一陰一陽哉?』(二二)

4. 道: 道是事物形成所必要走的一條路線.就是一種原理,與理相同;但理是就其實體言,道是就其應用言.所以邵子說:『夫道也者,道也.道無形,行之則見於事矣.如道路之道,坦然使千億萬年行之人知其歸者也.』(二三)朱子說:『道訓路,大概說人所由之路.理各有條理界辨.』又說:『道便是路,理是那文理.……如木理相似.……道字包得大,理是道字裏面許多理脈.』(二四)

5.性：　性卽理.性乃受命於天,而藏在於人心的.陽明說:『理也者性也.』(二五)朱子說『性卽理也在心喚做性,在事喚做理.』(二六)

6.命：　命卽性.陽明說『性也者命也.唯天之命,於穆不已,而其在於人也,謂之性.』(二七)換句話,天以是理命乎人物則謂之命,而人物受其理於天則謂之性.故『命則就其流行而賦於物者言之;性則就其全體而萬物所得以爲生者言之.』(二八)

7.心：　心是人的一種靈明而能藏的東西.在心內容藏着許多道理,——性.故心爲身的主宰,性爲心的本體.朱子說『靈處只是心,不是性.』(二九)又說:『心屬火,緣是個光明發動底物,所以具得許多道理.』(三〇)陽明答黃以方問:『人是甚麽叫做心?』說『只是一個靈明.』(三一)

8.誠：　誠就是實理.朱子說『誠只是實,……誠只是理.』(三二)伊川說:『眞近誠,誠者無妄之謂誠.』(三三)

上面既把幾個重要的術語詮釋過，現在來敍述這派的本體論：理性派的思想雖以詩經、易經、論語、孟子、中庸爲根源，但孔孟思想是心物渾淪而偏於物的，和本派唯理思想不同．所以論語載：『子罕言利與命與仁．』『夫子之言性與天道，不可得而聞也．』而理性派的學者，則專言性命．故論、孟二書，不能做本派思想材料，只有大學、中庸，是上承孔子而下起周程，實爲本派思想的先河．因爲這兩部書，是專講性命心意的．所以兩書雖和孔、孟的時代相近，和周程的時代較遠，但關涉理性派思想極爲密切．因此我們乃把這兩書的思想歸併到這派來討論，不歸到人爲主義派去討論，就是這個緣故．

中庸裏的宇宙本體是『誠．』所以說：

『誠者天之道也．』(三四)

『誠者自成也．(三五)……誠者物之終始，不誠無物．』(三六)

但據這些話去觀察，『誠』雖是宇宙的本體，卻是理想的形而上的，不是實體的．所以它兼兩方面：一是萬物的本質，一是萬事的原理．同時它自身的意義，要從用上纔見得着．例如要做到『盡人之性，盡物之性，贊天地之化育，與天地參矣．』(三七)然後纔知道誠的用處，及其偉大．

中庸裏所說的本體，既是理想的形而上的『誠，』那麼要創出有形的萬物，自然是很困難的；因爲從形而上的誠，到形而下的器，其中缺少一種實質的媒介，無中生有，自然是很不合論理的．因此中庸的作者，爲自圓其說起見，乃把『誠』神祕化，認爲誠的創造萬物，是必然的神化．所以說：

『誠者不勉而中，不思而得．』(三八)

『至誠如神．』

『故至誠無息……不見而章，不動而變，無爲而成．』

這種本體觀，自然過於靈空．到周子出來，乃以太極爲本體．太極的意義比誠大．除包涵了原來的誠以外，或能生誠以外，還能生出『神』和『氣』——

陰陽二氣——由神的開發而生出人的知,由氣的變合而生出形而下的萬物.

『誠者聖人之本.大哉乾元(三九)萬物資始,(四〇)誠之源也.乾道變化,(四一)各正性命,(四二)誠斯立焉.』(四三)

『乾元』卽太極,『萬物資始,』是說太極生出氣,由氣生出萬物.『誠之源也.』『誠斯立焉.』是說誠由乾元所生,卽誠由太極所生,故乾元爲誠的源頭.

『誠』爲五常之本,百行之源,卽性命之本源.通書說:

『元亨(四四)誠之通,利(四五)貞(四六)誠之復,大哉易也,性命之源乎?』(四七)

『誠五常之本,百行之源也.』(四八)

氣與神爲萬物形體的源頭.太極圖說中:

『惟人也得其秀(四九)而最靈,(五〇)形旣生矣,(五一)神發知(五二)矣.』(五三)

這是說由太極生神,由神而開發人的知.

『陽變陰合，而生水、火、木、金、土；五氣順布，四時行焉。』(五四)

這是說由太極生氣，由氣生出形而下的萬物。

至於太極圖說中說：『無極而太極。』在太極上冠以無極，他的意義，是說太極之爲本體，無聲無臭，不可拿近的小的去看它。後來的人，因爲見解不同，對這兩個字有許多爭論。但我們祇注重思想的敍述，而不主張辯論名詞，所以略爲提起一下，並不多說。

周子把太極做宇宙萬物的本質，認爲由太極能生出誠以及神與氣等，這不單是思想的變更，也是思想的進步。因爲他這樣一說，就可以把中庸靈空的毛病免除，漸漸着實起來，所以從周子到張子，乃創立一種『有』的思想。

張子的本體觀的方式，和周子相同；他的意義，却稍有不同。所謂方式相同，就是張子立一個太和，爲最高無上的宇宙根源，生出理以及神與氣。由氣的凝聚生出萬物。由神的清通而開發人知。這和周子的太極生陰陽，陰陽生五行，大致相同.所謂意義不同,就是周子所說的氣,是偏於抽象的,這是因爲他拿無極形容太極的緣故.所以由氣生成萬物,先要經過『變合』而成五氣,再由五氣的順布,纔能四時行,百物生.而張子所說的氣,完全是實有的,是空中的大氣,由氣生成萬物,只須凝聚一番就得了.現在引張子的話來作證:

『太和所謂道,中涵浮沈升降動靜相感之性,是生絪緼(五五)相盪,勝負屈伸之始.其來也幾微易簡;其究也廣大堅固.起知於易者乾乎?效法於簡者坤乎?散殊而可象爲氣,清通而不可象爲神.』(五六)

在這段裏『太和』就是宇宙最高的本體.『中涵浮沈升降……效法於簡者坤乎?』就是說『太和』包涵了許多理.『散殊而可象爲氣,清通而不可象爲神』這是說由太和生出氣與神.

『太虛無形,氣之本體,其聚其散,變化之客形爾.』(五七)

這是拿空中大氣爲氣的本體.空中大氣爲物質,物質不滅,故氣爲實有.聚散變化，乃爲客形，並非幻滅．

『太虛不能無氣．氣不能不聚而爲萬物．萬物不能不散而爲太虛．』（五八）

這是說氣爲形而下的萬物的根源，而其形成的步驟，祇須經過一番凝聚就得了．

周子和張子的本體論，都是一元論，到二程子，乃變更爲理氣二面論．理的專名詞則爲『中』．怎麼叫理氣二面論？因爲二程子並不認氣與理是從一種最高的東西所生的．祇認爲理氣互爲助長，相混而不離．萬物的形氣，固缺少不了理，也缺少不了氣．所以說：

『有理則有氣．』（五九）

『氣充則理正，正則不私，不私之至則神．』（六〇）

『質（氣）必有文（理），自然之理也．理必有對，生生之本也．有上則有下，有此則有彼，有質則有文，一不獨立，二必爲文，非知道孰能識之？』（六一）

『離陰陽則無道，陰陽氣也，形而下也．道太虛也，形而上也．』(六二)

『論性(六三)不論氣不備；論氣不論性不明．』(六四)

『立清虛一大，爲萬物之源，恐未安，須兼淸濁虛實乃可言．』(六五)

清虛一大，張子以之爲氣之體．程子主張理氣互合，故謂專言氣不可，須兼言理．淸濁虛實卽理．

至於理氣的功用如何？彼理是使萬物所以爲萬物，以及萬物各得其當的道理．所以程子說：

『中者天下之大本，天地之間，亭亭當當，直上直下之正理，出則不是．』(六六)

『天地萬物，各無不足之理．』(六七)

『使萬物無一失所者，斯天理中而已．』(六八)

以上言理，至於氣則是生成萬物的形質的．程子說：

『萬物之始皆氣化，既形，然後以形相禪，有形化。形化長則氣化漸消。』（六九）『氣既化後，更不化，便以種生去。』（七〇）所謂『氣化』雖說是萬物生成的方式，但萬物既初由氣所化，那麼氣爲萬物體質的根源，自然明白，所以他又說：

『隕石無種，種於氣；麟亦無種，亦氣化。』（七一）

關於本體論，程子、張子不同的，除上面所說以外，還有下列二點：

一、氣的自身本質　張子認爲氣由『太和』所生，氣的自身本質，就是太虛。所以說：

『太虛無形，氣之本體。』（七二）

『知虛空即氣，則無有隱顯。……若謂虛能生氣，則虛無窮，氣有限，體用絕殊。入老氏有生於無之論。』（七三）

程子則以爲人氣由眞元之氣所生，天之氣自然而生。他說：

『眞元之氣，氣之所由生.』(七四)

『人氣之生，生於眞元，天之氣，亦自然生生不窮.』(七五)

二.氣的生滅: 張子既認爲太虛卽氣，氣卽太虛，於是又認爲氣不生滅，只有伸屈，而說氣的聚散，乃屬一種客形. 太和篇說:

『太虛不能無氣；氣不能不聚爲萬物；萬物不能不散爲太虛；循是出入，是皆不得已而然也.』

這就是說，氣自太和分散出來以後，祗有聚散，沒有生滅.

『氣聚則離明得施而有形，氣不聚則離明不得施而無形. 方其聚也，安得不謂之客？方其散也，安得遽謂之無？』(七六)

『氣之聚散於太虛，猶冰凝釋於水.』(七七)

『其(七八)聚其散，變化之客形爾.』(七九)

這是說氣只有伸屈，沒有生滅. 氣的變化聚散，乃爲一種客形.

程子則以爲氣有生滅.他說:

『若謂既返之氣,復將爲方伸之氣,必資於此,則殊與天地之化不相似.天地之化,自然生生不窮,更何資於既斃之形,既返之氣,以爲造化?近取諸身,其開闔往來見之鼻息;然不必須假吸復入以爲呼,氣則自然生.人氣之生,生於眞元;天之氣自然生生不窮.至如海水因陽盛而涸,及陰盛而生,亦不是將涸之氣却生,水自然能生.往來屈伸,只是理也.盛則便有衰,晝則便有夜,往則便有來,天地中如洪鑪,何物不銷鑠了?』(八〇)

『近取諸身,百理皆具.屈伸往來之義,只於鼻息之間見之.屈伸往來只是理,不必將既屈之氣,復爲方伸之氣.生生之理,自然不息.如復卦言七日來復,其間元不斷續,陽已復生,物極必返,其理須如此.有生便有死,有始便有終.』(八一)

程子的理氣二面論,到朱子又改爲理氣二元論.本來程子也是把理氣二者對立着,認爲宇宙事物的根源,照理也可說是理氣二元論.但程子把理氣先

互立而後對立.朱子卻把理氣先對立而後互立.所以可說程子爲理氣二面論朱子爲理氣二元論.朱子說:

『天地之間,有理有氣.理也者,形而上之道也,生物之本也;氣也者,形而下之器也,生之具也.是以人物之生,必稟此理,然後有性;必稟此氣,然後有形.』(八二)

程子說:『有理則有氣,』從則字上,可以表現出程子理氣是互立的.朱子說:『有理有氣,』中間少一個則字,所以表現出理氣是對立的.但朱子又再三聲明理氣雖對立,卻不互相抵拒,或各自分離;彼此還是有密切關係,常相依附的,所以結果還是互立的.他說:

『所謂理與氣,決是二物;但在物上看,則二物渾淪,不可分開,多在一處,然不害二物之各爲一也.若在理看,則雖未有物,而已有物之理,然亦但有理而已,未嘗有是物也.』(八三)

『理與氣本無先後之可言，然必欲推其所從來，則須說先有是理．然理又非別爲一理，卽存乎是氣之中，無是氣則是理亦無掛搭處．』（八四）

『只此氣凝聚處，理便在其中．』（八五）

朱子雖把程子理氣二面論改爲二元論；但理氣的原義並未失，却從上各條可以證明．

朱子的理氣二元論出來後，陸象山、王陽明二人，還是同樣的主張，並沒有什麽變更．陸王二人，也認爲宇宙有理與氣，爲萬事萬物的根源．陸子說：

『此理充塞宇宙，如何由人杜撰得？』（八六）

『此理在宇宙間，固不因人之明不明，行不行，而加損焉．』（八七）

這是陸子說宇宙有一種絕對獨立存在的理．

『此理在宇宙間，未嘗有所隱遁，天地之所以爲天地者，順此理而無私耳．人與天地並立而爲三極，安得自私而不順此理哉？』（八八）

『此理坦然，物各付物，會其有極，歸其有極(八九)矣。所過者化，所存者神。』(九〇)

這是說理爲宇宙萬物形成的根源。故天地不順此理，則不能爲天地；推而至於人，不順此理，也不能爲人。但理是無形方面的根源，爲性命所本；至於有形方面的根源，爲物體所本的却是氣。所以他也認爲除了理以外，還有氣質在下列各言詞中，可以證明：

『人生天地間，氣有淸濁，心有智愚，行有賢不肖，必以二塗總之：則宜賢者心必智，氣必淸，不肖者心必愚，氣必濁。』(九一)

陸子認爲心卽理，這裏所說的心就是理。故從氣有淸濁，心有智愚，可知氣與理對立，爲形成整個人類的根源之一。

以上是陸子的話。至於王陽明呢？也有同樣的話：

『心之本體，卽是天理，天理只是一個，更有何可思慮得？天理原自寂然不

動，原自感而遂通．學者用功，雖千思萬慮，只要復他本來體用而已．』（九二）

這就是他以天理爲吾人性命所本的話．可見他也承認宇宙間有一種理爲萬有的本性．

『風、雨、露、雷、日、月、星、辰、禽、獸、草、木、山、川、土、石、與人，原只一體．故五穀禽獸之類，皆可以養人；藥石之類，皆可以療疾；只爲同此一氣，故能相通耳．』（九三）

這是他說氣爲萬物的本體——物體的根源．

從以上陸、王二人所說的話去研究，可以知道陸、王對於本體論，實是語焉不詳．但這裏也有一種特別的原因．什麼原因呢？就是理性派的思想開始是偏重宇宙問題的討論，經過相當時期，乃轉變爲討論認識問題，如王陽明所說的良知和致良知的話，都屬於認識問題．所以陸、王二人因出世較遲，乃注意認識問題的討論，對於本體問題，祇有傳承前人的觀念，未加闡發，故語焉不詳，這點應當加以注意的．

從上面七子的本體論去說，（邵子偏於現象的討論，應屬於宇宙觀內，雖然也以爲理爲物的本體，如說『天下之物，莫不有理。』但沒有特別創見，）雖各有不同，但有一點是相同的，就是大家都看重理。所以我們說這派是唯理的。

現在來敍述這派的宇宙觀，他們的宇宙觀，有三個要點：一、宇宙活動的意義。二、宇宙活動的規律。三、宇宙活動的力。宇宙活動一詞，我國哲學史上有一個專名詞，叫做『易。』現在分條敍述如下：

一、宇宙活動的意義　這派認爲宇宙活動的意義是『生；』所以他們有一種唯生的宇宙觀。中庸說：

『致（九四）中和，（九五）天地位（九六）焉，萬物育（九七）焉。』

『其爲物不二，（九八）則其生物不測。』（九九）

周子說：

『天以陽生萬物，以陰成萬物。』（一〇〇）

邵子說:

『觀春則知易之所存乎?……易之易者,生生之謂也.』(一〇一)

『夫變者昊天生萬物之謂也.』(一〇二)

張子說:

『天道四時行,百物生,無非至教.』(一〇三)

程子說:

『生生之謂易,是天之所以爲道也,天只是以生爲道.繼此生理者,即是善也.』(一〇四)

『天地之大德曰生,天地絪緼,萬物化醇,生之謂性,萬物之生意最可觀.』(一〇五)

『觀生理則可以知道.』(一〇六)

朱子說:

『天地以生物爲心者也』(一〇七)

『此心何心?在天地則坱然(一〇八)生物之心.』(一〇九)

陸子說:

『位乎上而能覆物者,天也;位乎下而能載物者,地也.』(一一〇)

『天地之間,何物而非天地之爲者?』(一一一)

這派的人物,既以『生』爲宇宙活動的意義,那麽他們注重到『動』字,就不說可以明白了,況且程子又說過:

『一陽復於下,乃天地生物之心也.先儒皆以靜爲見天地之心,蓋不知動之端乃天地之心也.非知道者,孰能識之.』(一一二)

但一般人對這派的思想,沒有深刻的認識,却說他們是主靜而反對動的,就不免誤會了.這派雖然主靜,但主靜乃對修養說的,不是對宇宙活動和人生活動說的,并且靜的意義,不是要人呆若木雞,永遠不動,是要人去人欲,而免除妄動.這話當於敘述這派的人生觀時候詳說,這裏暫不多談.

二、宇宙活動的規律: 我國哲學家對於宇宙問題,除了宇宙活動的意義以外,還研究到宇宙活動的規律.這是我國哲學史上一個特點,而最能表現這個特點的,除了易經以外,要算這派的思想了.在西洋哲學史上,雖然也有討論過宇宙活動的規律;但在最初是非常神祕的,到後來又過於進化,脫離哲學而入於物理學範圍.惟有我國關於這方面的思想,始終保持在哲學的範圍,不過稍有變化罷了.

在易經中,宇宙活動的規律,是對偶而帶複疊的開展性的.以太極爲宇宙的本體,由本體依照對偶的規律作複疊式的向前開展,而生出萬物.所以說:

『太極生兩儀,(一一三)兩儀生四象,(一一四)四象生八卦.(一一五)』(一一六)

到了理性派出來,就把對偶而帶複疊開展性的律,漸漸變爲穩定的對偶律.所以在周子太極圖說中,只留得複疊開展的痕迹.如:

『太極動而生陽，動極而靜，靜而生陰，靜極復動．一動一靜；互為其根；分陰分陽，兩儀立焉．』(一一七)

所謂『分陰分陽，兩儀立焉．』就是太極生兩儀的意思，也就是說宇宙活動，第一次是依照陰陽對偶的法則去推進的．

『陽變陰合而生水、火、木、金、土，五氣順布，四時行焉．』(一一八)

『無極之眞，(一一九)二(一二〇)五(一二一)之精，妙合而凝：乾道成男，坤道成女；二氣交感，化生萬物，萬物生生而變化無窮焉．』(一二二)

這是說由陰陽的輾轉變化，而成固定的兩種法則：就是乾道與坤道，或男與女．有了乾坤或男女的兩種法則，於是萬物乃順此而生成．由陰陽而乾坤，這是帶有開展性的．但由乾坤就能化生萬物，其中沒有複疊的意味，所以祇留痕迹，並不完全相同．因此就開了後來諸子以對偶的陰陽法則，為宇宙整個活動的先河．所以朱子說：

『先天之數，自一而二，自二而四，自四而八，以爲八卦；太極之數，亦自一而二，（剛柔）自二而四，（剛善、剛惡、柔善、柔惡、）遂加其一，（中）以爲五行，而遂下及於萬物。』（一二三）

在當時和周子這種思想相彷彿的，還有邵子的思想。邵子說：

『物之大者，無若天地；然而有所盡也。天之大，陰陽盡之矣；地之大，剛柔盡之矣。陰陽盡而四時（一二四）成焉。剛柔盡而四維（一二五）成焉。夫四時四維者，天地至大之謂也。』（一二六）

『天生於動者也，地生於靜者也，一動一靜交，而天地之道盡之矣。動之始，則陽生焉；動之極，則陰生焉。一陰一陽交，而天之用盡之矣。靜之始，則柔生焉；靜之極，則剛生焉。一剛一柔交，而地之用盡之矣。』（一二七）

在這裏雖然邵子提出天之道爲陰陽，地之道爲剛柔，似乎是四軌並進，但實際仍是一對歸一對的；陰對陽，剛對柔，故就其相對言，還是對偶的。周子也說過這樣的話：

『故曰(一二八)立天之道，曰陰與陽；(一二九)立地之道，曰柔與剛；(一三〇)立人之道，曰仁與義。(一三一)又曰：(一三二)原始(一三三)反終，(一三四)故知死生(一三五)之說。』(一三六)

從這裏可以知道宇宙雖多方面，但各方面事物的形成，終逃不了這種對偶的規律。所以抽象言之，宇宙一切動的規律，都是依照相對的法則，向前推進的。這種法則的總稱，後來諸子，就以陰陽二字名之；而將一切相對的東西，統統歸納在陰陽下面，這話當在以後證明。不過邵子對這種規律，還補充了一層意思，他在宇宙依照陰陽法則向前推進的過程中，用動靜力的大小計算，另外還得出四種法則：就是太陽、太陰、少陽、少陰，屬於天一方面的。太剛、太柔、少剛、少柔，屬於地一方面的。他說：

『動之大者，謂之太陽；動之小者謂之少陽；靜之大者，謂之太陰；靜之小者，

謂之少陰……靜之大者，謂之太柔，靜之小者，謂之少柔；動之大者，謂之太剛，動之小者，謂之少剛。』（一三七）

關於天一方面的四種法則，叫做四時。（一三八）關於地一方面的四種法則，叫做四維。（一三九）拿現在哲學上的術語去說這個時字，就是『時間』；維字，就是『空間。』由時間空間的相互配合，於是一切事物乃以形成。

邵子補充這層意思，實在有很大的價值！雖然由陰陽剛柔，分出四時四維，有些鈔襲易經的意味；但易經注重八卦的複疊配合，而邵子注重四時四維的交互，以四時四維加入事物運動過程中去計算，這和易經不大相同，而和近代愛因斯坦所發明的相對論原理正相同。所以前面所說的相對，是事實相對，並不能因此就說是相對論；唯有這段意思，纔是和愛氏相對論相同。因爲愛氏的相對論，也是對於什麼事情，都把時間和空間倂起來講的，（一四〇）並不能專靠時間或專靠空間而定。所以他也拿時間空間的陰陽剛柔（即長短遠近）等，訂出物體運動的法則．

由周子而張子、程子等，他們就不談開展與複疊的話，專以陰陽的法則，去說明宇宙一切的活動；所以到了張子以後，對偶的規律就穩定了．例如張子說：

『天道不窮，寒暑已；衆動不窮，屈伸已；鬼神（一四一）之實，不越二端而已矣．兩不立則一不可見，（一四二）一不可見，則兩之用息．兩體者虛實也，動靜也，聚散也，淸濁也，其究一而已．感而後有通，不有兩則無一．故聖人以剛柔立本，乾坤毀則無以見易．（一四三）游氣紛擾，（一四四）合（一四五）而成質者，生人物之萬殊；其陰陽兩端，（一四六）循環不已者，立天地之大義．』（一四七）

這是張子說明宇宙整個活動，是依照前面所說的兩種對偶法則相互推演而形成一切事物的．所以他說『鬼神之實，不越二端．』又說：『兩體者虛實也，動靜也，聚散也，淸濁也，其究一而已．』所謂『其究一而已，』就是說虛實動靜，方面雖多，意義雖不同，但歸結起來，總不外對偶的法則．所以他又說：『其陰陽兩端循環不已者，立天地之大義.』而又舉例以明之如：

『日月相推而明生，寒暑相推而歲成.』(一四八)

這是說『日月，寒暑』都是對偶的由這些互相推演，於是『明』和『歲』乃以形成因此他又聲明宇宙變動雖是多方面的，而對偶的種類也不可測定，然而終不外對偶這個法則.所以他說：

『神易無方體(一四九)一陰一陽陰陽不測，皆所謂通乎晝夜之道也.』(一五〇)

『造化所成，無一物相肖者，以是知萬物雖多，其實無一物無陰陽者，(一五一)以是知天地變化二端而已.』(一五二)

以上張子的話，還不過說明宇宙活動的規律，是一種相對的規律，還沒有明白提出這個『相對』的名詞，到了程子，就明白的提出『對』的名詞，他說：

『天地萬物之理，無獨必有對.皆自然而然，非有安排也.』(一五三)

『天地之間，皆有對：有陰則有陽，有善則有惡．』（一五四）

程子既提出『對』的名詞，當然也承認對偶法則，是宇宙活動的規律．所以他說：

『易道廣大，推遠則無窮，近言則安靜而正．（一五五）天地之間，萬物之理，無有不同．乾靜也專，動也直．專，專一；直，直易．惟其專直，故其生物之功大．（一五六）坤靜翕動闢，（一五七）坤體動則開，應乾開闔而廣生．（一五八）萬物，廣大天地之功也；變通，四時之運也；一陰一陽，日月之行也．乾坤易簡之功，乃至善之德也．』（一五九）

這段所說的乾坤，開闔，動靜，陰陽，都是對待的名詞，也就是對偶的法則，爲宇宙活動的規律；但總括起來，還是陰陽二端．所以他又說：

『離陰陽則無道．』（一六〇）

自張、程諸子，認定宇宙活動規律爲陰陽二法則以後，朱、陸、王三人，也同樣主張，沒有異議，並且說得更明顯．朱子說：

『陰陽雖是兩個字，然却只是一氣之消息，一進一退，一消一長．進處便是陽，退處便是陰，長處便是陽，消處便是陰．只是這一氣之消長，做出古今天地間無限事來．所以陰陽做一個說亦得，做兩個說亦得．』（一六一）

『陰陽有相對而言者，如東陽西陰，南陽北陰是也．有錯綜而言者，如晝夜寒暑；一個橫，一個直，是也．』（一六二）

陸子說：

『易之爲道，一陰一陽而已．先後、始終、動靜、明晦、上下、進退、往來、開闔、盈虛、消長、尊卑、貴賤、表裏、隱顯、向背、順逆、存亡、得失、出入、行藏，何適而非一陰一陽哉？』（一六三）

王陽明說：

『陰陽一氣也．一氣屈伸而爲陰陽．』（一六四）

三、宇宙活動的力：　所謂宇宙活動的力，就是依照宇宙活動的規律，推進宇宙一切變動，而形成事物的力量。宇宙活動徒有目的和規律，而無力量去推動，試問一切事物怎樣形成呢？因此這派乃提出一種力量。這種力量是什麼？就是感應力。所謂感應力，就等於牛頓（Newton）萬有引力中的 Action 與 Reaction. Action 就是感，Reaction 就是應。應由感生，感由應而托出。沒有感固沒有應，沒有應也決看不見感。宇宙間既有感應力互相摩盪，於是萬事萬物乃以形成。例如有資本家的壓迫，於是有勞働界的反抗。一壓一抗，乃生出勞資鬥爭的事。所以程子說：

『有感必有應。凡有動皆爲感，感則必有應，所應復爲感，所感復爲應，所以不已也。感通之理，知道者，默而觀之可也。』（一六五）

『天地之間，只有一個感與應而已，更有甚事？』（一六六）

朱子解釋前節說：

『凡在天地間，無非感應之理，造化與人事皆是．如雨便感得暘來，暘已是應，又感雨來．寒暑晝夜無非此理．如父慈則感得子孝，子孝則感得父愈慈．其理亦只一般．』（一六七）

又解釋後節說：

『陰陽之變化，萬物之生成，情僞之相通，事爲之終始，一爲感，則一爲應，循環相代，所以不已也．』（一六八）

除了程、朱以外，在前，周子和張子、邵子，也曾說過這類的話．周子說：

『二氣交感化生萬物．』（一六九）

『五性感動，而善惡分萬事出矣．』（一七〇）

『寂然不動者誠也；感而遂通者神也．』（一七一）

張子說：

『上天之載，有感必通，聖人之爲，得爲而爲之（一七二）也．』（一七三）

邵子說：

『暑變物之性，寒變物之情，晝變物之形，夜變物之體，性情形體交，而動植之感（一七四）盡之矣．雨化物之走，風化物之飛，露化物之草，雷化物之木，走飛草木交，而動植之應（一七五）盡之矣．』（一七六）

在後象山和陽明，也曾說過這類的話．象山說：

『心之本然，無適而不正，無感而不通．』（一七七）

陽明說：

『問禽、獸、草、木益遠矣，而何謂之同體？先生曰：你只在「感應」之幾上看，豈但禽、獸、草、木；雖天地也與我同體的，鬼神也與我同體的．』（一七八）

『天地原自寂然不動，原自感而遂通．』（一七九）

既把宇宙活動三點敍述過了，現在還要敍述理氣形成萬物的問題，所謂理氣形成萬物，就是各物所得理氣的分量．這個問題，應分兩點討論：

一、理氣與物的分等。二、理氣在物的厚薄。

一、理氣與物的分等： 這派人物認爲理對於萬物的生成，沒有大小之分，貴賤之等。如天地間一切生物，沒有不以乾爲父坤爲母的。但雖沒有大小之分，貴賤之等，而宇宙間儘管有大小貴賤的物。這是什麽道理呢？就是氣的關係；因爲自乾道成男，坤道成女，二氣交感，化生萬物，於是其間乃生出大小貴賤的分等，以至十百千萬而不能齊。所以張子在他的西銘篇裏極力發揮這點意思。如他說：

『乾稱父，坤稱母。』(一八〇) 就是理沒有分等的意思。

『民吾同胞，物吾與也。』(一八一) 就是氣有分等的意思。

因爲吾與民物，都由乾父坤母所生，同爲一理。然既稱民胞物與，其間就有了分別，這分別就是由於乾坤二氣交感化生而來的。所以朱子說：

『人物之生，血脈之屬，各親其親，各子其子，則其分亦安得而不殊哉？』(一

八二）

所以理雖同，而氣却有分等.

在張子以前，周子也曾說過這種話，通書說：

『二氣五行化生萬物.（一八三）五殊二實，二本則一，是萬爲一；（一八四）一實萬分，萬一各正，大小有定.（一八五）』（一八六）

張子在西銘所說的話，程子給了他一個專名詞，叫做『理一分殊.』他說：

『西銘明理一而分殊.』（一八七）

並極力贊揚西銘裏的話，認爲『言極純無雜，秦、漢以來學者所未到.』自程子而朱子，爲之注釋，更加推崇.足見『理一分殊』之說，實在是這派人物的重要思想之一，且爲他們倫理思想所本，將來敍述倫理思想時候，當再詳述.

二、理氣在物的厚薄： 萬物是由理和氣兩種東西所造成的，就其成分來說，自然有厚薄的分別.但這派人物，認爲理之於物，並沒有厚薄的分別，祇有氣才有厚薄的分別，所謂理之於物並沒有厚薄的分別，就是說：『天下之物，無不足之理』的意思．所謂氣之於物有厚薄的分別，就是說『天下之物，有清濁偏全之氣』的意思．這種話，首創於周子，他在太極圖說中說過：

『陰陽一太極也，太極本無極也．五行之生也各一其性．』

這段話是說：五行之生，本同其性，太極之妙，未嘗不各具於五行中間，故無不足之理．但五行之生，隨其氣質所稟不同，乃各一其性，故有清濁偏全的氣質．由此推論，太極無不各具於萬物中間，而萬物也沒有缺少太極的道理．萬物既各有一太極，天下的物，應當相同；人物之間，應當沒有什麽分別；但是人畢竟是人，物畢竟是物，不能混而爲一．這是什麽道理呢？這就是隨其氣質而所稟不同呵！所以周子又說：

『惟聖人得其（此其字指氣言）秀而最靈．』（一八八）

周子說這種話以後，程子乃從而附和，所以說：

『天地生物，各無不足之理.』(一八九)

這是說理在物沒有厚薄.

『人生氣稟，理（此理非指實理說，乃謂理當如此）有善惡；然不是性中元有此兩物相對而生也.有自幼而善，有自幼而惡，是氣稟有然也.』(一九〇)

這是說氣在物就有厚薄.

『性（性卽理）出於天，才出於氣；氣淸則才淸，氣濁則才濁.……才則有善與不善，性則無不善.』(一九一)

『語其性，皆善也；語其才，則有下愚之不移.』(一九二)

這是兼說理沒有厚薄的分別，惟氣才有厚薄的分別.

除程子以外，張子也有這樣主張.他說：

『性通極於無，氣其一物爾.……人一己百，人十己千，然有不至，猶難語性，可以言氣.』(一九三)

這是說在氣則有偏明柔强之異性(理)却沒有.

『人之剛柔緩急有才與不才,氣之偏也天本參和(一九四)不偏.』(一九五)

這也是說氣有偏正,而理沒有偏正的話.

由程、張而朱子,他乃集舊說的大成,立出『理同氣異』的名詞.他說:

『論萬物之一源,則理同而氣異.』(一九六)

既理同而氣異,那麽萬物所以各異完全由於稟受的氣,有清濁多少的不同,並非理有偏全;但理搭氣而行,氣既有清濁多少的不同,那麽理也自不能沒有多少.所以朱子又說:

『若論本原,即有理然後有氣,故理不可以偏全論.若論稟賦,則有是氣而後理隨以具.故有是氣,則有是理,無是氣,則無是理.是氣多則是理多,是氣少即是理少.又豈可不以偏全論耶?』(一九七)

朱子這種話,帶有修正的意味,是思想進展的一個關鍵.

朱子創立理同氣異的名詞以後，陸、王二人，也從而附和其說。如陸子說：

『由是言之，忠信之名，聖人初非外立其德以教天下；蓋皆人之所固有，心之所同然者也。然人之生也，不能皆上智不惑。氣質偏弱，則耳目之官（一九八）不思而蔽於物，（一九九）物交物，（二〇〇）則引之（二〇一）而已。』（二〇二）

就是闡明理同氣異的話。又說：

『千萬世之前，有聖人出焉，同此心，同此理也；千萬世之後，有聖人出焉，同此心，同此理也。東南西北海有聖人出焉，同此心，同此理也。』（二〇三）

就是闡明理同的話。

『人生天地之間，稟陰陽之和，抱五行之秀，其爲貴孰得而加焉？』（二〇四）

就是闡明氣異的話。

王陽明說：

『聖人之所以爲聖，只是其心純乎天理，而無人欲之雜；猶精金之所以爲精，但以其成色足，而無銅鉛之雜也。人到純乎天理方是聖，金到足色方是精。然聖人之才力，亦有大小不同，猶金之分兩有輕重。堯、舜猶萬鎰，文王、孔子猶九千鎰，禹、湯、武王猶七八千鎰，伯夷、伊尹猶四五千鎰。才力不同，而純乎天理則同，皆可謂之聖人。猶分兩雖不同，而足色則同，皆可謂之精金。以五千鎰者而入於萬鎰之中，其足色同也。以夷、尹而厠之堯、孔之間，其純乎天理同也。』（二〇五）

這也是闡明理同而氣異的話。

這派既主張理同氣異，那麼理一分殊說，爲他們倫理思想所本；而理同氣異說，又爲什麼所本呢？就是他們所倡『天性善，氣質性惡』的思想所本。『天性善，氣質性惡』爲本派思想的核心，爲後面敍述的便利計，故先將這點預爲提明。

以上所討論的是宇宙問題，現在要來討論這派人物所說的人生問題。在人生問題中，最先要解決的，就是人的本體問題。

這派認爲人的本體有二：一爲形而上的理，一爲形而下的氣。理爲人的性命所本，氣爲人的形體所從。由理氣二者的組合，整個的人乃以形成。所以朱子說：

『天地之間，有理有氣：理也者，形而上之道也，生物之本也；氣也者，形而下之器也，生物之具也。是以人物之生，必稟此理，然後有性；必稟此氣，然後有形。』(二〇六)

『人之所以生，理與氣合而已。天理固浩浩不窮，然非是氣，則雖有是理，而無所湊泊。故必二氣交感，凝結生聚，然後是理有所附着。凡人之能動作思慮營爲，皆氣也，而理存焉。』(二〇七)

朱子的話，並非他自己新創，實在還有來源的，不過他說得明白一些。周、張、程諸子的話，就是他的來源。如周子說：

『惟人也得其秀而最靈，形既生矣，神發知矣，五性(二〇八)感動，而善惡分，

(二〇九)萬事出(二一〇)矣.』(二一一)

就是說人的本體爲理與氣；理成性，氣成形，合而形成整個的人.又如張子說：

『氣之爲物，散入無形，適得吾體；聚爲有象，不失吾常.』(二一二)

『性者，萬物之一源.(二一三)』(二一四)

程子說：

『所以謂萬物一體者，皆有此理，只爲從那裏來.生生之謂易，生則一時生，皆完此理；人則能推，物則氣昏.』(二一五)

這也是說理與氣爲人物的本體；但人能推理則氣清，物不能推理則氣昏；人物的分別就在這點.除了他們以外，陸象山也曾說過這類的話：

『人共生乎天地之間，無非同氣；』『萬物森然於方寸之間，滿心而發，充塞宇宙，無非此理.』(二一六).

人的本體，既爲理與氣，那麽人們就和宇宙一般，因爲這派人物認定宇宙本體，也是理氣兩種，所以程子說：

『聖人卽天地也。』（二一七）

『天人本無二，不必言合。』（二一八）

周子說：

『聖人定之以中正仁義（二一九）而主靜，（二二〇）立人極焉。故聖人與天地合其德，（二二一）日月合其明，（二二二）四時合其序，（二二三）鬼神合其吉凶。（二二四）』（二二五）

邵子說：

『聖也者，人之至者也。……謂其能以心代天意，口代天言，手代天工，身代天事者焉。』（二二六）

象山說：

『宇宙便是吾心，吾心便是宇宙.』(二二七)

不過吾人的理，來自宇宙，吾人的氣，也來自宇宙. 王陽明說:

『性是心之體，天是性之源.……心卽性，性卽理.』(二二八)

『生之謂性，生字卽是氣字，猶言氣卽是性也.』(二二九)

那麼事實上只能說吾人爲小宇宙，（小我）而不能說等於宇宙；（大我.）因爲一是本，一是末，不能純然相同. 但吾人雖不能純然等於宇宙，吾人的心，卻包涵宇宙萬理. 如邵子漁樵問答中樵者之言:

『天地之道備於人，萬物之理備於身.』

程子說:

『一身之上，百理具備.』(二三〇)

朱子說:

『二氣五行，交感萬變. 故人物之生，有精粗之不同. 自一氣而言之，則人物皆受是氣而生；自精粗而言，則人得其氣之正且通者，物得其氣之偏且塞者；惟人得其正，故是理通而無所塞；物得其偏，故是理塞而無所知．』（二三一）

吾人的心，既包涵了宇宙的理；那麽心中的理，就來源說，當然還可以叫做理；但就其作用及地位說，就應該叫做性．因爲性乃宇宙人物的理，當吾人產生時候，就包藏在心裏的．所以性除了人的理以外，還包涵了事物的理．朱子說：

『性者道之形體，乃擊壤集序中語．其意蓋曰性者，人所稟受之實，道者事物當然之理也．事物之理，固具於性；但以道言，則沖漠散殊，而莫見其實，惟求之於性，然後見其所以爲道之實．』（二三二）

性既可以叫做理，理也可以叫做性，無怪程子說：

『性卽理也，所謂理性是也．』（二三三）

陽明說：

『性卽理也．』（二三四）

性既是包涵在吾人心裏的東西，那麼就二者的關係說，心是能藏之具，性爲所藏之物。擊壤集序中說：

『心者，性之郛郭也。』

張子說：

『心，統性情者也。』(二三五)

朱子說：

『心以性爲體，心將性做餡子模樣。』(二三六)

『性是理，心是包涵該載敷施發用底。』(二三七)

陽明說：

『性是心之體。』(二三八)

心與性既有這樣密切的關係，那麼概括或簡單的說，自然可以說『心即理。』因爲心既以性爲體，心自然少不了性，必須有了性，然後心的意義及其功效纔可以表現；而性也少不了心，必須有了心，然後性纔有安頓處。所以說心自然有性在裏面，說性也自然有心包着。如人身之於四肢，四肢爲身之體，身爲四肢之具；身不能沒有四肢，必須有了四肢而後身的意義及其功用纔可以表現；亦必須有了身，然後四肢纔有安頓處。所以說身就有了四肢，說四肢就有了身，不用分說。但程、朱和陸、王四人，前兩人是主張用精密的歸納法的，乃說：『性卽理。』後兩人是主張用簡易的演繹法的，乃說：『心卽理。』（見象山全書及陽明傳習錄）關於二派的方法，當於後面敍這派的方法論時，再爲詳說。

所以程子也說過：

『理與心一，而人不能會之爲一。』（二三九）

陽明也說過：

『性卽理也。』（二四〇）

從這點去說，那麽程、朱、陸、王的分別，不在一說『性卽理，』一說『心卽理,』而在一注重歸納,用精細的分析法;一注重演繹,用簡易的綜合法.後來的人,沒有把性、心、理等名詞的內容研究明白,一見到程、朱說『性卽理,』就以爲他們是唯理的.一見到陸、王說『心卽理,』就以爲他們是唯心的.這實在分的不準確,後面當詳加說明.現在先來討論這派的人生觀.

這派的人生觀,和宇宙觀同出一轍.宇宙觀是唯生的,人生觀也是唯生的.這和孔子的人生觀不大相同.孔子的人生觀,在人生觀三字內,注重人字.這派却注重生字.注重生,就是注重人、我、物生命的延長,不要輕自毀滅.程子說:

『天地之大德曰生,天地絪縕,萬物化醇,生之謂性,萬物之生意最可觀.此元者,善之長也,斯所謂仁也.(二四一)人與天地一物也,而人特自小之何耶?』(二四二)

這是說宇宙以生爲目的,人和宇宙一般,也應以生爲目的;但一般人不知道這個道理,把自己看小了,所以不能擴充生性,以行仁道,去與天地合德.

『家語載耘瓜事，雖不可信，却有義理。曾子耘瓜，誤斬其根。曾晳建大杖以擊其背。曾子仆地，不知人事，良久而蘇，欣然起進曰：大人用力教參得無疾乎？乃退，援琴而歌，使知體康。孔子聞而怒。曾子至孝如此，亦有這些失處；若是舜，百事從父母，只殺他不得。』（二四三）

這是程子說生爲人之理，不可以愚孝去害它。從這段話，也所以證明他是主張唯生的所以又說：

『人莫重於生，至於捨得死，道須大段好如生（二四四）也。』（二四五）

但這是屬於對己方面的，還有屬於對人物方面的，如程子說：

『周茂叔窗前草不除去問之？云：與自家意思一般。』（二四六）

『聖人於天下事，自不合與，只順得天理，茂（二四七）對時，（二四八）育（二四九）萬物。』（二五〇）

以上是程子的話，除了程子以外，還有其地諸人的話。中庸：

『大哉聖人之道，洋洋(二五一)乎發育萬物，峻(二五二)極(二五三)於天！』

邵子說：

『夫變(二五四)也者，昊天生萬物之謂也。權(二五五)也者，聖人生萬民之謂也。』(二五六)

周子說：

『聖人在上，以仁育萬物，以義正萬民，天道行而萬物順，聖德修而萬民化。』(二五七)

這派人物，既以生爲宇宙活動以及人生活動的目的，於是從生字的意義上，定出一種規律爲宇宙和人生的實踐道德。這種規律是什麽？就是仁。仁字本來涵有生的意義，如桃仁，杏仁，從那個仁可以生出桃和杏來。所以朱子說：

『且如萬物收藏，何嘗休了？都有生意在這裏面。如穀種桃仁杏仁之類，種着便生，不是死物，所以名之曰仁。見得都是生意。』(二五八)

這派人物，既以生為宇宙活動和人生活動的目的，又以仁字象徵生的意義，於是直截了當的說仁就是生．同時為求唯生觀的實現，乃主張求仁．

周子說：

『天以陽生萬物，……生，仁也．』(二五九)

程子說：

『醫書言手足痿痺為不仁，此言最善名狀，仁者以天地萬物為一體．』(二六〇)

『仁，便是一個木氣象；惻隱之心，便是一個生物，春底氣象．』(二六一)

陽明說：

『仁是造化生生不息之理．』(二六二)

朱子說：

『天地以生物為心者也．而人物之生，又各得夫天地之心以為心者也．故

語心之德，雖其總攝貫通，無所不備；然一言以蔽之，則曰仁而已矣．……蓋仁之爲道，乃天地生物之心．』(二六三)

以上是這派人物解仁就是生的話．

程子說：

『仁者渾然與物同體，義、禮、智、信皆仁也．』(二六四)

『仁者天下之公，善之本也．』(二六五)

『萬物之生意最可觀，此元者善之長也，斯所謂仁也．』(二六六)

張子說：

『仁統天下之善．』(二六七)

朱子說：

『聖人亦只教人求仁，蓋義、禮、智、信四者，仁足以包之．』(二六八)

以上是這派把仁看作萬善的統體，唯一的實踐道德的話．這實在是很有理由的因爲仁卽是生宇宙萬物離不了生，生是先決的問題，有了生纔有一切事業．況且他們又是唯生的，當然要把仁做萬善之首，百行之先，而爲唯一的實踐的道德．所以朱子說：

『百行萬善，固是都合着力，然如何件件去理會得？百行萬善，總於五常，五常又總於仁．所以孔、孟只教人求仁．』(二六九)

仁是生的象徵，唯一的實踐道德，我們既明白了，就要去實行．所以程子說：

『學者須先識仁……識得此理，以誠敬存之而已．』(二七〇)

『聖人以仁爲己任．』(二七一)

朱子說：

『此孔門之學，所以必以求仁爲先．蓋此是萬理之原，萬事之本；且要先識認得，先存養得，方有下手立脚處耳．』(二七二)

至於實行的主要關鍵，在乎以萬物爲一體；所謂以萬物爲一體，就是視天下猶一家，視中國猶一人，形骸不隔，爾我不分的意思。爲什麼要這樣呢？因爲仁本來是天地生物的心，而人又得之以爲心的。故天地以生爲目的，對於萬物，一概予以生命及生命的延續；而人也以生爲目的，對於人物，一概予以生命及生命的延續。如今要求仁，自然要以天地萬物爲一體，使萬物各得其生。如果不以萬物爲一體，而偏於一己；那麼形骸有間，爾我有分，祇局部的物得其生，這是氣已不貫，如手足痿痺一般，就叫做不仁。所以張子說：

『天體物(二七三)不遺，猶仁體事(二七四)無不在也。禮儀(二七五)三百，威儀(二七六)三千，無一物而非仁(二七七)也。昊天曰明，及爾出王(二七八)；昊天曰旦，(二七九)及爾游衍(二八〇)；無一物之不體也。』(二八一)

程子說：

『仁者以天地萬物爲一體，莫非己也。認得爲己，何所不至；若不有諸己，自不與己相干，如手足不仁，氣已不貫，皆不屬己。故博施濟衆，乃聖人之功用。仁至

難言，故止曰己欲立而立人，己欲達而達人，能近取譬，可謂仁之方也已。欲令如是觀仁，可以得仁之體。』（二八二）

陽明說：

『大人者，以天地萬物爲一體者也。其視天下猶一家，中國猶一人焉；若夫間形骸而分爾我者小人矣。大人之能以天地萬物爲一體也，非意之也，其心之仁本若是，其與天地萬物而爲一也。……是故見孺子之入井，而必有怵惕惻隱之心焉，是其仁之與孺子而爲一體也。孺子猶同類者也，見鳥獸之哀鳴觳觫，（二八三）而必有不忍之心焉，是其仁之與鳥獸而爲一體也。鳥獸猶有知覺者也，見草木之摧折，而必有憫恤之心焉，是其仁之與草木而爲一體也。草木猶有生意者也，見瓦石之毀壞，而必有顧惜之心焉，是其仁之與瓦石而爲一體也。』（二八四）

求仁的主要關鍵既明白，現在要進而討論爲仁的主要工夫。這工夫是什麼？一言以蔽之曰『公』。必公然後能以天地萬物爲一體；必公然後一切對人的美德，方能隨時而生。所以周子通書公篇說：

『聖人之道，至公而已矣。或曰：何謂也？曰：天地至公而已矣。』

程子說：

『仁者公也，人此者也。……孔子曰：己欲立而立人，己欲達而達人，能近取譬，可謂仁之方也已。嘗謂孔子之語仁以教人者，唯此爲盡，要之不出於公也。』（二八五）

這是他們主張以公爲求仁工夫的話。但公的反面是私，所以公則不私，私則不公；不私則公，不公則私；公既是求仁的工夫，那麼去私也何嘗不是求仁的工夫呢？所以陽明說：

『小人之心，既已分隔隘陋矣，而其一體之仁，猶能不昧若此者，是其未動於欲，而未蔽於私之時也。及其動於欲，蔽於私，而利害相攻，忿怒相激，則將戕物圯類，無所不爲；其甚至有骨肉相殘者，而一體之仁亡矣。是故苟無私欲之蔽，則雖小人之心，而其一體之仁，猶大人也。一有私欲之蔽，則雖大人之心，而其分隔隘陋，猶小人矣。故夫爲大人之學者，亦惟去其私欲之蔽，以自明其明德，復其天地萬物一體之本然而已耳。』(二八六)

除了陽明以外，象山也拿去私做求仁的上法。他說：

『蓋憧憧往來之私心，其所感必狹，從其思者，獨其私朋而已。聖人之洗心，其諸以滌去憧憧往來之私而全其本然之正也歟？』(二八七)

從上面這派人物論仁的話，去求一個結論，我們知道他們的唯生觀，不是拿個人主義做基礎的，乃是拿倫理做基礎的。換句話：就是他們雖拿生做目的；但生的範圍，不應限於一己之身，要從自身推廣到和我們同體的全部人物方面去，而謀社會的生。如果專謀一己的生，而不顧到全部，這是個人主義，是自私自利的。所以程子說：『餓死事小，失節事大。』(此節字不專指女子守節而言)。

因爲餓死祇關個人的生命，失節却關全體的生命，故前者事小，後者事大。這種話說，就是叫人不要失節求生，圖謀個人利益的意思。在這裏很可以證明他們是拿倫理做唯生觀的基礎的。但現在一般浮薄的人，溺於個人物質享樂主義，反極力攻擊程子這句話，認爲拿禮教殺人，這實在太過了。中國目前社會，這樣混亂，未嘗不是那般專圖個人物質享樂而不講氣節的人所造成的。如果要挽回末俗，我們認爲倒要借程子這句話來做一種格言，那還可以反對嗎？

這派的人的本體，人生思想，以及仁的問題，既敍述過了，現在要來敍述他們論性的話。

性的問題，我國學者素來很重視。其中最有精闢理論的，要算人爲主義派和這派了。關於前者的性論，已在第四章中間詳細說過。但人爲派認性是行爲的抽象總稱。這派却認性是一種由天所賦而在人們心中的理。兩派的觀點並不相同。觀點既不相同，對於論性的方法，也自然不同。人爲主義派論性是用歸納法,就是從行爲的動機及結果,找出或善或惡的證據,然後決定性善性惡.這派人物是用演繹法,就是先認定性善,然後拿性的前提,去說明一切善的行爲.用歸納法所以有善有惡,因爲歸納法是取材於客觀行爲的.行爲分動機與結果.動機往往是善,但到結果也有許多惡事出來.所以荀子是看重結果的人,乃根據結果論性是惡的.用演繹法是取材於主觀我見,我見既認定是善的,就沒有不善.如戴了有色眼鏡看花一般,自然所有的花都是有色的.所以這派人物都認定性是善的.周子說:

『乾道變化,各正性命,誠斯立焉,純粹至善者也.』(二八八)

程子說:

『人性本善.……曰語其性,則皆善也.』(二八九)

『性卽理也,所謂理性是也.天下之理,原其所自,未有不善.喜怒哀樂未發,何嘗不善?發而中節,則無往而不善.』(二九〇)

『性則無不善.』(二九一)

張子說:

『性於人無不善.』(二九二)

朱子說:

『人性無不善,雖桀紂之爲,窮兇極惡,也知此事是惡.』(二九三)

象山說:

『人性本善,其不善者,遷於物也.』(二九四)

陽明說:

『天命之性,粹然至善.』(二九五)

『至善者性也.性原無一毫之惡,故曰至善.止之,是復其本然而已.』(二九六)

性善既敍述過了,現在有兩點須再加探討的:

一、善的標準.二、惡行爲的解釋.

所謂善的標準,就是說拿什麽理由把性叫做善.這派人物認爲宇宙充滿了理,理爲創造萬物的根源.所以就萬物根源說,理是以生爲意義的.邵子說:

『以道生天地,則天地亦萬物也,道爲太極.』(三九七)

理既以生爲意義,而性卽理,所以性也是以生爲意義.況且性中有仁,而仁就是生,那麽性更應以生爲意義了.邵子又說:

『生者,性也.』(三九八)

性既是以生爲意義,那麽生就是善的標準.凡利於生的就叫做善,害於生的就不能叫做善.程子說:

『天只是以生爲道,繼此生理者,卽是善也.善便有一個元(元卽生,朱子說「元者生意」)底意思,元者善之長,萬物皆有春意,便是繼之者善也.』(三九九)

生的標準既定，於是他們就從人向着生去做事而說人性爲善。如稱惻隱之心爲性的善端等.

所謂惡行的解釋，就是說這派人物，既主張性本是善；但人類的行爲，往往有許多惡的表現，就和他們的主張有些衝突.於是他們爲避免矛盾起見，乃創立一種理論，詳爲解釋.如張、程諸子，先把性分爲兩類：一叫做天地之性，一叫做氣質之性.天地之性，是指沒有和氣攙雜未成形體的性而說的.氣質之性，是指那和氣攙雜後已成形體的性而說的.張子說：

『形而後有氣質之性，善反之，則天地之性存焉.』（三〇〇）

天地之性是善的，氣質之性是惡的.程子說：

『性出於天，才出於氣……才則有善有不善，性則無不善.』（三〇一）

張、程既把性分爲二，又說氣質性惡，天地性善，這固是他們的創見，足以解釋性本善的話；但這層意思，在周子時候，已經有這類說話.如周子說：

『五行之生，各一其性，……形既生矣，神發知矣，五性感動而善惡分，萬事出矣。』(三〇二)

這就是說：無形之前，性是純粹至善的，既形之後，五性感動，受氣質的支配，善惡乃隨之而分。這豈不和張子『形而後有氣質之性』的意思相近嗎？

所以可說分性爲二，由周子撒下種子，張程耕耘長成，張程而後，朱、陸、陽明諸子，乃收穫應用。故除了朱子有分性爲二，以及指明誰善誰惡的話，其他諸子，少有解釋；但言詞間，仍表示和張、程諸子一貫的意思。

『有天地之性，有氣質之性。天地之性，則太極本然之妙，萬殊之一本也。氣質之性，則二氣交運而生，一本而萬殊也。』(三〇三)

『論天地之性，則專指理言。論氣質之性，則以理與氣雜而言之。』(三〇四)

這是朱子分性爲天地與氣質二類，以及說明二者意義的話。

『人之性皆善，然而有生下來便善底，有生下來便惡底，此是氣稟不同。』

(三〇五)

這是朱子說天地之性善，氣質之性惡的話。

天地性善，氣質性惡，但天地之性，又不能離却氣質而獨存，必須寄託在氣質上面，才能表現出來。所以朱子又說：

『天命之性，非氣質則無所寓。』(三〇六)

『所謂天命之與氣質，亦相滾同。才有天命，便有氣質，不能相離。若闕一，便生物不得。既有天命，須是有此氣，方能承當得此理；若無此氣，則此理如何頓放？』(三〇七)

那麼人的行爲，自然不能沒有惡，因爲人也根本少不了氣質。氣質與理，原爲人的本體。所以這派人物認定人之爲惡，全是氣質之性作怪。

但氣質之性，怎麼會作怪呢？這是因爲理同而氣殊的關係。這話已在前面說過。因爲理同，所以人性皆善；因爲氣殊，所以人的氣稟，有厚薄偏正。人的氣稟有厚薄偏正，於是天地之性，寄託在那氣質上的，也隨之而有厚薄偏正的分別。所以張子說：

『天性在人，正猶水性之在冰，凝釋雖異，爲物一也。受光大小昏明，其照納不二也。』(三〇八)

朱子說：

『蓋天之生物，其理固無差別；但人物所稟形氣不同，故其心有明暗之殊，而性有全不全之異耳。』(三〇九)

『天命之性，本未嘗偏；但氣質所稟，却有偏處。氣有昏明厚薄之不同，然仁義禮智，亦無闕一之理；但若惻隱多，便流爲姑息柔懦；若羞惡多，便有羞惡其所不當羞惡者。且如言光，必有鏡然後有光，必有水然後有光，光便是性，鏡水便是氣質。若無鏡與水，則光亦散矣。謂如五色，若頓在黑多處，便都黑了，入在紅多處，便都紅了。却看你稟得氣如何？然此理却只是善，既是此理，如何得惡？所謂惡者，

却是氣也。』(三一〇)

程子也說過：

『人生氣稟理有善惡；然不是性中元有此物相對而生也。有自幼而善者，有自幼而惡者，是氣稟有然也。』(三一一)

從以上的證明，那麼人之所以爲惡，就可明白了。但這種氣質所播弄的惡，和孔子所說的環境熏染的惡不同。環境熏染的惡，是在已生之後，吾人因沾惹環境的惡行，愈趨愈久，成了習慣，於是形成的。氣質播弄的惡，不必經過環境的熏染，當吾人墮地之初，已由氣質決定。所以環境的惡是後天的，氣質的惡是先天的。爲什麼呢？因爲性寄託於氣質，不是在既形之後，而在方形之初，就是人們呱呱墮地的時候，天命之性，已與氣質合在一處，決定了人的善惡，所以在那時候，善惡已分了。

程子說：

『生之謂性，性卽氣，氣卽性，生之謂也.』(三一二)

這就是說人物既生，就此所存以生的氣，而天命之性已存在上面氣質的性惡，既是先天的，那麼這種惡，也可以說是人的性．所以程子說：

『善固性也；然惡亦不可不謂之性也.』(三一三)

但其間尙有分別．所謂『善固性也，』是指那沒有帶氣以前的性，只有善而無惡；就是說，並非性中元有這兩物相對而生的意思．『惡亦不可不謂之性，』是指那性寄託在氣上，氣惡而性也惡；但彼此相寄託之初，站在生的方面說，同時拿環境熏染的惡相比較，也可以說是屬於性的．故就性的根源說，只有善是性；就生的時候說，（因生時已有氣，）惡也可謂之性．

惡行是由氣質而生，而氣質的性，又是性寄託在氣質上面方纔形成，並非原來的；那麼如果有良好的方法，自然可以叫性不受氣質的牽制．如泥沙落在水中，使水渾濁；如果有良好的方法，加以滲濾，自然可以把泥沙去掉，成爲本來澄清的水．所以程子說：

『故用力敏勇則速清，用力緩怠則遲清，及其清也，則却只是元初水也．……水之清，則性善之謂也．』(三一四)

氣質之性，可澄治而叫它反善，於是這派乃主張反性或復性．所謂反性或復性，就是叫吾人善的天地之性，不受氣質明暗偏全的支配，而從天地之性去用事．換句話說：就是不以氣質之性爲性，而以天地之性爲性．所以張子說：

『性於人無不善，(三一五)繫其善反不善反而已．(三一六)過天地之化，不善反者也．……善反之，則天地之性存，(三一七)焉故氣質之性，君子有弗性(三一八)者焉．』(三一九)

象山說：

『知物之爲害而能自反，則知善者乃吾性之固有，循吾固有而進德，則沛然無他適矣．故曰復，德之本也．知復則內外合矣．』(三二〇)

但反性或復性的基本工作是什麼？是『學』。因爲學可以變化氣質。（詳情當敘述於本派教育哲學中）程子說：

『湯武反之，(三二一)身之(三二二)者，學而復者也。』(三二三)

『學至氣質變化，方是有功。』(三二四)

朱子說：

『人之爲學，却是要變化氣稟，……須知氣稟之害，要力去用功克治，裁其勝而歸於中乃可。』(三二五)

張子說：

『爲學大益，在自求變化氣質。』(三二六)

象山說：

『學能變化氣質。』(三二七)

但是學的基本工作又是什麼？是在致知。伊川說：

『進學則在致知』(三二八)

致知又從什麽地方着手呢?曰在格物.大學說:

『物格而后知至.』

『致知在格物.』

由格物而致知,由致知而窮理,由窮理便能盡性,盡性便能養氣,反其本而不偏,是爲合天.天則爲純粹至善的性命,這就是反本還原了.所以張子說:

『養其氣,反之本而不偏,(三二九)則盡性而天矣.』(三三〇)

程子說:

『其實只能窮理,便盡性至命也.』(三三一)

陽明說:

『窮理是盡性的工夫.』(三三二)

但格物致知,窮理盡性的話,程朱和陸王分兩派,各因認識不同,於是立說及進行的方法，也因之而不同。

格物致知四個字，是本於大學的，窮理盡性四個字是原於易經的。程、朱訓格為至或窮，訓物為事。所以朱子註大學說：

『格，至也。物，猶事也。窮至事物之理，欲其極處無不到也。』

程子說：

『致知在格物。格，至也。窮理而至於物，則物理盡』（三三三）

『格，猶窮也。物，猶理也。猶曰窮其理而已也。』（三三四）

至於陸、王二人，則訓格為去，物為非，即不正的意念。所以象山說：

『格物者，格此者也。伏羲仰象俯法，亦先於此盡力焉耳，不然，所謂格物，末而已矣。』（三三五）

陽明說：

『格物如孟子「大人格君心」之格，是去其心之不正，以全其本體之

正.』(三三六)

程、朱既把格物訓做窮事物之理,於是他們的格物工夫,乃向外界,窮求萬物的理.所以朱子大學章句序說:

『右傳之五章,蓋釋格物致知之義,而今亡矣.間嘗竊取程子之意,以補之曰:所謂致知在格物者,言欲致吾之知,在卽物而窮其理也.蓋人心之靈,莫不有知,而天下之物,莫不有理.惟於理有未窮,故其知有不盡也.是以大學始敎,必使學者卽凡天下之物,莫不因其已知之理而益窮之,以求至乎其極.至於用力之久,而一旦豁然貫通焉,則衆物之表裏精粗無不到,而吾心之全體大用無不明矣.此謂物格,此謂知之至也.』

所謂『程子之意,』又是怎樣的呢?『程子之意,』是要人家就天下的物,窮而又窮的.不過宇宙事物無數,豈眞能窮盡嗎?但雖不能一一窮盡,也應儘量去做,決不可一窮就了.如果能積累至多,自然可以互相貫通,到那時,雖未能窮盡天下的理，也可由已得的經驗，去盡量擴充吾人之性。所以程子說：

『所務於窮理者，非道須盡窮了天下萬物之理；又不道是窮得一理便到，只是要積累多後，自然見去。』（三三七）

『隨事觀理，而天下之理得矣。天下之理得，然後可以至於聖人。』（三三八）

陸、王既認為格物是格去心中不正的意念，於是他們的格物工夫，乃向心裏去做，把那心所包涵的理，儘量向外發展。所以象山語錄載：

『伯敏云：如何樣格物？先生云：研究物理。伯敏云：天下萬物不勝其繁，如何盡研究得？先生云：萬物皆備於我，只要明理。』（三三九）

程子是主張向外研究物理的人，所以事物雖多，不能盡窮，亦必多積累而後已。象山是主張向內研究物理的人，所以認為事物雖多，但其理則在心中，苟能求得心中的理，那麼萬物之理，自然明白。所以他又說：

『天下之理無窮，若以吾平生所經歷者言之，眞所謂伐南山之竹，不足以

受我辭然其會歸總在於此.』(三四〇)

陽明又說:

『格物是止至善之功,既知至善,卽知格物矣.』(三四一)

『虛靈不昧,衆理具而萬事出,心外無理,心外無事.』(三四二)

『朱子所謂格物云者,在卽物而窮其理也,卽物而窮其理,是就事事物物上,求其所謂定理者也.是以吾心而求理於事事物物之中,析心與理爲二矣.……若鄙人所謂致知格物者,致吾心之良知於事事物物也.吾心之良知,卽所謂天理也.』(三四三)

兩派的格物工夫既不同,而所致的知也自然不同.程、朱所致的知,是經驗的學識.陸、王所致的知,是超經驗的良知.所以程子說:

『君子以識爲本,行次之.今有人焉,力能行之而識不足以知之,則有異端者出,彼將流宕而不知反;內不知好惡,外不知是非,雖有尾生(三四四)之信,曾參

之孝，吾弗貴矣。』(三四五)

陽明則說：

『所以須用致知格物之功，勝私復理，卽心之良知，更無障礙，得以充塞流行，便是致其知。』(三四六)

『致吾心之良知者，致知也。』(三四七)

程、朱、陸、王致知的意義雖不同；但這派都認爲人有良知良能是不錯的。例如張子說：

『誠明所知，乃天德良知，非聞見小知而已。』(三四八)

『夫良能本吾良能，顧爲有我所喪爾。』(三四九)

程子說：

『知者吾之所固有。』(三五〇)

『夜氣之存者，良知也，良能也。苟擴而充之，化旦晝之所害，爲夜氣之所存，

然後可以至於聖人.』(三五一)

象山說:

『生知蓋謂有生以來,渾無陷溺,無傷害,良知具存,非天降之才爾殊也.』(三五二)

陽明說:

『心之虛靈明覺,卽所謂本然之良知也.』(三五三)

『聖人只是順其良知之發用.天地萬物,俱在我良知的發用流行中,何嘗有一物超於良知之外?』(三五四)

不過程、朱認爲吾人的良知良能少,只有一二種;其餘一切知識,都要從學歷經驗而來.陸、王則認爲吾人良知良能多,一舉一動都是.所以程子說:

『萬物皆有良能,如每常(三五五)禽鳥中做得窠子,極有巧妙處,是他良能,不待學也.人初生只有喫乳一事不是學;其他皆是學.』(三五六)

陽明則說:

『知是心之本體,心自然會知,見父自然知孝,見兄自然知弟,見孺子入井,自然知惻隱,此便是良知,不假外求.若良知之發,更無私意障礙,卽所謂充其惻隱之心而仁不可勝用矣.』(三五七)

程、朱既認為吾人的良知良能少,自然要教人去向外求智識.陸、王旣認為吾人良知良能多,自然要教人去向內致良知.所以這派人物求知的工夫,有如燃燈一般.程、朱認為吾人的心,好似一盞煤氣燈,本身雖有可燃性,但是並沒有光在中間;因此要想它發光,勢必要藉外面的火力,儘量地燃燒,到了極度的時候,自會豁然大光.所以他們主張向外求智識,感發吾人的心.至於陸、王呢?認為吾人的心,好似一盞電燈,不特有可燃性,而且中間就包涵了光,雖然沒有亮,這不是他種關係,乃是因為機關閉了;如果把機關一開,立刻光明如日,普照萬方,還用得着向外借火嗎?借火也是沒用的.所以他們主張簡易的向內致良知，以復心的本明．

兩派所致的知既不同，那麼所窮的理也自然不同．程、朱所窮的理，是宇宙間事事物物的理．朱子說：

『卽凡天下之物，莫不因其已知之理而益窮之．』（三五八）

陸、王所窮的理，是內心的理．陸子說：

『大抵講明存養，自是兩節．易言知至至之，（三五九）可與幾（三六〇）也．知終終之（三六一）可與存義（三六二）也．大學言物格而后知至，知至而后意誠，意誠而后心正，心正而后身修．孟子言始（三六三）條理（三六四）者，智之事也；終（三六五）條理者，聖（三六六）之事也．皆是聖賢教人使之知有講學，豈有一句不實頭』．（三六七）

這段話，雖不和陽明一般，主張知行合一；但是他却不欲窮至外界事物的理為知至，必定還要向內心去窮理．

陽明說：

『夫萬事萬物之理，不外於吾心，而必曰窮天下之理，是殆以吾心之良知爲未足，而必外求於天下之廣，以裨補增益之，是猶析心與理而爲二也．夫學問思辨篤行之功，雖其困勉至於人一己百，而擴充之極，至於盡性知天，亦不過吾心之良知而已．良知之外，豈復有加於毫末乎？今必曰窮天下之理，而不知反求諸其心，則凡所謂善惡之機，眞妄之辨者，舍吾心之良知，亦將何所致其體察乎？』（三六八）

這兩派對於格物致知窮理雖有不同；然而對於盡性却是同一目標的這眞可謂殊途同歸．爲什麽相同呢？因爲盡性就是反性復性的工夫．他們既主張反性復性，自然對於盡性是相同的．

程、朱與陸、王兩派的盡性雖同；但因格物，致知，窮理的方向及認識不同，於是這三種工夫的程序，也因之而彼此不同．

上面曾說過盡性在變化氣質，變化氣質在乎學，學在致知，致知在格物而窮其理．這是就普通一般歷程說．至於站在認識論的立場，彼此兩派的步驟，還是不同的．程、朱是主張致知在窮理，就是先窮理而後纔能致知的意思．至於格物則等於窮理，兩者是一而二，二而一的，自然也在致知以前．因爲他們是訓格爲窮，訓物爲理的．程子說：

『格猶窮也，物猶理也，若曰窮其理云爾．窮理然後足以致知，不窮則不能致也．』（三六九）

至於陸、王則主張先格物，致知次之，窮理則在後．陽明說：

『今爲於其良知所知之善者，即其意之所在之物而實爲之，無有乎不盡；於其良知所知之惡者，即其意之所在之物而實去之，無有乎不盡；然後物無不格，而吾良知之所知者無有虧缺障蔽，而得以極其至矣．夫然後吾心快然無復餘憾而自慊矣．』（三七〇）

這是說先格物，致知次之。

『故必仁極仁，而後謂之能窮仁之理；義極義，而後謂之能窮義之理；仁極仁，則盡仁之性矣；義極義，則盡義之性矣。學至於窮理，至矣。』（三七一）

這是以窮理為最後的工夫。

兩派對於窮理和格物所定的次序既不同，那麼對於盡心，知性和致知，格物兩種關係，也就認識不同。朱子等是以盡心知性為因，格物為果的。王子等乃以格物致知為因，盡心知性為果的。二者方式如下：

程、朱：盡心知性→格物致知

陸、王：格物致知→盡心知性

陽明說：

『盡心，知性，知天，是生知安行事。存心，養性，事天，是學知利行事。殀壽不貳，修身以俟，立命，是困知勉行事。朱子錯訓格物，只為倒看了此意，以盡心，知性，為

格物知至，要初學便去做生知安行事，如何做得？』(三七二)

以上把這派性論敍述過了，現在來敍述這派論情論才的話：

在第四章裏曾敍述過孟、荀諸人的論情：孟子論情是根據於性，認爲性善，情亦善。荀子也根據於性，認爲性惡，情亦惡。這派却不然。他們雖然也認爲情爲性的動，說性是人的體，情爲人的現象；但是祇承認性是純粹至善的，至於情則有善與不善。程子說：

『或問性善而情不善乎？子曰：情者性之動也，要歸之正而已，亦何得以不善名之？』(三七三)

『形既生矣，外物觸其形而動於中矣，其中動而七情出焉：曰喜、怒、哀、樂、愛、惡、欲。情既熾而益蕩其性，鑿矣。』(三七四)

邵子說：

『以物觀物，性也，(三七五)以我觀物，情也。(三七六)性公而明，情偏而暗。』(三

七七)

『月者日之影也,(三七八)情者性之影也.(三七九)心性(三八〇)而胆情,(三八一)性神(三八二)而情鬼.(三八三)』(三八四)

『任我則情,(三八五)情則蔽,蔽則昏(三八六)矣.』(三八七)

朱子說:

『性纔發便是情,情有善惡,性則全善.』(三八八)

除了他們以外,張、王諸人也有許多話可以表現這種意思的.如張子說:

『情僞相感而利害生,雜之僞也.』(三八九)

因爲情有善有惡所以雜之以僞,乃生利害.

陽明說:

『喜、怒、哀、樂本體,自是中和的.纔自家著些意思,便過不及,便是私.』(三九〇)

『喜、怒、哀、樂，性之情也，私欲客氣，性之蔽也……故情有過不及，而蔽有深淺也.』(三九一)

因爲情有善惡，所以有過不及，都叫做私，叫做蔽.

他們除了認定情有善惡以外，還認定才也有善惡，這和孟子主張不同.孟子不特主張性情皆善，還主張才也是善的.程子說:

『性出於天，才出於氣，氣淸則才淸，氣濁則才濁……才則有善有不善，性則無不善.』(三九二)

『如何是才?曰:如材植是也.譬如木曲直者，性也;可以爲輪轅，可以爲梁棟，可以爲榱桷者，才也.今人說有才，乃是言才之美者也.才乃人之資質，循性修之，雖至惡可勝而爲善.』(三九三)

邵子漁樵問答中說:

『樵者問漁者曰:人所謂才者，有利焉，有害焉者，何也?漁者曰:才一也，利害二也。有才之正者，有才之不正者。才之正者，利乎人而及乎身者也；才之不正者，利乎身而害乎人者也。』

朱子說：

『才者，水之氣力所以能流者；然其流有緩急，則是才之不同。伊川謂性稟於天，才稟於氣是也。』（三九四）

『性之所以無不善者，以其出於天也；才之所以有善不善，以其出於氣也。……性是形而上者，氣是形而下者；形而上者全是天理，形而下者只是那渣滓。』（三九五）

陸子說：

『人皆可以爲堯、舜，此性此道，與堯、舜元不異；若其才則有不同。學者當量力度德。』（三九六）

『人資質有美惡，得師友琢磨，知己之不美而改之。』（三九七）

這派人物所以認爲才有善惡，完全是從張子分性爲二，以及說氣質性惡的思想而來的。所以朱子解釋程子前面的話說：

『程子此說才字，與孟子本文小異。蓋孟子專指其發於性者言之，故以爲才無不善。程子專指其發於氣者言之，則人之才，固有昏明强弱之不同矣；張子所謂氣質之性是也。』(三九八)

情、才的問題，旣敍述過了。現在來討論這派的倫理思想：

這派倫理思想的基礎，在前面已說過，是『理一分殊。』這理一分殊是宇宙問題，從這點可以知道這派的倫理思想，是拿宇宙問題爲基礎的；和人爲主義派以方法論爲基礎的，大不相同。基礎雖不同，但目標及方式，還是相同的。人爲主義派從歸納的推論法，主張親親而仁民，仁民而愛物，以自己爲出發點，然後普及萬物。這派從理一分殊的觀念，也主張先親親而後仁民，仁民而後愛物；以已爲始，以萬物一體爲終。因爲理一，故仁愛之施無不徧，所以要拿萬物做一體．因爲分殊，故仁愛之施有差等，所以要以自己始，以萬物終．這種思想，在張子西銘裏最顯明．其中所說的：

『大君者吾父母(三九九)宗子，(四〇〇)其大臣宗子之家相也．』

就是以己爲始的意思．

『尊高年，(四〇一)所以長其長．(四〇二)慈孤弱，(四〇三)所以幼其幼．(四〇四)聖其合德，(四〇五)賢其秀也．(四〇六)凡天下疲癃、(四〇七)殘疾、惸獨、(四〇八)鰥寡，皆吾兄弟之顚連而無告者也．於時保之，子之翼(四〇九)也．樂且不憂，純乎孝者也．』(四一〇)

就是以萬物爲一體的話．

張子以萬物一體爲目標，而以己爲出發點，是人我之間，有所分殊．和墨氏的兼愛，從直覺的認識，混人我於一團，自然不同．所以伊川答楊龜山論西銘書說：

『……西銘之爲書，推理以存義，擴前聖所未發，與孟子性善養氣之論同功；豈墨氏之比哉？西銘明理一而分殊，墨氏則二本而無分.』(四一一)

朱子也說：

「西銘一篇，始末皆是理一分殊；以乾爲父，坤爲母，便是理一而分殊；予茲藐焉，混然中處，便是分殊而理一. 天地之塞吾其體，天地之帥吾其性，(四一三)分殊而理一；民吾同胞，物吾與也，理一而分殊.』(四一四)

『張子此篇，大抵皆古人說話集來……孟子所謂親親而仁民，仁民而愛物，其等差自然如此.』(四一五)

『言理一而不言分殊，則爲墨氏兼愛；言分殊而不言理一，則爲楊氏爲我.』(四一六)

這種思想，雖然是在張子西銘裏爲最顯著；但在他以前，也未嘗沒有過. 如中庸說：

『唯天下至誠，爲能盡其性；(四一七) 能盡其性，則能盡人之性；能盡人之性，則能盡物之性；(四一八) 能盡物之性，則可以贊(四一九) 天地之化育；可以贊天地之化育，則可與天地參(四二〇) 矣。』

也是拿自己做出發點，先努力於己，而後努力於人物的，換句話就是先成己而後成物的不過中庸的話，來得簡古，宗仰的人少，所以勢力小；張子的話，來得顯著，且因時代環境的關係，宗仰的人多，故勢力大。自張子而後，程、朱、陸、王等，均宣揚這種道理。所以程子也說：

『仁者以萬物爲一體。……仁至難言，故止曰：己欲立而立人，己欲達而達人，能近取譬，可謂仁之方也已。』(四二一)

『不敬其親而敬他人者，謂之悖禮；不愛其親而愛他人者，謂之悖德；故君子親親而仁民，仁民而愛物。』(四二二)

陽明答門人陸澄問程子云：『仁者以天地萬物爲一體，何墨氏兼愛，反不

得謂之仁?」說:

『此亦甚難言，須是諸君自體認出來始得．仁是造化生生不息之理，雖彌漫周徧，無處不是，然其流行發生，亦只有個漸，所以生生不息．如冬至一陽生，必自一陽生而後漸至於六陽；若無一陽生，豈有六陽？陰亦然．惟其漸，所以使有個發端處；惟其有發端處，所以生；惟其生，所以不息．譬之木，其始抽芽便是木之生意發端處；抽芽然後發幹，發幹然後生枝生葉，然後是生生不息．若無芽，何以有幹，有枝葉？能抽芽，必是下面有個根在；有根方生，無根便死，無根何從抽芽？父子兄弟之愛，便是人心生意發端處，如木之抽芽．自此而仁民，而愛物，便是發幹生枝生葉．墨氏兼愛無差等，將自家父子兄弟與途人一般看，便自沒了發端處，不抽芽，便知得他無根，便不是生生不息，安得謂之仁？』(四二三)

陸子說:

『凡物必有本末．且如就樹木觀之，則其根本必差大．吾之教人，大概使其

本常重，不為末所累．然今世論學者，却不悅此．』（四二四）

這派人物既以理一分殊為倫理思想的基礎，而樹立從己及物有差等的倫理思想，那麼他們唯一的實踐道德是什麼？是『仁』關於仁的解釋及其他意義，已在前面敍述過了，無容再贅．

現在來敍述這派的政治思想．

這派的政治思想簡單說一句，就是從它的倫理思想推演而出——由個人對個人，推到由個人對社會國家．所以程子說：

『得天理之正，極人倫之至者，堯舜之道也．』（四二五）

朱子說：

『治國平天下、與誠意、正心、修身、齊家，只是一理．所謂格物致知，亦曰知此而已矣．此大學一書之本指也．今必以治國平天下為君相之事，而學者無與焉；則內外之道，異本殊歸，與經之本旨，正相南北矣．禹、稷、顏回同道，豈必在位，乃為

爲政哉？』(四二六)

從這些話可知他們的政治思想，是以個人良善的修養，爲治國平天下的手段；而以治國平天下，爲個人良善修養的目標；這種思想的創立很早，在大學裏已形成整個的系統。大學說：

『大學之道，在明(四二七)明德，在親民，在止於至善。……古之欲明明德於天下(四二八)者，先治其國；欲治其國者，先齊其家；欲齊其家者，先修其身；欲修其身者，先正其心；欲正其心者，先誠其意；欲誠其意者，先致其知；致知在格物。物格而后知至；知至而后意誠；意誠而后心正；心正而后身修；身修而后家齊；家齊而后國治；國治而后天下平。自天子以至於庶人，壹是(四二九)皆以修身爲本。其本(四三〇)亂而末治者否矣！其所厚(四三一)者薄，而其所薄者厚，未之有也！』

這就是這派政治思想的整個系統。

在這系統裏面，我們所能看見的，是『致知格物，誠意正心，修身齊家，』爲

『治國平天下』的基礎．但自致知以至齊家這段工夫，是個人的修養；治國平天下，纔是對國家社會的工作．治國平天下，既以個人修養爲基礎，這足見前面所說的這派政治思想，是以個人修養爲治國平天下的手段；治國平天下爲個人修養的目標的話不錯．更證明這派的政治思想，是從倫理思想推演而出的話是的確的．

但是這派爲什麼要以個人修養爲治國平天下的基礎呢？其中哲學原因，或根本觀念，到底是什麼？據我們看：他的根本觀念，是感應說．所謂感應，本是宇宙活動的兩種力．這話前面敍述宇宙論的時候，已經說過了．由宇宙的感應，而形成心的感應，因爲『吾心便是宇宙，宇宙即是吾心．』(四三二) 心既能感應，於是外界所感於心，心必應之．所以程子說：

『有感必有應；凡有動皆有感，感則必有應．』(四三三)

朱子說：

『如父慈則感得子孝，子孝則感得父愈慈。』（四三四）

有了感應說做根本觀念，於是這種政治思想方能成立；因爲這種政治目的，是以完全人格感化人民爲善，不是以刑法迫促人民爲善。如果沒有感應說做根本觀念，就是不承認心可以由外界感動而發生反應，那麼爲政者的完全人格雖偉大如天，也不能給人民什麼影響。這樣，自身的修養與治國平天下，還能有因果的關係嗎？

因爲有感應說爲根本觀念，所以這派人物乃唱這種思想，主張治理天下，不必徒用刑法去管理人民；只要先把爲政者個人的人格修養完善，用自己高尙人格，去做人民的模範，叫人民都仿效自己的行動。這和孔子所說的：『政者正也；子帥以正，孰敢不正？』『苟正其身矣，於從政乎何有？不能正其身，如正人何？』的意思相同。不過孔子沒有推窮到正心、誠意、格物、致知的工夫上去。

現在把格物致知至治國平天下各階段的相互關係說明一下。在未說明以前，有一句話要申明的，就是這派的政治思想，不特建築在感應說上，也還和他們的性論等問題有深切的關係。因爲篇幅所限，不能多述，所以提起一句，希望讀者加以注意。同時對於程、朱、陸、王兩派不同的主張，也應預先認識，以免隔膜。

這整個的系統，可分成三個階段。格物致知爲一個階段；誠意正心修身爲一個階段；治國平天下爲一個階段。這三個階段中間，要以誠意正心修身爲中樞。格物致知是充實誠意正心修身的，治國平天下是光大誠意正心修身的。其方式如下：

格物致知→誠意正心修身→治國平天下。

所以格物致知，能把誠意正心修身充實到至極；那麽誠意正心修身，就能使國治天下平到至極。朱子說：

『如孟子說仁義處，只就仁義上說道理；孔子答顏淵以克己復禮，只就克己復禮上說道理：若大學却只統說，論其功用之極至於平天下．然天下所以平，却先須治國；國之所以治，却先須齊家；家之所以齊，却先須修身；身之所以修，却先須正心；心之所以正，却先須誠意；意之所以誠，却先須致知；知之所以至，却先須格物；本領全只在這兩字上．又須知如何是格物？許多道理，自家從來合有不合有？定是合有，定是人人都有．人之心，便具有許多道理：見之於身，便是身上有許多道理；行之於家，便是一家之中有許多道理；施之於國，便是一國之中有許多道理；施之於天下，便是天下有許多道理．』（四三五）

這種以個人修養爲基礎的政治思想，自大學首創而後，周、張、程諸子，乃努力宣揚．所以周子說：

『治天下有本，身之謂也；治天下有則，家之謂也．本必端；端本，誠心（四三六）而已矣．則必善；善則，和親（四三七）而已矣．家難而天下易，家親而天下疏也．（四三八）……是治天下觀於家，治家觀於身而已矣．身端，心誠之謂也．誠心，復其不善

之動(四三九)而已矣.」(四四〇)

程子說:

『君仁莫不仁,君義莫不義,天下之治亂,係乎人君仁不仁耳.離是而非,則生於其心,必害於其政,豈待乎作之於外哉?昔者孟子三見齊王而不言,門人疑之.孟子曰:我先攻其邪心,心既正然後天下之事可從而理也.夫政之得失,用人之非,知者能更之,直者能諫之;然非心存焉,則一事之失,救而正之,後之失者,將不勝救矣.格其非心,使無不正,非大人其孰能之?』(四四一)

『大學曰:物有本末,事有終始,知所先後,則近道矣.人之學莫大於知本末終始,致知在格物,則所謂本也,始也;治國平天下,則所謂末也,終也.治天下國家,必本諸身,其身不正而能治天下國家者無之.』(四四二)

張子說:

『有司,政之綱紀也.始爲政者,未暇論其賢否,必先正之;求得賢才而後舉

之.』(四四三)

『爲正者必身倡之,且不愛其勞,又益之以不倦.』(四四四)

朱子說:

『多是要求濟事,而不知自身已不立,事決不能成.人自心若一毫私意未盡,皆足以敗事.如上有一點黑,下便有一撲黑;上有一毫差,下便有尋丈差.』(四四五)

陸子說:

『若夫朝謀夕訪,求所以治乎人,而不知反求諸其身,安知夫大人正己而物正,而二(四四六)之善世者,特在乎言行之間而已也.』

『大矣哉德之見於天下也!推吾所有兼善天下,此固人之所甚欲.然有諸己而後求諸人,無諸己而後非諸人.所藏乎身不恕而能喩諸人者,未之有也.故君子正身以正四方,修己以安百姓.且日麗(四四七)必照物,雲油(四四八)必雨苗,

和順積中，英華發外，極吾之善，斯足以善天下矣．』(四四九)

以上是這派政治思想的原理．除此以外，還有政治方法，現在來略述一些，以便讀者明瞭這派人物怎樣去實現他們的政治思想．程子說：

『治身齊家以至平天下者，治之道也．建立綱紀，分正百職，順天揆事，創立制度，以盡天下之務，治之法也．法者道之用也．』(四五〇)

他們實現政治思想的方法是什麼？

第一種最重要的方法是『止．』所謂『止，』就是說萬事萬物中各有它的方所，應該叫它各止其所的意思．所以大學說：

『大學之道，在明明德，在親民，在止於至善，知止而后有定，定而后能靜，靜而后能安，安而后能慮，慮而后能得．』

又說：

『詩云：邦畿(四五一)千里，惟民所止．穆穆(四五二)文王，於(四五三)緝(四五四)

熙(四五五)敬止.爲人君,止於仁;爲人臣,止於敬;爲人子,止於孝;爲人父,止於慈.緡蠻(四五六)黃鳥,止於丘隅.子曰:於止,知其所止,可以人而不如鳥乎!』

大學所謂止於至善,和論語孔子所說正名的意思相差不多.正名是叫事物各得其位而不混,就是不要君不君臣不臣,父不父子不子的意思.止於至善,也是叫事物各安其位;事物如能各安其位,天下纔能大治.所以程子說:

『孔子爲政先正名,名實相須,故也一事苟,則無不苟者矣.』(四五七)

中庸說:

『致(四五八)中和,天地位(四五九)焉,萬物育(四六〇)焉.』

程子說:

『夫有物必有則,父止於慈,子止於孝,君止於仁,臣止於敬,萬物庶事,莫不各有其所,得其所則安,失其所則悖.聖人所以能使天下順治,非能爲物作則也,惟止之各於其所而已.』(四六一)

周子說：

『艮其背，背非見也。(四六二) 靜則止，止非爲也。(四六三) 爲不止矣，(四六四) 其道深乎！』(四六五)

陽明說：

『至善者，明德親民之極則也。……至善之發見，是而是焉，非而非焉。輕重、厚薄，隨感隨應，變動不居，而亦莫不自有天然之中，是乃民彝物則之極，而不容少有議擬增損於其間之謂也。』(四六六)

這種止的方法，就是程子所說的建立綱紀，分正百職的方法。

第二種方法是『充足民力。』所謂充足民力，就是加厚人民生產力，叫人民先解決生活問題，然後能一心向善程子說：

『養民者，以愛其力爲本。民力足，則生養遂；然後敎化可行，而風俗可美；是故善爲政者必重民力。』(四六七)

『君子發豶豕之義，知天下之惡，不可以力制也；則察其機，持其要，塞絕其本原；故不假刑罰嚴峻而惡自止也．且如止盜，民有欲心，見利則動；苟不知教而迫於飢寒，雖刑殺日施，其能勝億兆利欲之心乎？聖人則知所以止之之道：不尚威刑，而修政教；使之有農桑之業，知廉恥之道，雖賞之不竊矣．』（四六八）

張子說：

『子之不欲，雖賞之不竊．欲生於不足，則民盜；能使無欲，則民不爲盜．……故爲政者在乎足民，使民無所不足，不見可欲，而盜必息矣．』（四六九）

第三種方法是立志．程子說：

『故在乎君志先定，君志定，而天下之治成矣．所謂定志者，一心誠意，擇善而固執之也．……惟在以聖人之訓爲必當從，先王之治爲必可法，不爲後世駁雜之政所牽制，不爲流俗因循之論所遷惑，自知極於明，信道極於篤，任賢勿貳，去邪勿疑，必期致世如三代之隆而後已也．』（四七〇）

『故治天下者，必先立其志．正志先立，則邪說不能移，異端不能惑，故力進於道，而莫之禦也．』（四七一）

除以上三點以外，當然還有許多方法；但比較支離，同時有許多和人爲主義派相同的，如『舉賢才，』『尚德不尚刑』等，都是人爲主義派早倡過的．爲避免重複起見，故從省略．

現在把這派的教育思想分條敍述於后：

一、教育的意義：　這派人物，認爲教育的意義，不僅在求得知識和技術，而在能實現完全的人格．所以他們反對辭章訓詁的學問，而主張義理心性的學問．如邵子說：

『君子之學，以潤身爲本，其治人應物，皆餘事也．』（四七二）

『學不際天人，不足以謂之學．』（四七三）

張子說：

『嘗謂文字若史書歷過(四七四)見得無可取，則可放下，如此則一日之力，可以了六七卷書．又學史不外爲人對人恥有所不知意只在相勝醫書雖聖人存此，亦不須大段學，不會亦不甚害事；會得亦不過惠及骨肉間延得頃刻之生，決無長生之理．若窮理盡性，則自會得．……』(四七五)

『旣學而先有以功業爲意者，於學便相害．』(四七六)

周子說：

『不知務道德而第以文辭爲能者，藝焉而已．』(四七七)

程子說：

『記問文章，不足以爲人師，以其所學者外也．師者何也？謂理義也．學者必求師，從師不可不謹也．』(四七八)

朱子說：

『古之君子，修德而已，德成而言，則不期於文而自文矣．』(四七九)

『無牽於章句，無滯於舊聞．要使之知所以正心誠意，於飲食起居之間，而由之以入於聖賢之域，不但爲舉子而已，豈不美哉．』（四八〇）

陸子說：

『上是天，下是地，人居其間，須是做得人，方不枉了．』（四八一）

『吾友却不理會根本，只理會文字；實大聲宏，若根本壯，怕不會文字．』（四八二）

陽明說：

『近聞爾曹學業有進，有司考校，獲居前列，吾聞之喜而不寐，此是家門好消息．繼吾書香者在爾輩矣，勉之勉之．吾非徒望爾輩但取青紫（四八三）榮身肥家，如世俗所尙，以誇市井小兒．爾輩須以仁禮存心，以孝弟爲本，以聖賢自期，務在光前裕後，斯可矣．』（四八四）

二、教育的功效：所謂教育的功效，就是經過教育的訓練後，所得到的效果．這派人物認爲教育的功效，是變化氣質；所謂變化氣質，就是復性的意思．這話已在前面說過，無容再述．現在來節引些他們的話，以資證明：

張子說：

『人之氣質美惡，與貴賤夭壽之理，皆是所受定分．如氣質惡者，學卽能移．今人之所以多爲氣所使，而不得爲賢者，蓋爲不知學．』（四八五）

『爲學大益在自能變化氣質，不爾，卒無所發明，不得見聖人之奧．故學者先須變化氣質，變化氣質，與虛心相表裏．』（四八六）

程子說：

『才可勉而少進，鈍者不可使利也；惟積學明理既久，而氣質變焉，則暗者必明，弱者必立矣．』（四八七）

朱子說：

『學至氣質變化，方是有功．』（四八八）

『所喻變化氣質，方可言學，甚善；但如鄙意則以爲唯學爲能變化氣質耳。若不讀書窮理，主敬存心，而徒切切計較於今昨是非之間，恐其勞而無補也。』(四八九)

象山說：

『學能變化氣質。』(四九〇)

陽明說：

『變化氣質，居常無所見，惟當利害；經變故，遭屈辱：平時憤怒者，到此能不憤怒；憂惶失措者，到此能不憂惶失措；始是能有得力處，亦便是用力處。天下事雖萬變，吾所以應之，不出喜怒哀樂四者，此爲學之要，而爲政亦在其中矣。』(四九一)

三、教育的目的：　這派人物認爲教育的目的是在造就人格完善的人材，促進國家的文化和保持社會的安定。所以周子說：

『故聖人立教，俾人自易其惡，自至其中而止矣。故先覺覺後覺，闇者求於明，而師道立矣。師道立，則善人多，善人多，則朝廷正而天下治矣。』(四九二)

程子說：

『或問道不明於後世，其所學者爲何？子曰：教之者能知之，學者之衆，不患其不明也。魯國一時賢者之衆，非特天授，由學致也。聖人既歿，曠千有餘歲，求一人如顏、閔不可得。故教不立，學不傳，人材不期壞而自壞。』(四九三)

朱子說：

『蓋聞君子之學，以誠其身，非直爲觀聽之美而已。古之君子，以是行之其身，而推之以教其子弟，莫不由此；此其風俗之所以淳厚，而德業所以崇高也。』(四九四)

陸子說：

『是故先王之時，風教之流行，典刑之昭著，無非所以寵綏四方，左右斯民，使之若有常性，克安其道者也．是故鄉舉里選，月書季考，三年而大比，以興賢能，蓋所以陶成髦俊，將與共斯政，同斯事也．學校庠序之間，所謂切磋講明者，何以捨是而他求哉．』（四九五）

四、求學的工夫　學是實施教育惟一的方式．既將上面各點敘述過了，自然要把『學』的工夫以及方法等敘述一番，以便探討他們教育思想的全體．這派認為求學的工夫是致知力行兩種：如中庸說：

『博學之，審問之，慎思之，明辨之，篤行之．』

大學引詩說：

『如切如磋者，道學也；如琢如磨者，自修也．』

學、問、思、辨、以及切、磋，是致知工夫．篤行、琢、磨，是力行工夫．所以朱子說：

『聖賢說知便說行，大學說如切如磋道學也；便說如琢如磨自修也．中庸說學問思辨；便說篤行．顏子說博我以文，謂致知格物；約我以禮，謂克己復禮．』

(四九六)

不過進行的程序，他們却分兩派主張：二程子及朱、陸等，是主張先致知而後力行的。王陽明則主張知行合一，就是知行同時並進的意思。所以程子說：

『知之而後可守，無所知則何所守也。故學莫先乎致知。窮理格物，則知無不盡；知之既盡，則守無不固。』(四九七)

『須是識在所行之先；譬如行路，須得光照。』(四九八)

朱子說：

『知行相須，論先後當以致知爲先。』(四九九)

『須先致知而後涵養。』(五〇〇)

象山語錄嚴松年記：

『松又曰智聖雖無優劣，却有先後，畢竟致知在先，力行在後，故曰始終。先生曰是。』(五〇一)

陽明則說：

『凡謂之行者，只是著實去做這件事；若著實做學問思辨功夫，則學問思辨，亦便是行矣．學是學做這件事，問是問做這件事．思辨是思辨做這件事，則行亦便是學問思辨矣．若謂學問思辨之，然後去行，却如何懸空先去學問思辨得？行時又如何去得做學問思辨的事？行之明覺精察處，便是知；知之眞切篤實處，便是行．若行而不能精察明覺，便是冥行，便是學而不思則罔，所以必須說個知．知而不能眞切篤實，便是妄想，便是思而不學則殆，所以必須說個行．元來只是一箇工夫．凡古人說知行，皆是就一箇工夫上補偏救弊說，不似今人截然分作兩件事做．某今說知行合一，雖亦是就今時補偏救弊說，然知行體段亦本來如是．』（五〇二）

五、求學的方法：　這派認爲求學最要緊的是先立志．所謂立志，是在未學以前，立定一個趨向，然後依着那個趨向去做，不達目的不止的意思．周子說：

『聖希(五〇三)天，賢希聖，士希賢。伊尹、顏淵，大賢也：伊尹恥其君不爲堯、舜，一夫不得其所，若撻於市；顏淵不遷怒，不貳過，三月不違仁。志伊尹之所志，學顏子之所學，過則聖，及則賢，不及則亦不失於令名。』(五〇四)

張子說：

『凡學，官先事，士先志。謂有官者，先教之事，未官者使正其志焉。志者教之大倫而言也。』(五〇五)

程子說：

『或問入道之功，子曰：立志，志立則有本。譬之藝木，由毫末拱把，至於合抱而干雲者，有本故也。』(五〇六)

朱子說：

『學者須是立志，今人所以悠悠者，只是把學問不曾做一件事看，遇事則且胡亂恁地打過了。此只是志不立。』(五〇七)

『學者大要立志．所謂志者，不道將這些意氣去蓋他人，只是直截要學堯舜．』（五〇八）

象山說：

『學者須先立志，志既立，却要遇明師．』（五〇九）

『學者須是有志，讀書只理會文義，便是無志．』（五一〇）

陽明說：

『志不立，天下無可成之事；雖百工技藝，未有不本於志者．今學者曠廢隳惰，玩歲愒時，而百無所成，皆由於志之未立耳．故立志而聖則聖矣，立志而賢則賢矣．志不立如無舵之舟，無銜之馬，漂蕩奔逸，終亦何所底乎？』（五一一）

除了立志以外，就是『專一，』所謂專一，就是專心壹志的意思．所以周子說：

『聖可學乎？曰可．曰：有要乎？曰：有．請問焉．曰：一爲要．』（五一二）

也?』

程子說:

『博奕小技也,不專心致志,猶不可得,況學聖人之道,悠悠焉,何能自得

『君子之學貴一,一則明,明則有功.』(五一三)

朱子說:

『人做工課若不專一,東看西看,則此心先已散漫了,如何看得道理出?須是看論語專只看論語,看孟子專只看孟子.讀這一章,更不看後章;讀這一句,更不看後句,這一字理會未得,更不得看下字.如此則專一而功可成;若所看不一,汎濫無統,雖卒歲窮年,無有透徹之期.』(五一四)

陸子說:

『蒙再三瀆,瀆則不告;非發之人,不以告於蒙者也.爲蒙者未能專意相向,乃至再三以相試探.』(五一五)

六、求學的態度： 這派人物認爲求學的態度，最緊要的是務實。如周子說：

『實勝，善也；名勝，恥也。故君子進德修業，孳孳不息，務實勝也。』（五一六）

張子說：

『人生固有天道人事，當行不行，則無誠，不誠則無物。故須行實事。惟聖人踐形爲實之至，得人之形，可離非道也。』（五一七）

程子說：

『學者當務實，一有近名之心，則大本已失，尙何所學哉？』（五一八）

陸子說：

『千虛不博一實。吾生平學問無他，只是一實。』（五一九）

朱子說：

『爲學須是切實爲己，則安靜篤實，承載得許多道理；若輕揚淺露，如何探討得道理？縱使探討得，說得去，也承載不住。』（五二〇）

次之是要敬.程子說:

『識道以智爲先,入道以敬爲本.夫人測其心者,茫茫然也.將治心而不知其方者,寇賊然也.天下無一物非吾度內者,故敬爲學之大要』(五二一)

張子說:

『君子莊敬日强,始則須拳拳服膺,出於牽勉.至於中禮,卻從容,如此方是爲己之學.鄉黨說孔子之形色之謹,亦是敬;此皆變化氣質之道也.』(五二二)

朱子說:

『若論爲學,則自有箇大要;所以程子推出一箇敬字,與學者說要且將箇敬字,收斂身心,放在模匣子裏面,不要走作了,然後逐事逐物看道理.』(五二三)

再次之是要懷疑.張子說:

『義理有疑,則濯去舊見,以來新意.』(五二四)

『在可疑而不疑者,不曾學,學則須疑.譬之行道者,將之南山,須問道路之

出，若自安坐，則何嘗疑？』（五二五）

『不知疑者，只是不便實作，既實作，則須有疑，必有不行處，是疑也。譬之通身會得一邊，或理會一節未全，則須有疑，是問是學處也。無則只是未嘗思慮來也。』（五二六）

朱子說：

『讀書無疑者，須教有疑，有疑者却要無疑，到這裏方是長進。』（五二七）

『若用工麤鹵，不務精思，只道無可疑處；非無可疑，理會未到，不知有疑爾。』（五二八）

除此以外，還有『切近，』『剛毅，』『自立』等，都是這派認爲求學所必具的態度。恐引述太繁，從略。

七、學的原則以用爲貴。程子說：

『百工治器，必貴於有用。器而不可用，工不爲也；學而無所用，學將何爲

也？』（五二九）

『多聞識者，猶廣儲藥物也，知所用爲貴．』（五三〇）

『讀書，將以窮理，將以致用也．今或滯心於章句之末，則無所用也，此學者之大患也．』（五三一）

八、禮樂的陶冶：　綜括以上各點來說，可以知道這派的教育思想，是以人格教育爲中心的．既以人格教育爲中心，自然要注重人格的陶冶，而陶冶最上的工具，就是禮樂．所以他們主張以禮樂陶冶學者．周子說：

『古者聖王制禮法，修教化，三綱正，九疇（五三二）敍，百姓大和，萬物咸若，乃作樂以宣八風（五三三）之氣，以平天下之情，故樂聲淡而不傷，和而不淫；入其耳，感其心，莫不淡且和焉．淡則欲心平，和則躁心釋，優柔（五三四）平中（五三五），德之盛也；天下化中，治之至也；是謂道配天地，古之極也．……不復古禮，不變今樂，而欲至治者遠矣．』（五三六）

『樂者本乎政者也，政善民安，則天下之心和；故聖人作樂，以宣暢其和心，達於天地，天地之氣，感而大和焉．天地和則萬物順，故神祇佑，鳥獸馴．』（五三七）

程子說：

『……修其孝悌忠信，周旋禮樂，其所以誘掖激勵，漸摩成就之道，皆有節序．』（五三八）

張子說：

『恭敬撙節退讓以明禮，仁之至也．愛道之極也，己不勉明，則人無從倡，道無從宏，教無從成矣．禮直斯清，撓斯昏，和斯利，樂斯安，將致用者，幾不可緩．』（五三九）

『知及之而不以禮，性之非己有也，故知禮成性而道義出，如天地位而易行．運則化矣，達順而樂亦至焉爾．』（五四〇）

『不得禮則不立．』（五四一）

以上已簡略的把這派教育思想敍述過了.拿這種教育思想,和現代的生產教育尤其以唯物史觀爲立場的生產教育相比較,這種思想,自然有些落後.所以我國現在一般生產教育家,都主張教育的意義,要以經濟爲基礎.但是拿我國現狀來論,這種主張,也還是不錯的.我國今日的教育,固然要注重經濟訓練,而對於人格的訓練,也似不可少.所以現在的教育,倘能採用這派思想的一部分,做實施的張本,於國家社會,是極有補益的.

這派的方法論,和這派思想發展,有很大的關係;在前面我們已提過,用不着再說.但有一層須預先聲明的,就是現在所敍述的,並不是在緒論中所說佛家的分析法,而是這派自己的方法及理論.因爲佛家的分析法,是一種淺顯而應用的東西,這派人物祇借來用於研究自己的學問,並沒有加以理論的申述;所以我們祇能於事實中觀察得之,而不能於理論中研究得之,故不敍述.

至於這派自己的方法,是高出於分析法的,換句話,分析法是拿來補助他們自己方法的不足的．所以分析法，是研究問題的工具；而他們自己的方法，是創立思想的工具．有了自己的方法，於是他們乃能根據研究所得，創出自己的思想．

這派的方法，在程、朱以前的人物，大都注重經驗的推論，不過不很顯明，到了程、朱手裏，纔顯明起來．例如大學說：

『致知在格物，物格而后知至．』

本來是拿格物做求知的基礎，就是先研究各個事物，然後在事物中間求出一貫條理，做我們標準的知識，去應付後來與自己接觸的事物，這完全是以經驗爲推論的根據的．後來程、朱諸人，乃把格字訓作窮，物訓作事物，謂格物就是窮天下事事物物的理，以造乎其極的意思．於是這種經驗的推論法，意義乃明白表現，再經過他們自己的提倡，這種方法就確定成立了．如程子說：

『若只格一物，便通衆理，雖顏子亦不敢如此道，須是今日格一件，明日又

格一件，積習既多，然後脫然自有貫通處。』（五四二）

『所務於窮理者，非道須盡窮了天下萬物之理，又不道是窮得一理便到，只要積習多後，自然見去。』（五四三）

所謂『今日格一件，明日格一件，』就是搜羅事實，等於現在科學上的各項實驗所謂『積習既多，然後脫然自有貫通處，』就是有了各種實驗所得的事實，於是得出一種精確的理論，拿這種理論去應付事物，自然可以貫通。在這個時候，我們的知識，是很光明高遠的，對於一切事情，都可以解決，這就是闡明經驗推論的話。所以程子說：

『格物窮理，非是要窮盡天下之物；但於一事上窮盡，其他可以類推。』（五四四）

後來朱子又說：

『所謂致知在格物者，言欲致吾之知，在卽物而窮其理也。蓋人心之靈，莫不有知，而天下之物，莫不有理；惟於理有未窮，故其知有不盡也．是以大學始教，必使學者，卽凡天下之物，莫不因其已知之理，而益窮之，以求至乎其極；至於用力之久，而一旦豁然貫通焉，則衆物之表裏精粗無不到，而吾心之全體大用，無不明矣．此謂物格，此謂知之至也．』(五四五)

程、朱既倡經驗的推論法，於是主張用精密繁細的工夫，按步就班去求知或治學．所以朱子說：

『……惟日用之間，所以用力，循循有序，不淩不躐，則至於日至之時，廓然貫通，天人之際，不待認而合矣．今於古人所以下學之序，則以爲近於傀儡而鄙厭之，遂欲由徑而捷出，以爲簡易，反謂孔、孟未嘗有分明指訣；殊不知認而後合，揠苗助長，其不簡易而爲傀儡亦已大矣．』(五四六)

他們既主張用精密繁細的工夫，同時又以經驗爲基礎，那麽所追求的對象，自然是外界事事物物的理．所以程子說：

『人要明理，若止一物上明之，亦未濟事；須是集衆理，然後脫然自有悟處。』(五四七)

『多識於鳥獸草木之名，所以明理也。』(五四八)

程、朱這種經驗的推論法，到陸、王手裏乃轉變爲演繹法；所以他們主張先立其大本，就是先明心見性，然後把心性本然的靈昭明覺去應付一切事物。象山說：

『人惟不立乎大者，故爲小者所奪，以叛乎此理，而與天地不相似。誠能立其大者，則區區時文之習，何足以汨沒尊兄乎？』(五四九)

立大本的方法，是格去心之非，所以他們訓格爲正，物爲事。陽明說：

『物者事也，凡意之所發，必有其事，意所在之事謂之物。格者正也，正其不正，以歸於正之謂也。正其不正者，去惡之謂也，歸於正者，爲善之謂也；夫是之謂格。書言格於上下，格於文祖，格其非心；格物之格，實兼其義也。』(五五〇)

至於格非的意義，就是致良知．所以象山說：

『孩提之童，無不知愛其親，及其長也，無不知敬其兄．先王之時，庠序之敎，抑申斯義，以致其知，使不失其本心而已．』（五五一）

『彝倫在人，維天所命，良知之端，形於愛敬；擴而充之，聖哲之所以爲聖哲也．』（五五二）

陽明說：

『致者，至也，如云喪致乎哀之致；易言：知至至之，知至者知也，至之者致也．致知云者，非若後儒所謂充廣其知識之謂也，致吾心之良知焉耳．良知者，孟子所謂是非之心，人皆有之者也．是非之心，不待慮而知，不待學而能，是故謂之良知，是乃天命之性，吾心之本體，自然靈昭明覺者也．凡意念之發，吾心之良知，無有不自知者：其善歟？惟吾心之良知自知之；其不善歟？亦惟吾心之良知自知之，是皆無所與於他人者也．……今欲別善惡以誠其意，惟在致其良知之所知焉

爾.』（五五三）

他們旣主張致良知爲求知的標準，於是不贊成向外界事事物物中求眞理.陽明說:

『後之人惟其不知至善之在吾心，而用其私智，以揣摸測度於其外，以爲事事物物各有定理也；是以昧其是非之則，支離決裂，人欲肆而天理亡，明德親民之學，遂大亂於天下.』（五五四）

『天下事物，如名物度數，草木鳥獸之類，不勝其煩，聖人須是本體明了，亦何緣能盡知得?』（五五五）

他們旣主張向內致良知而反對向外界事事物物中求眞理，自然要用簡易切近工夫，而不贊成程、朱等歸納的精密繁細工夫.所以象山說:

『墟墓興哀宗廟欽，斯人千古不磨心.涓流積至滄溟水，拳石崇成泰華岑.簡易工夫終久大，支離事業竟浮沉.欲知自下昇高處，眞僞先須辨只今.』（五五

六〇

陽明說：

『凡是工夫只是要簡易眞切；愈眞切，愈簡易；愈簡易，愈眞切。』（五五七）

『求至善於事事物物之中，是以支離決裂，錯雜紛紜，而莫知有一定之向。今焉既知至善之在吾心，而不假於外求，則志有定向，而無支離決裂，錯雜紛紜之患矣。無支離決裂錯雜紛紜之患，則心不妄動而能靜矣。』（五五八）

程、朱、陸、王的方法既不同，他們思想的外形，自然也有些差別，因此一般人乃根據他們申述用功方面的話，就斷他們的根本思想，有什麼不同，這是太沒有深刻的研究了。所以我們在本章緒論中間，預先說明這點，並且節引陽明的話，以告讀者。

現在來把這派的認識論敍述一下。這派的認識論，從上面敍述的各節去觀察，已經可以得出一個大概。現在再把它提綱挈領的分條縷述於后：

一、知識的起源：　程、朱諸人，認爲人的知識，一部分是天所賦予的，一部分是學習而來的。對於天所賦予的，他們叫做良知；對於學習而來的，他們叫做識。但他們雖認人的良知，祇有一部分，然却認定人的心，是富於知覺性的。關於證明這些理論的話，已敍在前面，無容再述。至於陸、王，却以爲人的知識，全是天賦的，並非後天學習而來的；所以他們認吾人所有的知識，都是良知。這些話也在前面敍過，不再多贅。

二、求知的方法：　知識的來源，各人的主張既有不同，那麼求知的方法，當然也有不同。程、朱的求知方法，是一方面擴充良知，一方面努力追求外界事物的理，使那些事物的理，和我們的富於知覺性的心，多多接觸，叫它深深地印象在心裏；經過長時期以後，我們的心，就能把事物的理，融會貫通，同時加強我們心的知覺能力；到這個時候，我們的心，就可以做認識的靈妙工具了。有了認識的靈妙工具，我們的知識，纔能夠豐富起來。至於陸、王的求知方法，是純粹致良知，就是叫天賦的良知，不爲物欲所蔽，既無所蔽，那麼對於任何事物，就沒有不知不能的．關於兩派求知方法的話，上節已有引證，這裏也從略．

三、認識的發生：所謂認識的發生，就是說我們的心，如何纔能貌取外界事物的理．關於這個問題，似乎程、朱還沒有談到，只有王陽明申述得很明白．從這點可以證明前面我們所說這派思想的進展，是由討論宇宙問題，而轉變到討論認識問題的話，是不錯的．陽明對於認識發生的方式，有和荀子或佛家相同的主張；就是陽明也認爲認識的發生，要經過『根』『塵』的密切接觸，以及心的辯證的過程，然後纔能形成．傳習錄下載（黃省曾所錄的）：

『先生遊鎮南，一友指岩中花樹問曰：天下無心外之物，如此花樹在深山中，自開自落，於我心亦何相關？先生曰：你未看此花時，此花與汝心同歸於寂；你來看此花時，則此花顏色一時明白起來，便知此花不在你的心外．』

這就是說在花和眼沒有相接觸，以及心沒有加入辯證以前，彼此不發生關係，所以不能認識；要到眼和花密切接觸，同時心加入辯證，認識纔生。至於說到花在心中的話，這是因爲陽明看明白了心的作用，比耳目更大；如耳目與外界接觸後，要心加入，纔能發生認識；所以從認識的立場，可說花在心中。其意如下圖：

這裏並不是從宇宙本質的立場，說心是花的本質，花卽在心中。推陽明的本意，乃是說花的明暗，隨根塵的接觸與否而表出；並沒有說花的有無隨本質而變

化。憑這一點，所以不可斷定陽明是唯心論者；但一般人硬要拿唯心論者稱陽明，這卻太武斷了！現在再引陽明一段話來證明：

『人又甚麼教做心？對曰只是一個靈明。可知充天塞地中間，只有這個靈明，人只為形體自間隔了。我的靈明，便是天地鬼神的主宰：天沒有我的靈明，誰去仰他高？地沒有我的靈明，誰去俯他深？鬼神沒有我的靈明，誰去辨他凶災祥？天地、鬼神、萬物，離卻我的靈明，便沒有天地鬼神萬物了。我的靈明，離卻天地鬼神萬物，亦沒有我的靈明。如此便是一氣流通的，如何與他間隔得？……今看死的人，他這些精神游散了，他的天地萬物，尚在何處？』（五五九）

四、知識的種類：　程、朱以身歷與否，分知識為二種：一為深知，就是真知；一為淺知，就是常知。真知是親身經歷過的，常知是臆忖或聽聞的。真知纔切實用，所以一個人要求真知。程子說：

『真知與常知異……』（五六〇）

『知有多少般數，然有深淺：向親見一人曾爲虎所傷，因言及虎，神色便變；旁有人見他說虎，非不知虎之猛可畏，然不如他說了有畏懼之色，蓋不眞知虎者也。學者深知亦如此。且如膾炙貴公子與野人莫不皆知其美，然貴人聞着，便有欲嗜膾炙之色，野人則不然。學者須是眞知，才知得便是泰然行將去也。』（五六一）

至於陽明，則以行做標準，分知識爲二種：一、凡能行的才是眞知，二、不能行的是假知。他說：

『知之眞切篤實處卽是行，行之明覺精察處卽是知，知行工夫本不可離，只爲後世學者分作兩截用功，失却知行本體，故有合一並進之說，眞知卽所以爲行，不行不足謂之知。』（五六二）

因爲這種原因，程、朱及陸象山等，乃主張先知後行，和知難之說，陽明則主張知行並進，和知行合一之說，關於程、朱、陸的先知後行以及陽明知行合一的話，已在前面述過，無須多贅．茲引一段程子論知難的話，證明他是一位唱知難說的人．他說：

『古之言知之非艱者，吾謂知之亦未易也．今有人欲之京師，必知所出之門，所由之道，然後可往；未嘗知也，雖有欲往之心，其能進乎？後世非無美材能力行者，然鮮能明道，蓋知之者難也．』（五六三）

現在來敍述這派的修養論；但應先把反對這派思想的說話，略加糾正．從顏習齋批評這派人物：『平時袖手談身性，臨危一死報君王．』兩句話去看，似乎這派的修養論，也是崇尚淸虛空寂，不切實際，不近人情，不合邏輯的．但是我們若把這派八位傑出人物的全集，細細研究一番，就可知道這派的修養論，是很合邏輯，很近人情，很切實用，很是篤實的．現在略舉一二種事實，先證明顏氏的話，不能成立；然後再研究這派的修養論．

顏氏所以要說出那種話，爲的是明、淸以來空疏的理學家，口能講，手不能做，平時高談心性，遇到國家危急的時候，就絲毫沒用，至多不過殺身殉難，所謂一死了之．但是顏氏却不應該把這派傑出的人物一例看待．倘翻閱這幾個人的史傳，就知道他們並非空疏一流可比．他們不但是中國歷史上的賢人君子；還是中國歷史上的英雄豪傑，對於國家社會，都有過豐功偉烈．單就世人所認爲傾向禪學的陸象山、王陽明來講，他們也有精鍊的武藝，和着永世不磨的功勳．

象山年譜：

『紹興二十四年，甲戌，先生十六歲．

『讀三國六朝史，見夷狄亂華；又聞長上道靖康之事，乃剪去指爪，學弓馬；然胸中與人異，未嘗失了．嘗云：做得工夫實，則所說即實事，所指人病即實病．又云：吾人讀春秋，知中國夷狄之辨，二聖之讎，豈可不復？所欲有甚於生，所惡有甚於死．今吾人高居優游，亦爲可恥！乃懷安非懷義也，此皆是實理實說．』

『淳熙十一年，甲辰，先生四十六歲，在勅局，春，祀祚德廟爲獻官.

『講究武略.先生少時聞靖康間事，慨然有感於復讎之義，至是訪求智勇之士，與之商確，益知武事利病，形勢要害.……』(五六四)

上面兩段話可以證明象山是素諳武藝而又是精强的，這足見他平時不僅袖手談身性.

『紹熙二年……

『九月三日，至荊門軍.……

『新築城.荊門素無城壁，先生以爲此自古戰爭之場，今爲次邊，在江、漢之間，爲四集之地，南捍江陵，北援襄陽，東護隨郢之脅，西當光化夷陵之衝；荊門固則四鄰有所恃，否則有背脅腹心之虞.雖四方環合，易於備禦，義勇數千，强壯可用，而倉廩府庫之間，麋鹿可至，累議欲修築子城，憚重費不敢輕舉.先生審度決計，召集義勇，優給庸直，躬自勸督，後者樂趨，竭力功倍，二旬訖築.……復議成砌三重，置角臺，增二小門，上置敵樓，衝天渠荷葉渠，護險牆之制畢備，纔費緡錢三萬。

『初習俗偷，人以執役爲恥，吏惟好衣閑觀，至是此風一變。督役官吏，布衣雜役夫佐力，相勉以義，不專以威，盛役如此，而人情晏然。』(五六五)

在這段話裏，可知道象山是一位有深謀遠見的人，所以思患預防，講求守禦。這種人還會臨危無策，一死了之嗎？況且他守荊門，首倡兵工徭役，建築各項防禦工作，使荊門安固，同時使一班胥吏均充滿實幹的精神，這豈不是比顏、李之徒，注重學習兵農更進一步嗎？

以上所述的是象山的歷史，至於陽明呢？他的年譜載黃綰的疏說：

『忠臣事君，義不苟同，君子立身，道無阿比。臣昔爲都事，今少保桂萼時爲舉人；取其大節，與之交友；及臣爲南京都察院經歷，見大禮不明，相與論列，相知二十餘年，始終無間。昨臣薦新建伯王守仁堪以柄用，萼與守仁舊不相合，因不謂然，小人乘間搆隙，然臣終不以此廢蓼平生也。但臣於事君之義，立身之道，則有不得不明者：臣之所以深知守仁者，蓋以其功與學耳；然功高而見忌，學古而人不識；此守仁之所以不容於世也。蓋其功之大者有四：其一：宸濠不軌，謀非一日，內而內臣如魏彬等，嬖幸如錢甯、江彬等，文臣如陸完等，爲之內應；外而鎭守如畢眞、劉朗等爲之外應。故當時中外諸臣，多懷觀望，若非守仁忠義自許，身任討賊之事，不顧赤族之禍，倡義勤王，運籌以伐謀，則天下安危未可知。今乃皆以爲伍文定之功，是輕發縱而重走狗，豈有兵無勝算，而濠可徒搏而擒者乎？其二：大帽、茶寮、浰頭、桶岡諸賊寨，勢連四省，兵連累歲，若非蚤平，南方自此多事，守仁臨鎭，次第底定。其三：田州、思恩搆釁有年，事不得息，民不得安，故起守仁以往，定其兵機感以誠信，乃使盧、王之徒，崩角來降，感泣受杖，遂平一方之難。其四：自來八寨爲兩廣腹心之疾，其守戍官軍，與賊爲黨，莫可奈何；守仁假永順狼兵，盧王降卒，幷而襲之，遂去兩廣無窮之巨害，實得兵法便宜之算。夫兵凶戰危，守仁所

立戰功，皆除大患，卒之以死勤事。夫兵政國之大事，宜為後世法，可以終滅其功乎？』（五六六）

看上面一段話，可知道陽明是一位智勇兼全而又為重興明室，功蓋當代的人，和顏氏所說『臨危一死報君王』的人適得其反。這足見顏氏的話不足恃。但我們要問：顏氏為什麼要說這些話呢？凡想創立一種學說的人，總要推倒前人，自露頭角。顏氏並非不知陸、王的歷史，因為反對理學，就不顧一切，說出這種矯枉過正的話，所以他這話不能當作一種眞正的史料。至於現在一般人不從源頭做起，專靠一知半解也去附和顏氏，唱什麼動的哲學，而詆毀這派人物，說他們主靜是磨滅人性，徒然自己暴露其膚淺，更覺不如顏氏了。這都不能損及這派人物的尊嚴，及其思想的價值。

有了以上的事實做論證，顏氏的話不攻自破，因為袖手談身性的人，絕對做不出這種偉大事業的。

現在把這派的修養論，分條敘述如下：

這派的修養，完全是以心理學原理做基礎的，說明白些，就是他們拿心理上的反省法以及分析法等做修養的方法的。例如程子所說的：

『目畏尖物，此事不得放過，便與克下室中率置尖物，須以理勝它，尖必不刺人，何畏之有？』（五六七）

朱子解釋這條說：

『人有目畏尖物者，明道先生教以室中率置尖物，使見之熟，而知尖之不刺人也，則知畏者妄而不復畏矣。』（五六八）

又說：

『疑病每如此，尖物不曾刺人，他眼病只管見尖物來刺人耳。伊川又一處說此稍詳：有人眼病常見獅子，伊川敎他見獅子則捉來，其人一一而去捉，捉來捉去，捉不着，遂不見。』（五六九）

這就是現代的精神分析法。

他們用心理學的分析法來修養自己，使自己的心理，有一種正確的觀念。這不特可以免除意外的恐懼，同時也可以從正確的觀念，做合理的事；要不然觀念不正確，一切措置，必定容易失了常態的。這就是這派人物主張明理的目的之一端。所以程子說：

『明理所以治懼。』(五七〇)

又說：

『若能燭理，則知所懼者妄，又何懼焉？』(五七一)

這派人物既拿『明理』做修養的手段，那麼這裏所表現的哲學思想，就有蘇格拉底『知識卽道德』的意味。因爲蘇氏是認爲凡人有充分的知識，就能充分的明白一切，因此所做的事就不會錯；不會做錯了事，自然算是有道德，卽荀子所謂：『知明而行無過矣。』(五七二) 所以說：『知識卽道德。』他們既把

『明理』做修養的手段，在先也必定承認知識卽道德的話．如果不承認這話，勢必把知識和道德分開，叫它彼此不發生關係．那麼『明理』怎能做修養的手段呢？換句話，縱使你明理到了極度，又怎能叫你的修養達到圓滿的地位——道德高尙人格完全呢？況且大學裏已明白說出『格物致知』做個人修養及治國平天下的基礎，這更可以做一個證據．所以我們說這派以明理爲修養的手段，和蘇氏『知識卽道德』的意味相同．

除了這層以外，還有一層值得注意的就是這派對於心理學的貢獻，也是和西洋心理學家分知情意三種爲心理的要素相像．他們用精神分析法去解除心中的疑惑，就是從『知』的方面去用工夫，叫它發達到圓滿的狀態，就稱做『智』，而以『達德』二字形容它．所以中庸說：

『智、仁、勇三者，天下之達德也．』

至於仁和勇，前者是情的發達到圓滿的狀態，後者是意的發達到圓滿的狀態，與智同爲人生的道德標準，所以叫做達德.

以上所述，是關於這派用分析法修養的話.現在要敍述這派用反省或內省(Introspection)法的修養.但在沒有敍述以前，須將內省的意義說一說.所謂內省，是個人對於自己心意的狀態或作用，加以觀察的意思，和反省(Reflexion)的意義略同.

內省正面的作用，就是拿自己精神做對象；但還有反面的作用，就是用這內省去觀察複雜的心理歷程時所表現的缺陷.這缺陷是什麽?是因內省在片刻間僅對單簡的心理活動，似乎沒有缺陷；如果要用到複雜的心理歷程上去，這時心理正是向前活動，一經內省，就會立刻停止.例如一個人正在盛怒之下，忽然自己去觀察那怒的狀態，它一定會因此而停止的.因內省而停止怒的進行，站在內省方面來說，這是內省的缺陷.但站在另一方面說，因怒或其他不良的心理活動，能破壞自己的身心、道德、友誼、情愛等等，忽因內省而叫這些不良的心理活動立刻停止，這豈不是反面的一種作用嗎？這種反面的作用，豈不就是內省的缺陷嗎？所以程子說：

『治怒爲難……克己所以治怒。』(五七三)

但是當心理活動正在進行的時候，爲什麼內省加入，就會立刻停止呢？這因爲內省的本身，也是一種心理活動，這活動，在同一時間內是不能向兩個方面並進的。所以當憤怒進行時間內省又活動起來；並且活動的力量比它大，它必因此而停止，這派人物也看到這層。所以程子說：

『若一處上心來，則他處不容參然在心；心裏著兩件物不得。』(五七四)

但他們對於這種方法，不叫它做內省而叫它做思。周子說：

『洪範曰：思曰睿，(五七五) 睿作聖。無思，(五七六) 本也，思通，(五七七) 明也。幾動於彼，誠動於此，無思而無不通爲聖人。(五七八) 不思則不能通微，(五七九) 不睿則不能無不通，是則無不通，生於通微，通微生於思，故思者聖功之本而吉凶之幾

也.(五八〇)易曰:『君子見幾而作,不俟終日.又曰:知幾其神乎!』(五八一)

在這段話裏,我們應該着眼的:一是思,一是幾.幾是什麽?就是最初活動的心理,思就是內省.內省些什麽?是對這最初活動的心理,看看是善的或是惡的.如果是惡的,就立刻停止它的活動;如果是善的,就讓它繼續增長.所以黃宗羲就這章加以案語:

『幾動誠動,言幾中之善惡,方動於彼,而爲善去惡之實功,已先動於思.』(五八二)

自周子指出這箇思以後,於是後來的人,也都以思做修養的基礎.如程子說:

『毋不敬,儼若思?……思無邪.』(五八三)

『然則何以窒其欲?曰思而已矣.學莫貴於思,惟思爲能窒慾.曾子之三省,窒慾之道也.』(五八四)

『博學而篤志，切問而近思，何以言仁在其中矣？學者要思得之，了此，便是徹上徹下之道。』（五八五）

『思曰睿，睿作聖，纔思便睿，以至作聖，亦是一個思。』（五八六）

這豈不是把思當做內省而用爲修養的基礎嗎？

但思有兩種：一是內省的思，一是普通心理活動的思慮，例如下段程子所說的思慮，就是普通心理活動。

『學者先務，固在心志，有謂欲屏去聞見知思，則是絕聖棄智；有欲屏去思慮，患其紛亂，則是須坐禪入定；如明鑑在此，萬物畢照，是鑑之常，難爲使之不照；人心不能不交感萬物，亦難爲使之不思慮。』（五八七）

程子這番說話的意思，認爲人類的心理活動，是出於必然的，所以決難叫人們沒有心理活動，因此不主張坐禪入定，抑制思慮，只有用『思』的方法——內省方法，去駕馭思慮：叫正的思慮繼續增長；邪的思慮，不至緜延；或另外用一種方法去控制思慮．這點當在後面敘述．在這裏可見這派的思想，和佛家思想不同．

不單程子不反對思慮，就是陽明也認爲思慮是人類不可沒有的，所以他說：

『繫言，何思何慮？是言所慮，只是一個天理，更無別思別慮耳，非謂無思無慮也．故曰同歸而殊途，一致而百慮，(五八八)天下何思何慮？云殊途，云百慮，則豈謂無思慮耶？』(五八九)

以上所引的兩節，是證明他們不主張屏絕思慮的話．現在再引朱子和象山論思爲修養基礎的話．朱子說：

『何以窒慾？伊川曰：「思．」此莫是言慾心一萌，當思禮義以勝之否？曰：然．問思與敬如何？曰：人於敬上未有用力處，且自思入，庶幾有個巴攬處．思之一字，於學者最有力．』(五九〇)

象山說：

『大抵學者且當大綱思省．』(五九一)

『義理之在人心，實天之所與而不可泯滅焉者也．彼其受蔽於物，而至於悖理違義，蓋亦弗思焉耳．誠能反而思之，則是非取舍，蓋有隱然而動，判然而明，決然而無疑者矣．』(五九二)

『思』既講過了，現在來說第二步的修養法，就是主敬．敬是什麼？是一種內在狀態．程子說：『有諸中者謂之敬．』(五九三) 這種狀態，是被某特種刺激或預定的目標所喚起的．有了這種內在狀態，就能控制各種反動，和遏抑與目標反應無關的反動．例如：

獵者的獵犬，跟着某獵人後，始終不離一步．不向別種刺激作反應，也不隨別個獵人行走，這顯是獵者喚起獵犬一種內在狀態，嚮導獵犬僅反應某種刺激，而不反應其它的緣故．

所謂主敬，就是喚起內在狀態，嚮導反應目標的刺激，而遏抑與目標的反應無關的反動。所以這派人物說主一無適謂之敬，同時說人不能不感應萬物，所以不能不思慮。如果眞要不感外界刺激，只有主敬，因爲有了敬，就能控制各種反動。所以程子說：

『敬勝百邪！』（五九四）

『敬則無間斷，體物而不可遺者，誠敬而已矣，不誠則無物也。』（五九五）

『涵養須用敬，』（五九六）

又說：

『人心不能不交感萬物，亦難爲使之不思慮，若欲免此，唯是心有主；如何爲主，敬而已矣……所謂敬者，主一之謂敬。所謂一者，無適之謂一。』（五九七）

朱子說：

『敬字工夫，乃聖門第一義，徹頭徹尾，不可頃刻間斷。』（五九八）

『或曰：主一之謂敬，敬莫是主一？曰：主一又是敬字注解。要之，事無大小，常令自家精神思慮盡在此，遇事時如此，無事時也如此。』(五九九)

除了程、朱以外，陸、王也未嘗不主張主敬。例如象山說：

『小心翼翼，昭事上帝，上帝臨汝，無貳爾心，戰戰兢兢，那有閒管時候。』(六〇〇)

『惟精惟一，要如此涵養。』(六〇一)

陽明說：

『問：惟精惟一，是如何用功？先生曰：惟一是惟精主意，惟精是惟一工夫，非惟精之外，復有惟一也。』(六〇二)

這都是教人要時時刻刻，喚起一種內在狀態，藉以克制無關的反動。但是因爲程、朱與陸、王，彼此用的方法不同，於是各人所提出的限制條件有些不同。程、朱因爲是用精細的方法的，所以認爲主敬應該濟之以義，然後方能成爲有用的敬，似乎把居敬和窮理分作兩截。爲什麼要濟之以義呢？是因他們覺得敬雖是一種內在狀態，但祇含有情與意的成分，而缺少知的成分，因此祇能遏抑無關的反動，而不能辨別外界刺激的是非，換句話，敬祇能持己，而不一定能順理，惟有義纔能順理而行，所謂『義以方外。』如程子說：

『敬只是涵養一事，必有事焉，須當集義，只知用敬，不知集義，却是都無事也。……義在心內，苟不主義，浩然之氣，從何而生？理只是發而見於外者。且如恭敬，幣之未將者也，恭敬雖因幣帛威儀而後發見於外，然須心有此恭敬，然後著見；若心無恭敬，何以能爾？……敬只是持己之道，義便知有是有非，順理而行，是爲義也。若只守一個敬，不知集義，却是都無事也。』（六〇三）

朱子說：

『敬有死敬，有活敬，若只守著主一之敬，遇事不濟之以義，辨其是非，則不活。』（六〇四）

陸、王因爲是用簡易的方法的，就把居敬和窮理看做一事；認爲居敬是窮理專一處；窮理是居敬精密處。爲什麽居敬與窮理能看做一事呢？是因他們認爲敬的自身不單有持己的力量，也有辨別是非的功能；所以敬是主一，主一是使一心在天理，不是在任何一樁事上。要證明這點，陽明傳習錄上有些話，可以引來：

『梁日孚問：居敬窮理是兩事，先生以爲一事，何如？先生曰：天地間只有此一事，安有兩事？若論萬殊，禮儀三百，威儀三千，又何止兩？公且道居敬是如何？窮理是如何？曰：居敬是存養工夫，窮理是窮事物之理。曰：存養箇甚？曰：是存養此心之天理。曰：如此亦只是窮理矣。曰：且道如何窮事物之理？曰：如事親便要窮孝之理，事君便要窮忠之理。曰：忠與孝之理，在君親身上，在自己心上？若在自己心上，亦只是窮此心之理矣。且道如何是敬？曰：只是主一。如何是主一？曰：如讀書便一心在讀書上，接事便一心在接事上。曰：如此則飮酒便一心在飮酒上，好色便一心在好色上，却是逐物，成甚居敬工夫？日孚請問曰：一者天理，主一是一心在天理上；若只知主一，不知一即是理，有事時便是逐物，無事時便是著空。惟其有事無事，一心皆在天理上用功，所以居敬亦即是窮理。就窮理專一處說，便謂之居敬；就居敬精密處說，便謂之窮理。却不是居敬了別有箇心窮理，窮理時別有箇心居敬，名雖不同，功夫只是一事。就如易言「敬以直內，義以方外，」敬即是無事時義，義即是有事時敬，兩句合說一件。如孔子言修己以敬，即不須言義；孟子言集義，即不須言敬，會得時橫說豎說，工夫總是一般；若泥文逐句，不識本領，即支離決裂，工夫都無下落。』

從這點可見得陽明認爲居敬就是存天理，而程、朱却把居敬當作存天理的手段。所以陽明只說存天理，程、朱單提出敬字，顯出彼此的差異，所以朱子說：

『涵養須用敬，處事須是集義。』（六〇五）

程子也說：

『或問敬．子曰：主一之謂敬．何謂一？子曰：無適之謂一．何以能見一？子曰：齊莊整敕，其心存焉；涵養純熟，其理著矣．』（六〇六）

『敬只是主一也，主一則既不之東，又不之西，如是則只是中；既不之此，又不之彼，如是則只是內，存此則自然天理明．』（六〇七）

『入道莫如敬，未有能致知而不在敬者．』（六〇八）

但他們雖有這些不同，而以存天理為修養的歸宿，是彼此相同的．天理之說，首創於明道．明道自己曾說過：

『吾學雖有所受，然天理二字，却是自家體貼出來．』（六〇九）

明道首倡以後，後來諸子乃衣缽相傳，奉為金科玉律，所以王陽明也說：

『明道云「吾學雖有所受，然天理二字，却是自家體認出來．」良知即是天理．體認者，實有諸己之謂耳．』（六一〇）

不過朱子因為是主張理氣二元論的，乃把天理與人欲分作兩件事看，且是對立的所以他說：

『有箇天理，便有箇人欲，蓋緣這箇天理，須有箇安頓處，才安頓得不恰好，便有人欲出來。』（六一一）

『夫人自有生而梏於形體之私，則固不能無人心矣；然而必有得於天地之正，則又不能無道心矣。日用之間，二者並行，迭爲勝負，而一身之是非得失，天下之治亂安危，莫不係焉。』（六一二）

而程子與陽明等，則認爲天理與人欲是一事的純雜，而非兩件對立的東西。所以程子說：

『人心惟危，道心惟微；心，道之所在；微，道之體也。心與道，渾然一也。對放其良心者言之，則謂之道心，放其良心則危矣。惟精惟一，所以行其道也。』（六一三）

陽明說：

『心一也；未雜於人謂之道心，雜以人僞謂之人心；人心之得其正者即道心，道心之失其正者卽人心，初非有二心也。程子謂：人心卽人欲，道心卽天理，語若分析，而意實得之。今曰道心爲主，而人心聽命，是二心也。天理人欲不並立，安有天理爲主，人欲又從而聽命者？』

至於象山，他不特不承認天理人欲爲二事，且說天理人欲之言，亦不是至論。他說：

『天理人欲之言，亦自不是至論。若天是理，人是欲，則是天人不同矣。此其原蓋出於老氏。樂記曰：人生而靜，天之性也，感於物而動，性之欲也。物至知之而後好惡形焉。不能反躬，天理滅矣。天理人欲之言，蓋出於此。樂記之言，亦根於老氏。且如專言靜是天性，則動獨不是天性耶？書云：人心惟危，道心惟微。解者多指人心爲人欲，道心爲天理，此說非是。心一也，人安有二心？自人而言，則曰惟危，自道而言，則曰惟微。罔念作狂，克念作聖，非危乎？無聲，無臭，無形，無體，非微乎？因言莊子云：「渺乎小哉，以屬諸人；謷乎大哉，獨遊於天。」又曰：「天道之與人道也

相遠矣.」是分明裂天人而爲二也.』(六一五)

象山雖不贊同天理人欲之分,然而他以天理爲修養的歸宿的意思,還是有的.

這派人物既拿主敬爲修養的方法,自然要時時覺醒,不肯疏忽正和孟子所說:『必有事焉』一般.但他們認爲『必有事焉』也有個限制;怎樣限制呢?就是『勿正,勿忘,勿助.』所謂勿正,就是不要着意;勿忘,是不要無物而惟我;勿助,是不要造作求速效.所以程子說:

『必有事者,主養氣而言,故必主於敬.勿正,勿作爲也.心勿忘,必有事也.助長,乃正也.』(六一六)

陽明說:

『必有事焉者,只是時時去集義.若時時去用必有事的工夫,而或有時間斷,此便是忘了,卽須勿忘.時時去用必有事的工夫,而或有時欲速求效,此便是

助了，即須勿助．』（六一七）

以上敍述的，是關於兩種修養的基礎方法．現在還有兩個問題要敍述的：

一、動靜問題．一、心物問題．

後來的人，大都認爲這派的修養是主靜而反對動的．這話雖不可斷爲完全不對，但也得修正一番，纔合廬山眞面．從宇宙論方面說，這派人物是主動的．所以周子說：

『動而正曰道．……邪動，辱也，甚害焉．故君子愼動．』（六一八）

『動而無靜，靜而無動，物也．（六一九）動而無動，靜而無靜，神也．（六二〇）動而無動，靜而無靜，非不動不靜也．（六二一）……物則不通，神妙萬物．……四時運行，萬物終始；混兮（六二二）闢兮，（六二三）其無窮兮．』（六二四）

程子說：

『一陽復於下，乃天地生物之心，先儒皆以靜爲見天地之心，蓋不知動之

端，乃天地生物之心，非知道者孰能識之？』（六二五）

象山說：

『靜是天性，則動獨不是天性耶？』（六二六）

從修養方面說，這派人物，並沒有完全反對動，也沒有完全主靜。不過周子認爲人心無欲的狀態是靜的，因此從無欲方面主靜。所以他說：

『聖人定之以中正仁義而主靜。』（六二七）

這裏的靜字，是超越動靜的靜。所謂主靜，不是教人呆木不動，是教人去欲而保持人心本來的狀態。換句話就是拿人心本來的狀態去應付事物。所以朱子解釋這節說：

『苟非此心寂然無欲而靜，則又何以酬酢事物之變，而一天下之動哉？』（六二八）

所以這派人物，事實上是不問動靜的，祇要無欲，那麼靜固無妨，動亦無妨。

所以程子說：

『動以天，安有妄乎？動以人，則有妄矣。』（六二九）

又說：

『前日思慮紛擾，又非禮義，又非事故，如是則只是狂妄人耳。懲此以為病，故要得虛靜，其極欲得如槁木死灰，又却不是。蓋人，活物也，又安得為槁木死灰？既活則須有動作，須有思慮；必欲為槁木死灰，除是死也。忠信所以進德者，何也？閑邪則誠自存，誠存斯為忠信也。如何是閑邪？非禮而勿視，聽，言，動，邪斯閑矣。以此言之，又幾時要身如槁木，心如死灰？』（六三〇）

朱子說：

『動時靜便在這裏，動時也有靜，順理而應，則雖動亦靜也。事物之來，若不順理而應，則雖塊然不交於物以求靜，心亦必不能得靜。惟動時能順理，則無事時能靜；靜時能存，則動時得力；須是動時也做工夫，靜時也做工夫。……雖然，動

靜無端，亦無截然爲動爲靜之理.』(六三一)

陽明說：

『心無動靜者也：其靜也者，以言其體也.其動也者，以言其用也.故君子之學，無間於動靜其靜也常覺，而未嘗無也，故常應；其動也常定，而未嘗有也，故常寂.常應常寂，動靜皆有事焉，是之謂集義.集義故能無祇悔，所謂動亦定，靜亦定者也.心一而已靜其體也，而復求靜根焉，是撓其體也.動其用也，而懼其易動焉，是廢其用也.故求靜之心卽動也，惡動之心非靜也，是之謂動亦動，靜亦動，將迎起伏，相尋於無窮矣.故循理之謂靜，從欲之謂動.欲也者，非必聲色貨利外誘也，有心之私皆欲也.故循理也，雖酬酢萬變皆靜也.濂溪所謂主靜，無欲之謂也，是集義者也；從欲焉，雖心齋坐忘亦動也.告子之强制，正助之謂也，是外義者也.』(六三二)

以上是這派人物教人去欲循理，不必惡動而求靜.到了無欲的境界，就是

程子所說的:

『動亦定,靜亦定.』(六三三)

以上所討論的是動靜問題,現在來討論心物問題.這裏的心物,不是說本質是心或是物,而是說修養以心爲標準,或以物爲標準的.從這派人物捨經學而言心學的主張去講,似乎他們的修養是以心爲標準的,但從實際去研究,却完全是以物爲標準的.所謂以物爲標準,就是凡喜怒哀樂酬酢事變,都以客觀環境如何而定,並不任一己之私心去亂做的.所以邵子說:

『夫鑑之所以能爲明者,謂其不隱萬物之形也.雖然,鑑之能不隱萬物之形,未若水之能一萬物之形也.雖然,水之能一萬物之形,又未若聖人能一萬物之情也.聖人之所以能一萬物之情者,謂其能反觀也.所以謂之反觀者,不以我觀物也.不以我觀物者,以物觀物之謂也.既能以物觀物,又安有於其間哉?』(六三四)

張子說:

『人到向道後,俄頃不捨,豈暇安寢?然君子向晦入燕處,君子隨物而止,故入燕處;然其仁義功業之心未嘗忘,但以其物之皆息,吾兀然而坐,無以爲接,無以爲功業,須亦入息.』(六三五)

程子說:

『聖人之喜,以物之當喜;聖人之怒,以物之當怒.是聖人之喜怒,不繫於心,而繫於物也.』(六三六)

拿他們這種話去和釋氏『三界唯心萬法唯識』的話比較,那就相差懸遠了.釋氏第一步不承認外界有所謂物,既不承認外界有所謂物,因此他的修養的標準,就完全繫於一己的心.和程子不繫於心的話,適得其反.但要發一疑問:邵、張諸人,固然是以物爲標準,難道陸、王也是以物爲標準的嗎?陽明不是說過:

『彼釋氏之外人倫，遺物理，而墮於空寂者，固不得謂之明其心矣。若世儒之外務講求考察，而不知本諸其心者，其亦可以謂窮理乎？』(六三七)

這不是明明要人拿心做標準嗎？

關於這個問題，可以解答如下：

陽明所說的心，與釋氏所說的心，並不是一樣的。陽明所說的心，是和程、朱所說的一樣的，這種話已經在前面引證過，用不着再說。陽明所說的心，是受命於天，爲天的縮影。所以天包涵了萬物之理，心也包涵了萬物之理，故從宇宙中間可以窮得天地萬物之理，從心中也未嘗不可以窮得天地萬物之理；但心在人身裏，如拿心做標準去窮理，實在較諸拿外物做標準，更切近簡易。陽明是主張簡易方法的，所以他不拿外物做標準，而拿本心做標準，其實他拿本心做標準，就是和拿外物做標準一般的。所以他說：

『人者，天地萬物之心也，心者，天地萬物之主也。心卽天，言心則天地萬物

皆舉之矣.』(六三八)

以上所述,是這派修養的理論.至於他們主張實踐的各種道德,和人爲主義派的儒家完全相同;不過特別注重『誠』字.他們認爲『誠』是一切行動的原力,所以說『不誠無物.』關於這些實踐道德,在前第三章已經述過,這裏從略.

註(一)象山全集卷三十五語錄.(二)全集卷三十六年譜.(三)詩經周頌維天之命章.天命,即天道.於,讚歎詞.穆,深遠也.不已,言無窮也.(四)詩經大雅烝民章.烝,衆也.則,法也.秉,執也.彝,常道也.懿,美也.(五)見易經說卦傳.言窮天下之理,盡人物之性,而合於天命也.(六)言人本有受乎天之明德,但爲物欲所蔽而昏,故必用修養功夫以明之也.(七)見孟子盡心章上.存,謂操而不舍.養,謂順而不害.(八)朱子文集大全類編六册,問答卷二十五,答徐彥章四.(九)字茂叔,號濂溪,道州營道人,今湖南道縣.(一〇)字堯夫,號康節,范陽人,今河北涿縣.(一一)字子厚,號橫渠.世居大梁,後僑寓於陝西郿縣橫渠鎭.(一二)字伯淳,號明道.世居中山,後徙河南洛陽.

(一三)字正叔，號伊川，明道胞弟。(一四)字元晦，號晦菴，安徽婺源人。(一五)字子靜，號象山，江西金谿人。(一六)字陽明，號伯安，浙江餘姚人。(一七)陽明全書卷三，傳習錄卷下。(一八)朱子語類卷一，理氣上，太極天地上。(十九)朱子集卷二十七，答陸子靜書。(二〇)朱子語類卷六，性情三，仁義禮智等名義。(二一)朱子全書卷四十九，理氣一，陰陽說。(二二)象山全集卷二與朱元晦書。(二三)皇極經世觀物內篇。(二四)朱子語類卷六，性情三，仁義禮智等名義。(二五)禮記纂言序。(二六)朱子語類卷五，性理二，性情心意等名義。(二七)禮記纂言序。(二八) 同註二六。(二九)朱子語類卷六，性情三，性情心意等名義。(三〇)朱子全書卷四十四性理三、心說。(三一)傳習錄卷下。(三二)朱子語類卷六、性情三、仁義禮智等名義。(三三)程氏遺書卷二十一上、伊川先生語七。(三四)眞實无妄乃天理之本然。(三五)物之所以自成，(三六)天下之物，皆實理之所爲，故始終不離於誠。吾心一有不實，雖有所爲，亦如無有。(三七)與天地並立爲三。(三八)不待勉力，不待思考，自然能中於道而得之。(三九)乾、天也。元、大也。天德之大始也。(四〇)資、託也。言無一物不託始於元也。(四一)天道以陰陽化生萬物。(四二)物所受於天為性，天所賦於物為命。（四三）周子全書卷二通書誠上。（四四）通也。（四五）宜也。（四六）正而固也。（四七）同註四三。（四八）同上，誠下一。（四九）得天地之秀氣。（五〇）其心最靈。（五一）形體屬陰，陰主翕合。（五二）神智屬陽，陽主開發。（五三）周子全書卷一，太極圖說。（五四）同上。（五五）元氣醞釀也。（五六）乾為天下之至健，所行無難，故易；坤為天下之至順，所行不煩，故簡。（五七、五八）張子全書正蒙太和篇。（五九）程氏經說卷第一。（六〇）程氏粹言卷一論道篇。（六一）同上。（六二）同上。（六三）性即理。（六四）程氏遺書卷六，二先生語六。（六五）同上。（六六、六七）程氏遺書卷十一，明道先生語一。（六八）程氏粹言卷一，論道篇。（六九）程氏遺書卷五，二先生語五。（七〇）程氏遺書卷十八，伊川先生語四。（七一）同上卷十五，伊川先生語一。（七二）張子全書正蒙太和篇。（七三）同上。（七四）程氏遺書卷十五，伊川先生語一 （七五）同上。（七六、七七）張子全書正蒙太和篇。（七八）指氣。（七九）同註七七。（八〇）程氏遺書卷十五，伊川先生語一。（八一）同上。（八二）朱子全書卷四十九，答黃道文書。（八三）同上，答劉叔文書。（八四）朱子語類卷一理氣上，太極天地上。

(八五)同上。(八六)象山全集卷三十五，語錄。(八七)同上卷二，與朱元晦書。(八八)同上卷十一，與朱濟道書。(八九)見尚書洪範五皇極言人君爲人倫至高標準，天下之人皆遵守其道，會聚於此極，歸宿於此極也 (九〇)象山全集卷一，與趙監書。(九一)同上卷六與包詳道書。(九二) 陽明全書卷三傳習錄中答問道通書之一，(九三)同上傳習錄下。(九四)推而極之也。(九五)中爲天下之大本，和爲天下之達道。(九六)安其所也。(九七)遂其生也。(九八)天地之道，不過一誠字，故不二。(九九)誠故不息，故生物之多，不可測度。(一〇〇)周子全書卷二，通書順化第十一。(一〇一)皇極經世觀物內篇之四。(一〇二)同上。(一〇三)張子全書正蒙天道篇。(一〇四)程氏遺書卷二上二先生語二上。(一〇五)同上卷十一，明道先生語一。(一〇六)程氏粹言卷上，論道篇。(一〇七)朱子全書卷四十七，性理六，仁說。(一〇八)充滿之意。(一〇九)仝註一〇七。(一一〇)象山全集卷二十九，程文天地設位篇。(一一一)同上。(一一二)周易程氏傳，復卦彖傳。(一一三)陰陽。(一一四)太陽，少陰，太陰，少陽。(一一五)乾、兌、離、震、巽、坎、艮、坤。(一一六)易經繫辭傳上。(一一七)太極圖說。(一一八)同上。(一一九)無極而太極，眞指太極言。（一二〇）陰陽。（一二一）五行。（一二二）同註一一七。（一二三）朱子文集大全類編六册，問答卷十七。（一二四）日、月、星、辰。（一二五）水、火、土、石。（一二六）皇極經世觀物內篇之一。（一二七）同上。（一二八）此周子引易經說卦傳，所以有故曰二字。（一二九）陰陽以象言。（一三〇）剛柔以形言。（一三一）人稟天地，故兼仁義。（一三二）此引易經繫辭傳。（一三三）推原其始。（一三四）反求其終。（一三五）陰精陽氣，聚而爲生，魂遊魄降，散而爲死。（一三六）太極圖說。（一三七）皇極經世觀物內篇之一。（一三八）太陽爲日，太陰爲月，少陽爲星，少陰爲辰。（一三九）太柔爲水，太剛爲火，少柔爲土，少剛爲石。（一四〇）長、寬、高、時空，謂之四積次世界。（一四一）反而歸者爲鬼，至而伸者爲神。（一四二）陰陽兩名不立，則一氣之循環不見。（一四三）乾坤卦畫定位，凡陽皆乾，凡陰皆坤，陰陽成列，而易之變化可見；若乾坤毀，卦畫不立，卽無以見變化矣。（一四四）遊有流行之意，遊氣卽陰陽二氣之發散者，紛擾有參錯不齊之意。（一四五）指陰陽交合言。（一四六）指陰陽分開言。（一四七）正蒙太和篇。（一四八）同上。（一四九）至神之妙，无有方所，易之變化，无有形體。（一五〇）同註一四七。（一五一〕物物有一陰陽，故無相背。〔一五二〕同註一四七。〔一五三〕程氏遺書卷十一，明道先生語一。〔一五四〕同上卷十五，伊川先生語一。〔一五五〕猶言即物而存。〔一五六〕乾一而實，故以質言曰大。〔一五七〕乾坤各有動靜，靜體而動用，靜別而動交。〔一五八〕坤二而虛，故以量言曰廣。〔一五九〕程氏經說卷第一，伊川易說。〔一六〇〕程氏粹言卷一，論道篇。〔一六一〕朱子全書卷四十九，理氣一，陰陽說。〔一六二〕同上。〔一六三〕象山全集卷二，與朱元晦書。〔一六四〕傳習錄中，答陸原靜書。〔一六五〕周易程氏傳，咸九四。〔一六六〕程氏遺書卷十五，伊川先生語一。〔一六七〕近思錄卷一，江永集注。〔一六八〕同上。〔一六九〕太極圖說。〔一七〇〕同上。〔一七一〕通書聖篇。〔一七二〕純乎天理，當爲而爲。〔一七三〕正蒙天道篇。〔一七四〕寒暑晝夜，本乎天時而變者也，而動植萬物之性情形體，由以感。〔一七五〕雨風露雷，本乎地之氣象而變者也，而動植萬物走飛草木，由以應。〔一七六〕皇極經世觀物內篇之一。〔一七七〕象山全集卷二十九，程文，聖人以此洗心篇。〔一七八〕傳習錄下，黃以方錄。〔一七九〕傳習錄中，答問道通書之一。〔一八〇〕乾道成男，坤道成女，是乾坤爲萬物之父母。〔一八一〕民物皆是一氣所生，然氣有正有偏；人得其正，故最靈最貴，而曰同胞。物得其偏，不與人同類，然體性未嘗不同，故曰吾與。與者，黨與也。（一八二）見張子全書卷一，朱熹西銘註釋後。（一八三）此就命言。天以二氣五行，化萬物而生之。（一八四）自末以推其本；五行之殊本二氣之實；二氣之實又本乎一理之極；是萬物合爲一太極也。（一八五）自本以推其末；一理之實，萬物分之以爲體；故萬物各有一太極，以正性命，而大小之物各有一定之分。（一八六）理性命篇第二十二。（一八七）程氏文集卷九，伊川文五與楊時論西銘書。（一八八）太極圖說。（一八九）程氏遺書卷二上，先生語一。（一九〇）同上。（一九一）程氏遺書卷十九，伊川先生語五。（一九二）周易程氏傳，革上六。（一九三）正蒙乾稱篇。（一九四）三才相參謂之參；陰陽無悖謂之和。旣賦於民，亦賦於物，此相參也。民旣仁之，物亦愛之，此相和也。（一九五）正蒙誠明篇。（一九六）朱子集卷四十三，答黃商伯書四。（一九七）同上卷五十三，答趙致道書一。（一九八）司也。（一九九）耳司聽，目司視，各有所職而不能思，是以蔽於外物。（二〇〇）旣不能思，則亦一物，又以外物交於此物。（二〇一）引而去之不難。（二〇二）象山全集卷三十二，拾遺主忠信。（二〇三）同上，卷二十二，雜著雜說。（二〇四）同上卷三十，程文天地之性人爲貴論。（二〇五）傳習錄上。（二〇六）朱子集卷五十五，答黃道夫書一。（二〇七）朱子語類卷四、性理一，人物之性氣質之性（二〇八）仁、義、禮、知、信。（二〇九）感物而動，或發於理義之公，或發於血氣之私，便分善惡。（二一〇）五性之殊，散爲萬事。（二一一）太極圖說。（二一二）正蒙太和篇。（二一三）言人物之所同得。（二一四）正蒙誠明篇。（二一五）程氏遺書卷二上，二先生語二上。（二一六）象山全集卷三十四、語錄上。（二一七）程氏遺書卷二上，二先生語二上。（二一八）同上卷六，二先生語六。（二一九）行之也中，處之也正，發之也仁，裁之也義。（二二〇）此心寂然無欲而靜，方可以一天下之動。（二二一）德性純全，即太極之渾融。（二二二）知見明達，即陰陽之昭著。（二二三）發號施令，如五行之順布。（二二四）福善禍淫，同於鬼神。（二二五）太極圖說。（二二六）皇極經世觀物內篇之二。（二二七）象山全集卷二十二，雜著雜說。（二二八）傳習錄上。（二二九）傳習錄中。（二三〇）程氏遺書卷二二，先生語二。（二三一）朱子語類卷四，性理一，人物之性氣質之性。（二三二）朱子集卷五十五，答方賓王書一。（二三三）程氏遺書卷二十二上，伊川先生語八上。（二三四）傳習錄中。

(二三五)張子全書卷十二,語錄. (二三六)朱子語類卷五,性理二,性情心意等名義. (二三七)同上.(二三八)傳習錄上. (二三九)程氏遺書卷五,二先生語五. (二四〇)傳習錄中. (二四一)元者,生物之始,故爲衆善之長,於人則爲仁. (二四二)程氏遺書卷十一,明道先生語一. (二四三)程氏遺書卷二十三,伊川先生語九. (二四四)言有時殺身成仁,須仁道之大段比生命尤好方可. (二四五)同註二四三. (二四六)同註二四三,卷三,二先生語三. (二四七)盛也. (二四八)順其時令. (二四九)養也. (二五〇)同註二四三,卷六,二先生語六. (二五一)流動充滿之意. (二五二)高大也. (二五三)至也. (二五四)天之變化. (二五五)權者,聖人之變化. (二五六)皇極經世觀物內篇四. (二五七)通書順化篇. (二五八)朱子語類卷六,性理三,仁義禮智等名義. (二五九)周子通書順化篇. (二六〇)程氏遺書卷二上,二先生語二上. (二六一)同上卷二下,二先生語二下. (二六二)傳習錄中. (二六三)朱子全書卷四十七,性理六,仁說. (二六四)程氏遺書卷二上,二先生語二上. (二六五)周易程氏傳復六二. (二六六)見前. (二六七)正蒙大易篇. (二六八)朱子語類卷六,性理三,仁義禮智等名義. (二六九)同上.

(一七〇)程氏遺書卷二上、二先生語二上。 (一七一)同上卷十一、明道先生語一。 (一七二)朱子語類卷六、理性三仁義禮智名義。 (一七三)猶言爲物之體。 (一七四)言事事是仁做出來。 (一七五)經禮也。 (一七六)曲禮也。 (一七七)皆須仁做骨子。 (一七八)往也讀上聲。 (一七九)亦明也。 (一八〇)寬縱也。 (一八一)正蒙天道篇。 (一八二)程氏遺書卷二上、二先生語二上。 (一八三)音斛速恐懼貌。 (一八四)陽明全書卷二十六，大學問。 (一八五)程氏遺書卷九，二先生語九。 (一八六)陽明全書卷二十六，大學問。 (一八七)象山全集卷二十九，程文第四篇。 (一八八)通書誠上篇。 (一八九)周易程氏傳革上六。 (一九〇)程氏遺書卷二十二上，伊川先生語八上。 (一九一)同上卷十九，伊川先生語五。 (一九二)正蒙誠明篇。 (一九三)朱子全書卷四十二，性理一。 (一九四)象山全集卷三十四，語錄。 (一九五)陽明全書卷二十六，大學問。 (一九六)傳習錄中。 (一九七)皇極經世觀物外篇。 (一九八)同上。 (一九九)程氏遺書卷二，二先生語二上。 (二〇〇)正蒙誠明篇。 (二〇一)程氏遺書卷十九，伊川先生語五。 (二〇二)太極圖說。 (二〇三)近思錄集註卷二引朱子語。 (二〇四)朱子語類卷四，性理一，人物之性氣質之性。(三○五)同上。(三○六)同上。(三○七)同上。(三○八)正蒙誠明篇。(三○九)朱子集卷五十六答徐子融書三。(三一○)朱子語類卷四性理一，人物之性氣質之性。(三一一)程氏遺書卷一，二先生語一。(三一二)同上(三一三)同上。(三一四)同上。(三一五)此指天地之性言。(三一六)善反則復其本善不善反則否。(三一七)天地之性未嘗離乎氣質之中。(三一八)卽不爲氣質之性所拘之意。(三一九)正蒙誠明篇。(三二○)全集卷三十四，語錄。(三二一)孟子盡心章下堯舜，性者也湯武反之也。言性者，得全於天，不假修爲；反之者，修爲以復其性也。(三二二)孟子盡心章上，堯舜性之也。湯武，身之也。言身之者，反身修道，以復其性也。(三二三)程氏遺書卷十一，明道先生語一。(三二四)同上卷十八，伊川先生語四。(三二五)朱子語類卷四，性理一，人物之性氣質之性。(三二六)張子全書卷十二，語錄抄。(三二七)全集卷三十五，語錄。(三二八)程氏遺書卷十八，伊川先生語四。(三二九)言反乎本然之性，而不偏於氣質之性。(三三○)正蒙誠明篇。(三三一)程氏遺書卷二十二上，伊川先生語八。(三三二)傳習錄中。(三三三)程氏遺書卷二上，二先生語二上。(三三四)同上卷二十五，伊川先生語十一。(三三五)全集卷三十五語錄。(三三六)傳習錄上。(三三七)程氏遺書卷二上，二先生語二上。(三三八)同上卷二十五，伊川先生語十一。(三三九)全集三十五。(三四〇)全集卷三十四語錄。(三四一)傳習錄上。(三四二)同上。(三四三)傳習錄卷中答顧東橋書。(三四四)古之信士嘗與女子期於梁下，女子不來，水至不去，抱梁柱而死。(三四五)程氏遺書卷二十五，伊川先生語十一。(三四六)傳習錄上。(三四七)傳習錄中答顧東橋書。(三四八)正蒙誠明篇。(三四九)同上。(三五〇)程氏遺書卷二十五，伊川先生語十一。(三五一)同上。(三五二)全集卷三十五語錄。(三五三)傳習錄中。(三五四)同上。(三五五)言每每常見。(三五六)程氏遺書卷十九，伊川先生語五。(三五七)傳習錄上。(三五八)見前。(三五九)知其極至而能至之，此以進德言。(三六〇)與許也，許其先事見幾。(三六一)知其所終而能終之，此以居業言。(三六二)可許處置事物而得其宜。(三六三)始之也。(三六四)猶言脈絡。(三六五)終之也。(三六六)德之所就。(三六七)全集卷七與彭子壽書。(三六八)傳習錄中與顧東橋書。(三六九)程氏粹言卷一，論學篇。(三七〇)陽明全書卷二十六，續編一，大學問。

（三七一）傳習錄中。（三七二）傳習錄上。（三七三）程氏粹言二，心性篇。（三七四）程氏文集卷八，雜著，伊川先生文四，顏子所好何學論。（三七五）卽物之理，以觀本物，則觀者非我，物之性也。（三七六）若由我之意觀乎是物，則觀者非物，我之情也。（三七七）皇極經世卷八下，聲音唱和萬物通數第十。（三七八）月光隨於日，故猶日之影。（三七九）情發由於性，故猶性之影。（三八〇）心體虛靈而含性。（三八一）膽棲氣血而生情。（三八二）性陽而神。（三八三）情陰而鬼。（三八四）同註三七七。（三八五）炎憎出於情。（三八六）蔽於有我之私而昏。（三八七）同註三七七卷八下，心學第十二。（三八八）朱子語類卷五，性情心意等名義。（三八九）正蒙誠明篇。（三九〇）傳習錄上。（三九一）傳習錄中。（三九二）程氏遺書卷十九，伊川先生語五。（三九三）同上卷二十二上，伊川先生語八上。（三九四）朱子語類卷五，性情心意等名義。（三九五）同上。（三九六）全集卷三十五語錄。（三九七）同上。（三九八）見近思錄集注卷一。（三九九）乾父坤母。（四〇〇）人皆天地之子，而大君乃其適長子。（四〇一）先我生於天地之間。（四〇二）長天下之長。（四〇三）後我生於天地之間。（四〇四）幼天下之幼。（四〇五）

聖人與天地合其德。（四〇六）賢人才德過人，是秀出者。（四〇七）衰頹老病。（四〇八）惸，憂也，惸獨，孤苦之人。（四〇九）畏天自保，猶子之敬其親也。（四一〇）樂天不憂，猶子之純孝也。（四一一）程氏文集卷九伊川先生文五。（四一二）天地之氣，塞乎兩間，人物資之以為體。（四一三）乾健坤順，此天地之志，為氣之帥，人物得之以為性者也。（四一四）朱子語類卷九十八，張子之書一。（四一五）同上。（四一六）同上。（四一七）純乎天理，毫無人欲，天命之在我者，無不盡也。（四一八）人物之性，亦我之性，能盡之者，謂知之無不明，處之無不當也。（四一九）助也。（四二〇）謂與天地並立為三。（四二一）見前。（四二二）程氏遺書卷二十三，伊川先生語九。（四二三）傳習錄上。（四二四）全集卷三十四語錄。（四二五）程氏文集卷一，明道先生文一，論王霸劄子。（四二六）朱子集卷四十一，答江德功書二。（四二七）明之也。（四二八）使天下之人，皆有以明其明德也。（四二九）一切也。（四三〇）謂身也。（四三一）謂家也。（四三二）象山語見前。（四三三）見前。（四三四）見前。（四三五）朱子全書卷七大學一。（四三六）心不誠則身不可正。（四三七）親不和則家不可齊。（四三八）親者難處，疏者易裁。（四三九）不善之勤息於外，則善心之生於內者，無不實矣。（四四〇）通書家人睽復无妄第三十二。（四四一）程氏外書卷六。（四四二）程氏遺書卷二十五，伊川先生語一。（四四三）正蒙有司篇。（四四四）同上。（四四五）朱子語類卷十三，學七，力行。（四四六）指乾卦九二之君德在庸言之信，庸行之謹。（四四七）光明也。（四四八）油然雲盛貌。（四四九）全集卷二十九，程文庸言之信……篇。（四五〇）程氏粹言一，論政篇。（四五一）王者之都城。（四五二）深遠之意。（四五三）音烏，歎美辭。（四五四）繼續也。（四五五）光明也。（四五六）鳥聲。（四五七）程氏粹言一，論政篇。（四五八）推而極之也。（四五九）安其所。（四六〇）遂其生。（四六一）周易程氏傳艮象辭。（四六二）背非可見，乃止於不見之地也。（四六三）止於不見之地，則靜，靜止則無爲。（四六四）一有爲之之心，則非止之道矣。（四六五）通書蒙艮第四十。（四六六）全書卷二十六，續編一，大學問。（四六七）程氏粹言一，論政篇。（四六八）周易程氏傳卷二，大畜六五。（四六九）正蒙有司篇第十三。（四七〇）程氏文集卷一，明道先生文一，上殿劄子。（四七一）同上，論王霸劄子。（四七二）觀物外篇下，心學第十二。（四七三）同上。（四七四）猶云經歷一過。（四七五）全書卷六，理窟，義理。（四七六）同上，理窟，學大原上。（四七七）通書，文辭第二十八。（四七八）程氏粹言卷一，論學篇。（四七九）同上。（四八〇）朱子文集大全類編第七册，雜著卷十，同安縣諭學者三，諭諸職事。（四八一）全集卷三十五，語錄。（四八二）同上。（四八三）謂貴官也。漢制印綬，公侯用紫，九卿用靑。（四八四）全書卷二十六，贛州書示四姪正思等。（四八五）全書卷五，理窟，氣質。（四八六）全書卷六，理窟，義理。（四八七）程氏粹言一，論學篇。（四八八）見前性論中。（四八九）朱子文集大全類編六册，問答卷二十，答王子合書一。（四九〇）見前。（四九一）全書卷四，與王純甫書一，壬申。（四九二）通書師篇第七。（四九三）程氏粹言一，論學篇。（四九四）朱子集卷十四，補試榜諭。（四九五）全集卷十九，武陵縣學記。（四九六）朱子語類卷九，學三，論知行。（四九七）程氏粹言一，論學篇。（四九八）程氏遺書卷三，伊川先生語三。（四九九）朱子語類卷九，學三，論知行。（五〇〇）同上。（五〇一）全集卷三十四。（五〇二）全書卷六，答友人問。（五〇三）望也。（五〇四）通書志學第十。（五〇五）正蒙中正篇第八。（五〇六）程氏粹言一，論學篇。（五〇七）朱子語類卷八，學二，總論爲學之方。（五〇八）同上。（五〇九）全集卷三十四，語錄。（五一〇）同上卷三十五。（五一一）全書卷二十六，教條示龍場諸生、立志。（五一二）通書聖學篇第二十。（五一三）以上程氏粹言一，論學篇。（五一四）朱子語類卷十一，學五，讀書法下。（五一五）全集卷三十五，語錄。（五一六）通書務實篇第十四。（五一七）全書卷十二，語錄抄。（五一八）程氏粹言一，論學篇。（五一九）全集卷三十四，語錄。（五二〇）朱子語類卷八，學二，總論爲學之方。（五二一）程氏粹言一，論學篇。（五二二）全書卷五，理窟，氣質。（五二三）朱子語類卷十二，學六，持守。（五二四）全書卷七，理窟，學大原下。（五二五）同上。（五二六）同上卷五，理窟，氣質。（五二七）朱子語類卷十一，學五，讀書法下。（五二八）同上卷十，學四，讀書法上。（五二九）程氏粹言一，論學篇。（五三〇）同上。（五三一）同上。（五三二）一五行，二五事，三八政，四五紀，五皇極，六三德，七稽疑，八庶徵，九五福六極，見尚書洪範。（五三三）八方之風。（五三四）躁心釋故。（五三五）欲心平故。（五三六）通書樂上第十七。（五三七）通書樂中第十八。（五三八）程氏文集卷一，明道先生文一，請修學校尊師儒取士劄子。（五三九）正蒙至當篇第九。（五四〇）同上。（五四一）全書卷六，理窟，義理。（五四二）程氏遺書卷十八，伊川先生語四。（五四三）程氏遺書卷之二上，二先生語上。（五四四）程氏遺書卷十五，伊川先生語一。（五四五）大學章句第五章。（五四六）朱子集卷二十九，答江元適書三。（五四七）程氏遺書卷十六，伊川先生語二。（五四八）同上卷二十五，伊川先生語十一。（五四九）全集卷十一與朱濟道書之一。（五五〇）全書卷二十六，續編一，大學問。（五五一）全集卷十九，貴溪重修縣學記。（五五二）同上武陵縣學記。（五五三）同前大學問。（五五四）同上。（五五五）全書卷三，傳習錄下，黃直錄。（五五六）全集卷二十五。（五五七）全書卷之六，寄安福諸同志。（五五八）見前大學問。（五五九）傳習錄下黃以方錄。（五六〇）程氏遺書卷二上，二先生語二上。（五六一）同上卷十八，伊川先生語四。（五六二）傳習錄中，答顧東橋書。（五六三）程氏粹言一，論學篇。（五六四）全集卷三十六。（五六五）同上。（五六六）全書卷三十四，年譜三。（五六七）程氏遺書卷二下，二先生語二下。（五六八）江永近思錄卷五集註。（五六九）同上。（五七〇）程氏遺書卷一、二先生語一拾遺。（五七一）同上卷十八，伊川先生語四。（五七二）勸學篇。（五七三）程氏遺書卷一，二先生語一，拾遺。（五七四）同上卷二上，二先生語二上。（五七五）通也。（五七六）誠。（五七七）神。（五七八）所謂誠神幾曰聖人。（五七九）睿也。（五八〇）思之至可以作聖，其次亦可見幾通微，不陷於凶咎。（五八一）通書思第九。（五八二）宋元學案第十一卷。（五八三）程氏遺書卷十一，明道先生語一。（五八四）同上卷二十五，伊川先生語十一。（五八五）同上卷十四，明道先生語四。（五八六）同上卷十八、伊川先生語四。（五八七）同上卷十五，伊川先生語一。（五八八）理本無二。（五八九）傳習錄中啓問道通書。（五九〇）朱子語類卷九十七，程子之書三。（五九一）全集卷三，與曹挺之書。（五九二）同上卷三十二，拾遺思則得之。（五九三）程氏遺書卷六，二先生語六。（五九四）程氏遺書卷十一，明道先生語一。（五九五）同上。（五九六）同上卷十八，伊川先生語四。（五九七）同上卷十五，伊川先生語一。（五九八）朱子語類卷十二、學六、持守。（五九九）仝上。（六〇〇）全集卷三十五，語錄。（六〇一）同上。（六〇二）傳習錄上，（六〇三）程氏遺書卷十八，伊川先生語四。（六〇四）朱子語類卷十二，學六，持守。（六〇五）朱子語類卷十二、學六，持守。（六〇六）程氏粹言上，論道篇。（六〇七）程氏遺書卷十五，伊川先生語一。（六〇八）同上卷三，伊川先生語。

(六〇九)程氏外書卷十二。(六一〇)全書卷六,與馬子華書。(六一一)朱子語類卷十三,學七、力行。(六一二)朱子集卷二十八,答陳同甫書十。(六一三)程氏遺書卷二十一下,伊川先生語七下。(六一四)傳習錄上,門人徐曰仁錄。(六一五)全集卷三十四語錄。(六一六)程氏遺書卷一、拾遺、二先生語一。(六一七)傳習錄中,答聶文蔚。(六一八)周子通書,愼動第五。(六一九)有形則滯於一偏。(六二〇)神則不離於形,而不囿於形。(六二一)動中有靜靜中有動。(六二二)體本則一,故曰混。(六二三)用散而殊,故曰闢。(六二四)通書,動靜第十六。(六二五)見前。(六二六)見前。(六二七)太極圖說(六二八)朱子太極圖說註。(六二九)程氏遺書卷十一,明道先生語一。(六三〇)同上卷二上,二先生語二上。(六三一)朱子語類卷十二,學六、持守。(六三二)全書卷五,答彥倫武書。(六三三)程氏文集卷二,明道先生文二,答張橫渠書。(六三四)皇極經世卷二,觀物內篇之十二。(六三五)全書卷之六,理窟義理。(六三六)程氏文集卷二,明道先生文二,答張橫渠書。(六三七)全書卷五,與夏敦夫書。(六三八)全書卷六,答季明德書。

參攷書

周易　大學　中庸　論語　孟子

周子全書（九卷，清道光二十九年新化鄧氏刊本。）

張子全書（十五卷，清康熙五十八年高安朱氏刊本。）

邵子皇極經世書（十二卷）

二程全書（遺書二十五卷，附錄一卷，外書十二卷，文集十二卷，遺文一卷，附錄一卷，周易程氏傳四卷，經說八卷，粹言二卷，清同治十年求我齋江寧刊本。）

朱子集（一百四卷，清咸豐庚申，紫霞洲祠堂本。）

朱子文集大全類編（一百十卷，清康熙年間，閩刊本。）

朱子全書（六十六卷，清康熙五十二年，敕編殿本。）

朱子語類（一百四十卷，清同治壬申，應元書院藏板。）

陸象山全集（三十六卷，附錄一卷，清雍正二年，槐堂書齋刊本．）

王文成公全書（三十八卷，明隆慶中新建謝氏刊本．）

近思錄集注（十四卷，清同治八年，江蘇書局刊本．）

宋元學案（一百卷，清光緒五年長沙龍氏刊本．）

明儒學案（六十二卷，清光緒十四年，南昌刊本．）

問題

一　試述本派哲學的根源，及與佛學的關係．

二　試述本派的本體觀及周張程的異同．

三　試述本派的人生觀．

四　仁是什麼，並如何實現仁？

五　試述學的功用，性的種類．

六　致知與格物的意義，及程朱、陸王對於格物窮理的異同.

七　試述本派的倫理教育及政治思想.

八　試述這派的方法，程朱與陸王兩派方法不同之點又何在？

九　試述這派的認識論和陽明的認識思想.

十　何謂知行問題？

十一　這派的修養方法用那幾種？

十二　試述動靜和心物的問題.

第三章 結論

在前面，我們已經把中國的六派哲學，約略述過，現在還有些話，要在這六派哲學述完以後說一說：

一、關於中國哲學思想進展的趨勢：

我們在前面把六派哲學，依照他們出世的先後，安排了順序：第一叫做自然主義派。第二叫做人爲主義派。第三叫做享樂主義派。第四叫做苦行主義派。第五叫做神祕主義派。第六叫做理性主義派。在這六派思想研究完畢以後，綜觀中國哲學發展的情態，可以得出幾個概念：

第一、中國哲學思想的發展，和西洋、印度的哲學思想的發展，是同一種規律的。這種規律是什麽？就是哲學最初誕生，都是討論人身以外的宇宙問題，例如本體觀，宇宙觀，這些問題離人身非常的遠。後來進了一層，就來討論社會問題，例如政治、教育等．這些問題，仍舊是離開人身的，不過比較切近一些．再進一層，到了神祕派出世以後，於是中國哲學思潮的趨勢，差不多完全轉到討論人生的問題上來了；所以他們研究人怎樣能夠長生不死，怎樣去服食修煉．由神祕派到理性派，那更是以人生問題爲研究的中心．他們雖沒有繼續神祕派思想，詳加討論人的長生不死等問題；但是很注重人格的修養，心意的操持，知識的探求，以及自身生死等問題．雖然他們也討論了天理，還是無處不涉及人生的．所以理性派的哲學思想，比神祕派的思想，更由外而向內，更顯明的表現它的進展，是依着天然規律的．

第二、中國這六派哲學，我們可以把他們合爲三組：自然主義派和人爲主義派爲一組，享樂主義派和苦行主義派爲一組，神祕主義派和理性主義派爲一組．在這三組中間，可以知道一件事，就是每組都由兩種不同調的，或一正一反的思想組成功的．從這種情形來說，又可以知道中國哲學的進展，似乎是依照對演法（辯證法）發展的.

第三、中國的哲學思想雖二千餘年來，全憑着哲學家的一個頭腦，冥想開發出來，沒有其他學問做幫助，更沒有科學來證實或指正.然而它的進展，還是趨向實在，同時走到後來，還有和科學接近的所在，不會愈走愈玄遠，和科學站在極端相反的地位.這可以證明中國哲學，也和西洋哲學一般，是向科學的方面進展的.所以我們覺得將來的哲學，無論是西洋的或中國的，總有一天和科學團結起來，而應用分工合作的原理，去探討人生的寶藏的.

第四、中國哲學，自老子起，迄秦末諸子止，在這期中間，可以稱爲强盛時期，各種思想，五花八門的奔放出來；但自此而後，到漢、唐時代，就停止進展了.這是什麼原因呢？據我們研究，思想的勃發，時代的背景，固然是一個大原因，然而研究的方法，也是促進思想開展的一個原因.所以論道理，在先秦時代，有創造新思想的時代背景，在漢、唐時代，也未嘗沒有創造新思想的時代背景.然而在先秦時代，就有各種思想出現，在漢、唐時代就很少，這個疑問，很難解答。仔細探究，大概是研究方法的關係。因為在先秦時代，除有時代的背景做思想創造的因素外，還有它的研究方法，促進思想的開展。自秦而後，一般學者，都墨守陳法，沒有發現新的方法來研究學問，因此他們的思想，終脫不了過去的圈套，所以沒有新的哲學創造出來。但自宋朝以後，儒者知道採用佛家的方法來研究學問，——所謂佛家的方法，就是前面所說的一種精細的分析法。——於是中國哲學頓然有生氣，結果清新的理性派思想，就創造成功。

如果看明白了宋、明理性思想的話，我們可以知道理性派哲學的根本思想，還是站在儒家的立場；至於所用研究的方法，卻是佛家的分析方法。用佛家的分析方法，來整理儒家思想，所以表面上看起來，好像充滿了佛家的色彩，其實他們的思想，何嘗是陽儒陰佛呢？時下的學者，沒有看清宋儒思想的核心，因此有宋儒暗襲佛學，貌稱儒家的議論。宋儒所用的方法，既和從前儒家不同，所以雖依據同一的根本思想而研究的結果，終是要變了相而成一個新學說的。這就是宋明理性派思想異於原來人爲主義派的大原因。同時可以說理性派思想的形成，並不是時代的背景做因素的，而是新的方法做因素的。這層應當特別留意。

第五、從中國哲學發展的形式來論，在宋、明理性派思想未出世以前，哲學的形式，是渾淪一體的。所謂渾淪一體，就是思想既含混，言語也少條理。換句話：各種思想並沒有一定的界限，各種言語也沒有一定的界說。所以先秦的學者，有時說物，有時也說心，少有把心物的界限很明白的分開。到了宋儒出來，他們襲用佛家的分析方法，把一切都精細的剖析明白，各歸各位，各存各理，絲毫不紊，於是中國哲學，在形式上就很有條理了。

第六、從中國哲學發展的實質上說，中國思想，在佛教思想未來以前，並不是惟心的，也不是惟物的，是心物渾淪論而偏於物的。所以自然主義派的哲學，普通人都認為是唯心的，然而仔細審核它的內容，實在不然。他們的思想，不但不惟心，而且是偏於物的。至於其餘各家，更不庸說了。從先秦到魏、晉，因為受了佛教思想的影響，於是就變了一個性質，這個性質是惟感覺的，它既不惟心，又不惟物，更非心物渾淪論，這話可以拿前面所述玄學家的話來證明。由玄學到宋儒，由宋儒到明儒王陽明等，於是中國思想就漸近唯心，但還是唯理的，不是一切唯心造的唯心。

第七、中國哲學各時代進展的情形：從上面六派哲學的時代去討論，可以知道：中國在先秦時代，哲學最盛，秦以後，由漢至唐，這一段時期已由繁盛而停頓，而衰頹了。到了宋代，纔復興起來，這裏可以說是印度系的佛教哲學研究方法，和儒家思想結合而產生的新哲學。所以在宋、明兩代，是中國哲學復興的時期。由明而清，又復衰頹下去，只有整理與綜合，並沒有新的開創。恐怕將來，要把希臘系的西洋哲學研究方法，和中國思想結合，產生一種新哲學，方有復興的機運了.

二、關於形成中國各派哲學的原因:

第一、各派思想的來源: 關於各派思想的來源,自來就有兩種主張:甲是主張各派思想有所因襲而來的.乙是主張由當時社會環境所激動而來的.甲派的人物,是莊子、劉歆、班固等,莊子天下篇說:

『古之道術惡乎在?曰無乎不在,……古之道術,將爲天下裂.……古之道術有在於是者,墨翟、禽滑釐……關尹、老聃聞其風而悅之.』

從上面的話去研究,可以知道莊子是主張各家思想有所因襲而來的,不是當時突發出來的.不過莊子只總括說各家思想因襲古之道術,却沒有明白指明某家出於古之某道術.後來班固就本着劉歆的主張,明白指定各家思想是出於古代的王官.所以他在漢書藝文志說:

『儒家者流,蓋出於司徒之官.……』

「道家者流，蓋出於史官……」
「陰陽家者流，蓋出於羲和之官。」
「法家者流，蓋出於理官……」
「名家者流，蓋出於禮官……」
「墨家者流，蓋出於淸廟之官……」
「縱橫家者流，蓋出於行人之官。」
「雜家者流，蓋出於議官……」
「農家者流，蓋出於農稷之官……」
「小說家者流，蓋出於稗官……」

乙派的人物，是劉安。他主張各派的思想，是由當時的社會環境激動起來的。所以他說：

「文王之時，紂爲天子，賦歛無度，殺戮無止，康梁（一）沈湎，（二）宮中成市。

(三) 作爲炮烙之刑，刳諫者，剔孕婦，天下同心而苦之。文王四世(四)纍善，修德行義，處岐、周之間，地方不過百里，天下二垂(五)歸之。文王欲以卑弱制強暴，以爲天下去殘除賊，而成王道，故太公(六)之謀(七)生焉。

『文王業之而不卒，武王繼文王之業，用太公之謀，悉索薄賦，(八)躬擐(九)甲冑，以伐無道而討不義，誓師牧野，以踐天子之位，天下未定，海內未輯，武王欲昭文王之令德，使夷狄各以其賄來貢，遼遠未能至，故治三年之喪，殯(一〇)文王於兩楹之間，以俟遠方。武王立三年而崩，成王在襁褓之中，未能用事。蔡叔、管叔輔公子祿父(一一)而欲爲亂。周公繼文王之業，持天子之政，以股肱周室，輔翼成王。懼爭道之不塞，臣下之危上也，故縱馬華山，牧牛桃林，敗鼓折枹，搢(一二)笏而朝，以寧靜王室，鎭撫諸侯。成王既壯，能從政事，周公受封於魯，以此移風易俗。孔子修成、康之道，述周公之訓，以教七十子，使服其衣冠，修其篇籍，故儒者之學生焉。

『墨子學儒者之業，受孔子之術，以爲其禮煩擾而不悅，(一三)厚葬靡財而貧民，久服傷生而害事，故背周道而用夏政。禹之時，天下大水，禹身執虆垂(一四)以爲民先，剔(一五)河而道九岐，(一六)鑿江而通九路，(一七)辟五湖而定東海。當此之時，燒不暇撌，(一八)濡不給扢，(一九)死陵者葬陵，死澤者葬澤，故節財薄葬，閑(二〇)服生焉。

『齊桓公之時，天子卑弱，諸侯力征，南夷北狄，交伐中國，中國之不絕如綫。齊國之地，東負海而北障河，地狹田少，而民多智巧。桓公憂中國之患，苦夷狄之亂，欲以存亡繼絕，崇天子之位，廣文武之業，故管子之書生焉。

『齊景公內好聲色，外好狗馬，獵射亡歸，好色無辨，(二一)作爲路寢之臺，族(二二)鑄大鐘，撞之庭下，郊雉皆呴，(二三)一朝用三千鍾(二四)贛。(二五)梁丘據子家噲(二六)導(二七)於左右，故晏子之諫生焉。

『晚世之時，六國諸侯，谿異谷別，水絕山隔，各自治其境，守其分地，握其權柄，擅其政令；下無方伯，上無天子，力征爭權，勝者爲右；恃連與國，（二八）約重致，（二九）剖信符，結遠援，以守其國家，持其社稷，故縱橫修短之術生焉.

『申子者，韓昭釐之佐，韓晉別國也，地墽民險，而介於大國之間，晉國之故禮未滅，韓國之新法重出，先君之令未收，後君之令又下，新故相反，前後相繆，百官背亂，不知所用，故刑名之書生焉.

『秦國之俗，貪狼而强力，寡義而趨利，可威以刑，不可化以善；可勸以賞，不可厲以名，被險而帶河，四塞以爲固，地利形便，畜積殷富，孝公欲以虎狼之勢而吞諸侯，故商鞅之法生焉.』（三〇）

這兩派的主張，到底誰是誰非呢？我們覺得：如果分開來說，兩派都非；合起來說，兩派都是.爲什麼呢？因爲一種思想的形成，絕對不能離開當時的社會環境而突發的.這因思想是社會的引線，引動社會的人，去過一種人們所想過或願意過的生活的；而社會環境，却又是鼓動思想的動力，去鼓動那種足以指示當時人們生活的思想的所以思想與社會環境有相互的關係但在新思想發端的當兒却與原來的傳統思想有很大的關係所以往往一種新思想或是傳統思想的化身不過那種傳統思想是像果核一般樣的小在過去的環境中它的形態是很微渺的但來到現在的環境中因爲環境和它的本性相宜於是就萌芽起來由萌芽而成苗而長大而開花而結實陡然變了它的原形在不加細察的人就以爲這些花果不是那箇核子花果雖不就是那核子然而是從那核子發生而來是不錯的那能因兩者形狀不同而否認其關係呢所以從這點來說新思想不全靠當時的環境對於過去的傳統思想也很有關係的況且中國各派思想據各派的人物自己說都是和以前的傳統思想有關係的人爲主義派自己說祖述堯舜憲章文武自然主義派自己說宗傳黃帝苦行主義派自己說效法夏禹而劉安在他的要略中也說墨子的思想雖由於反響儒家但是所宗的還是夏禹的勤儉簡樸既是如此我們怎好一口說他們的思想和前代傳

統的思想沒有關係，純爲當時社會環境的產物呢？所以我們採取折中辦法，把兩種主張調和起來恐怕要妥當的多。

第二、先秦時代中國思想興盛的原因：先秦思想發達的原因，梁啓超舉七點說明：一、由於蘊蓄之宏富也。二、由於社會之變遷也。三、由於思想言論之自由也。四、由於交通之頻繁也。五、由於人材之見重也。六、由於文字之趨簡也。七、由於講學之風盛也。這些話見於他所著的中國古代學術思想變遷史。梁氏並對此七點，加以說明，因字數過多，未便引述。讀者可自己參考。

梁氏舉這七點說明先秦思想的勃興，其中自然有道著的地方；但不見得祇有此七個原因。據我們的研究，覺得他所說不但有所遺漏，且所舉七點中間，恰有和當時情形相反的。例如他所說的第五『由於人材之見重也』這點，我們認爲不對。因爲當時諸侯，實在沒有看重人材的本心。當時諸侯如果眞重人材，那麼孔子爲什麼周游列國，終不見用呢？在魯爲司寇三月，道不拾遺，國家大治，孔子治國之才幹，已充分的表現出來；爲什麽魯君反因爲齊人的女樂，把他趕跑了呢？孟子爲什麽到齊國以後，齊侯方想任用他，聽了臣下的一句話，就終止了呢？果是重人材的話，縱不能和周公那樣一飯三吐哺，一沐三握髮的愛賢才，也應該試試他的才幹，爲什麽聽了臣下的話，就不見用？這樣怎能說當時人君是重人材的呢？再看看當時幾個有學問的人，誰是居過大位，執過大權的？墨子祇做了一個大夫；孟子終身未任；荀子也不過是一個稷下祭酒；莊子是一個吏；孔子不過做了三個月的司寇；算老子好些，做過守藏史。還是那般不專講學問而以政治活動爲生涯的人，倒乘時得勢，如蘇秦、張儀，他們都做過好幾國的宰相；管仲、商鞅也做過齊秦的宰相。所以就是說當時人君是重人材，那麽他們所重的，也是政治的人材，而不是學術的人材。學者和政治家，是有分別的，而思想却與學者有關係，和政治家不見得有什麽大關係；縱使說有，也不過是片面的所以蘇、張只有縱橫之說，管仲、商鞅只有經濟刑法之學，像那老、孔、孟、荀、墨、莊多方面的思想，決不會有的．所以我們認爲梁氏所說的第五點，並不是先秦思想勃興的原因，而這點的反面，倒是先秦思想勃興的原因．反面是什麼？就是當時人君不重人材．因爲人材不見重，於是一二傑出的學者，不能得志於政治舞臺，大展其文章經世之才，就退而聚徒講學，這就是梁氏所舉的第七點．例如當時的人君果重人材，把孔子置在高位，一輩子做下去，做到老死，試問還有自衞反魯，聚徒講學的一段歷史嗎？這歷史沒有，那麼儒家的思想，自孔子到荀子這一段時間，決沒有那樣興盛；至多只有孔子自己一個人的儒學，決沒有七十子的儒學，或孟、荀的儒學．墨子也是一樣，如果他一出社會，就做高官，他絕對不能去奔走游學，那麼他的學問，至多不過在自己一身，或者和他接近的人，至於所謂南方別墨，相里氏等等墨學，恐怕就不見得會有了．因爲他們不爲世用，所以有機會去講學；墨子更能夠親自去實行他那苦行利人的非戰主義，勸止楚國攻宋；他的思想，纔能傳播出去．中國的思想，才能五花八門的開發出來．所以我們認爲當時人君不重人材，倒是先秦思想勃興的一個原因。

此外，還有梁氏未說及的，就是當時的政治現象，這現象是怎樣的呢？是王命不出宮門，諸侯獨自爲政。所謂下無方伯，上無天子。簡單說：就是政治不統一。因爲這個緣故，所以天下不能有同一的信仰，就是墨子所說人自爲義。因此各種思想都無限制的奔放出來。

還有一點，就是當時財產制度，沒有確定。既不是絕對的公產制度，又不是絕對的私產制度。所以井田的制度，雖已打破，人民仍不能私購土地而成地主。所有的經濟權，大概都操於君主掌握之中。孟子所謂：『庖有肥肉，廐有肥馬；民有飢色，野有餓莩。』財產制度沒有定，於是經濟混亂，人民窮困。因這緣故，於是就鼓動當時的學者，去討論社會經濟問題：所以孟子主張制民之恆產，行仁政，必自經界始；楊子主張不損一毫利天下，不悉天下奉一身；墨子主張節用；許行之徒，主張治者與被治者並耕而食，饔飧而治，以及市價不貳；管子主張不可不存本事，（務農）不可不務地利，所謂草木不殖成，則國貧，桑麻不殖於野，五穀不宜其地，則國貧；以及開礦採銅；商鞅主張廢井田，開阡陌。因此各種思想，乃隨之而發達。

三、關於中國哲學的特徵和西洋印度哲學的比較：

第一、中國哲學的特徵：　從上面六派哲學去考察，可以知道中國哲學，是實用哲學，沒有純理論的哲學。所以無論那一派，離不開政治和倫理兩個問題。在先秦時的中國哲學，可以說是以政治為中心的哲學；他們所說的話，表面上好像有多方面，但是仔細一研究，都是站在政治立場說的。關於這些話，在前面已引過楊朱的思想作證，現在不再多述。至於人為主義派孔孟的思想，拿倫理做出發點，當然離不了倫理；但是他們也拿政治做討論的中心。

由先秦到宋、明，中國哲學，一變而以倫理做中心。所以宋、明學者，認為國之本在家，家之本在身，而奉行大學所說的『意誠而後心正，心正而後身修，身修而后家齊，家齊而后國治，國治而后天下平；』及『欲明明德於天下者，必先治其國；欲治其國者，先齊其家；欲齊其家者，先修其身；欲修其身者，先正其心；欲正其心者，先誠其意.』的話，爲金科玉律.因此他們都拿誠意、正心、養性、修身爲一切事業的基本工作.他們從來沒有離開這些問題去談別種的.周子的太極圖說，張子的西銘，外表看來，是形而上學，然而裏面還是倫理做骨子，不過是從形而上學中找他們倫理的根據罷了.所以可說：孔子、孟子、荀子三人的思想，是拿心理學做根據的；宋、明理性派的思想，是拿形而上學做根據的.因此中國哲學思想，從前拿政治做中心，以後是拿倫理做中心.政治和倫理，最切用於人生，足見中國哲學的特徵，是實用，這話是不錯的.

第二 中國哲學和西洋哲學，印度哲學的比較： 中國哲學既是拿政治和倫理做中心的，那麼西洋和印度的哲學，到底是拿什麼做中心的呢？我們覺得：西洋哲學是拿科學做中心的，印度哲學是拿宗教做中心的.所以西洋哲學離不開科學，處處充滿了科學的精神；印度哲學，離不開宗教，處處充滿了宗教的色彩。因此梁漱溟說三者分三個方向走：一向上，一向下，一向中。我們却不便斷定他所定的方向對不對，但是三者走的路徑不同，是不可諱言的。路徑既然不同，於是中國哲學重道德的追求，所以關於倫理方面的思想特別發達。西洋哲學重知識的探討，關於知識論及方法論特別發達。印度哲學特重信仰，關於宗教哲學特別發達。明白這點，就可以知道三者違異的大概了。

四、關於本書內容的話：

一、本書因爲篇幅有限，以及體例和系統等關係，不能把中國哲學，詳細的敍述，所述的都是重大的，顯著的，創作的。至於瑣碎的，暗晦的，以及摹倣的，概行割愛。所以在秦末的雜家，和漢代的陰陽五行哲學，以及清代的摹倣哲學，都置而不論了。要求詳細，將來當另編一部完全的。不過從中國哲學進展方面來說，而不從中國哲學的數量方面來說，這區區十餘萬言，也可以供讀者的參考與研究了.

二、本書所述六派哲學的數量多寡也不同,這是因爲各派哲學本身的材料關係.第二、四、五、六、四派因爲材料多些,所以敍述也比較的多.一、三、兩派,因爲材料少些,所以敍述也比較的少.又因爲他們發展的情形不同,我們的敍述方法,也因之而異,有時拿一個問題做單位,詳說它的原委,尋出那個問題發展的線索;有時也拿一個人的思想做單位,述其大概,然後再述同派人的思想和他比較,以反映思想的變化.

三、本書並沒有把中國佛教思想敍入,這因爲所編的是中國哲學史,嚴定界限,所以從略.但由佛學影響中國思想混和而成的哲學,我們却沒有把它拋棄.例如玄學及宋、明理性派,都是和佛學有關係的,我們都把它敍入,並且把彼此關係的所在,也一一指出了.

註 (一)耽樂也. (二)淫於酒也. (三)言集者多也. (四)太王、王季、文王、武王. (五)將及也。(六)姜尙。(七)陰符兵謀。(八)少兵也。(九)貫着也。(一〇)大斂也。(一一)紂之元子。(一二)揷也。(一三)悅當爲侻，讀如脫，簡易也。(一四)虆土籠，所以盛土。垂當作臿，所以起土。(一五)洩去也。(一六)河水播岐爲九，以入海也。(一七)江水通別爲九。(一八)音唱，排去也。(一九)拭也。(二〇)同簡，簡服，三月之服也。(二一)別也。(二二)聚也。(二三)鐘聲如雷動，雉應而呴鳴。(二四)十斛。(二五)賜也，一朝賜羣臣之費三萬斛也。(二六)二人，景公臣。(二七)諫也。(二八)怙恃連與之國。(二九)獻田宅者操書致，言書其多寡之數以致於人也。(三〇)節錄淮南鴻烈解要略訓。

參攷書

莊子天下篇
前漢書藝文志
淮南鴻烈解要略訓
梁任公飲冰室文集
梁漱溟東西文化及其哲學

問題

一　中國哲學思想的進展狀況。

二　中國各派哲學形成的原因。

三　中國哲學和西洋印度哲學的比較。

中華哲學叢書

中國哲學史綱要

作　　者／蔣維喬　編著
主　　編／劉郁君
美術編輯／中華書局編輯部

出 版 者／中華書局
發 行 人／張敏君
行銷經理／王新君
地　　址／11494 台北市內湖區舊宗路二段181巷8號5樓
客服專線／02-8797-8396　　傳　真／02-8797-8909
網　　址／www.chunghwabook.com.tw
匯款帳號／兆豐國際商業銀行　東內湖分行
　　　　　067-09-036932　中華書局股份有限公司

法律顧問／安侯法律事務所
印刷公司／維中科技有限公司　海瑞印刷品有限公司
出版日期／2015年7月台七版
版本備註／據1986年4月台六版復刻重製
定　　價／NTD 680

國家圖書館出版品預行編目（CIP）資料

中國哲學史綱要 / 蔣維喬編著. —台七版. —
台北市 : 中華書局, 2015.07
面 ; 公分. — (中華哲學叢書)
ISBN 978-957-43-2521-4(平裝)

1.中國哲學史

120.9　　104009906

版權所有 • 侵權必究
ALL RIGHTS RESERVED
NO.B0003
ISBN 978-957-43-2521-4（平裝）
本書如有缺頁、破損、裝訂錯誤請寄回本公司更換。